中华内丹学典籍丛书

丹亭卢真人广胎息经

白照杰 整理
张强 栗翔宇
姬鑫洋 协助整理

华龄出版社

《中华内丹学典籍丛书》
编委会

学术顾问（姓氏笔画排序）
朱越利　四川大学道教与宗教文化研究所教授
张高澄　中国道教协会副会长
胡孚琛　中国社会科学院哲学研究所研究员

学术委员（姓氏笔画排序）
王彤江　中国道教协会道教文化研究所研究员
戈国龙　中国社会科学院世界宗教研究所研究员
张超中　中国科学技术信息研究所研究员
宋学立　中国社会科学院古代史研究所副研究员
曾传辉　中国社会科学院世界宗教研究所研究员

主　编　盛克琦

编　委（姓氏笔画排序）
付前京　史原朋　闫晓飞　陈全林　陈　念　汪登伟
周全彬　盛克琦　蒋门马　蒋智明　滕树军

序

一

传说上党人王真，修行胎息、胎食、炼形方术很有效果，辟谷二百多年，仍然肌体健美。魏武帝曹操召见王真。见面后，曹操觉得王真好像三十几岁的年轻人①。东晋葛洪说：他的从祖葛玄，能闭炁胎息。每到饮酒大醉，以及夏天盛热，葛玄就潜入深潭之底醒酒或乘凉，待一天多才上岸②。有关王真的传说，宣扬胎息能使人健康长寿。葛洪所述葛玄的奇迹，宣扬胎息能给人带来神异功能。王真和葛玄的胎息未免夸张，但表明至迟魏晋时期胎息之说已经流行。

何谓胎息？葛洪说：胎息者能够做到"不以鼻口嘘吸，如在胞胎之中"③。即胎息者不用鼻子或嘴巴呼吸，胎息时好像胎儿在母亲肚子里似的。葛洪又说：胎息是长生术④。不用鼻口呼吸的长生术，盖即胎息一词原初的本义。

葛洪著录其师郑隐的藏书，其中有《胎息经》⑤。但是只著录了经名，而作者、年代、内容等一概没有著录。葛洪之后，胎息经、胎息诀、胎息赋等不断问世，仅宋元时期的《诸真圣胎神用诀》即收录了29首胎息诀⑥，可见一斑。其收录的29首中有一首《抱朴子胎息诀》，提到内丹⑦。葛洪在世时内丹一词还没有出现，可知《抱朴子胎息诀》既非出自郑隐的藏书《胎息经》，

---

① 《汉武帝外传》，《道藏》5\63上中。
② 《抱朴子内篇》卷8，《道藏》28\199下。
③ 《抱朴子内篇》卷8，《道藏》28\199中。
④ 《抱朴子外篇》卷14，《道藏》28\271上。
⑤ 《抱朴子内篇》卷19，《道藏》28\264上。
⑥ 《道藏》18\434上~438中。
⑦ 《道藏》18\435中。

亦非出自葛洪手笔，而是后人托名葛洪。

老子说"专气致柔，能如婴儿乎"。这句话可解释为聚气炼气能使身体像婴儿那样柔软，也可理解为聚气炼气能使人返老还童。庄子说普通人呼吸只到喉咙，也就是只到肺部；而"真人之息以踵"，即呼吸可以到脚后跟。宋代托名许旌阳述的《灵剑子引导子午记》，认定老子和庄子这两句话说的是胎息①。

但是葛洪之后，多数经诀对胎息一词另做解释。如："胎从伏气中结，气从有胎中息"②；"神炁相合而生玄胎"③；"其胎息，上至咽喉即咽之"④；"假名胎息，实曰内丹"⑤；"夫服气之道，本名胎息"⑥；"胎息者，想婴儿而成焉，而号冲和，冲和则元和矣"⑦；"胎息，炁也。胎息者，出纳也，以左手捧头，右手捧足也"⑧；"气海中有气充，然后为胎息之道也"⑨；"胎息者，呵出腹之浊气，使天地调和，兀然放神者也"⑩。"神息定而金木交，心意宁而龙虎会，此内丹之真胎息之用也"⑪。"夫炼胎息者，炼炁定心是也"⑫。

还有经诀说人在娘胎之中有胎无息，出生之后才有胎息。其曰："在母腹之时，有胎而无息，假母呼吸，成长其身。分灵之后，胎息具焉……气结成胎，胎结成息"⑬。有一部《胎息经》，将庄子所说"真人之息以踵"，改为"真人息气于气海"⑭。此经中有"希夷直遣到昆仑"之句。陈抟，赐号希夷先生，唐末五代北宋人。此经也不是郑隐的藏书《胎息经》。

---

① 《道藏》10\674 上。
② 《高上玉皇胎息经》，《道藏》1\748 下。
③ 《胎息经注》，《道藏》2\868 下。
④ 《幻真先生服内元炁诀》，《道藏》18\444 中。"幻"字原为"幼"，據《遵生八牋》卷8《幻真先生服内元氣訣》改。
⑤ 《胎息经注》后附《胎息铭》，《道藏》2\869 中。
⑥ 《太清调气经》，《道藏》18\404 中。
⑦ 《灵剑子》，《道藏》10\663 中下。
⑧ 《高上月宫太阴元君孝道仙王灵宝净明黄素书》卷5，《道藏》10\511 上。
⑨ 《胎息精微论》，见桑榆子评《延陵先生集新旧服气经》，《道藏》18\429 上。
⑩ 《道枢》卷28《太清养生下篇》，《道藏》20\752 下。
⑪ 《玄葫真人胎息诀》，见《诸真圣胎神用诀》，《道藏》18\434 上。
⑫ 《达磨禅师胎息诀》，见《诸真圣胎神用诀》，《道藏》18\434 下。
⑬ 《胎息抱一歌》，《道藏》18\438 下。
⑭ 强名子注解《真气还元铭》引《胎息经》，《道藏》4\882 中。

另有宣讲养生诸法的《胎息秘要歌诀》①和宣讲存神固气的《胎息神会内丹七返诀》②，虽冠胎息之名，胎息一词却不见于诀文。

这些经诀表明，葛洪之后胎息的"胎"字，在大多经诀中指的是下丹田，下丹田亦称玄胎、气海等。"息"字在大多经诀中，则指呼吸细慢匀长。这些经诀还表明，服气可称胎息，内丹可称胎息，凡包括服气内容的修性、修命、健身、养生等术都可使用胎息一词，也可将这些内容统称胎息。

二

《四库全书提要》曰："《广胎息经》二十二卷（两淮盐政采进本），不著撰人名氏，但题为宋人。然第二十一卷中引罗洪先、陈献章语，则明代道流所作，题宋人者妄矣。其书皆称养浩生问而丹庭真人答，分却病、延年、成真、了道四部，论吐纳之法兼及容成之术，非道家正传也"③。《四库全书提要》所述《广胎息经》，以下简称采进本。采进本长期难觅踪影，所以无法知晓其详情。

采进本《广胎息经》仅有抄本存世，皆托名卢丹亭④。上海图书馆藏《丹亭真人卢祖师广胎息经》抄本（以下简称上图抄本）仅残存元、贞2册，中华医学会上海分会图书馆藏《丹亭卢真人广胎息经》抄本（以下简称上医抄本）6册全存。上医抄本以采进本为底本，抄录基本完整。以下据白照杰教授整理的《丹亭卢真人广胎息经》，简介上医抄本内的内容：

上医抄本成真部说胎息的"胎"在中宫，即"在心之下、肾之上、肝之右、肺之左"。此胎非葛洪所说胞胎，亦非大多数胎息经诀所指下丹田。成真

---

① 《道藏》2\869下~870下。
② 《道藏》18\445下~447上。
③ 《四库全书总目》卷147《子部五七·道家类存目》，《四库全书总目》下册，第1261页上。中华书局，1965年6月第1版。
④ 范行准编《中华医学会牛惠生图书馆中文医书目录》著录曰：《丹亭卢真人广胎息经》十二卷，明代抄本（北京：中华医学会、中华医史学会发行，1949年，第65页）。中华医学会牛惠生图书馆，已更名为中华医学会上海分会图书馆。另外，薛清录主编《全国中医图书联合目录》（中医古籍出版社，1991年）和陈荣\熊墨年\何晓晖主编《中国中医药学术语集成·中医文献》（中医古籍出版社，2007年）也著录了《丹亭卢真人广胎息经》，裘沛然主编《中国医籍大辞典》（上海科学技术出版社，2002年）著录为《丹亭卢真人广胎息经注》。

部讲述内丹修炼全过程，从数息开始，经调息、闭息、住息、踵息、胎息，直到无胎息。这种讲述，不是一般的"假名胎息，实曰内丹"，而是用胎息讲述内丹。其与大多数内丹经诀的讲述截然不同，可谓前无古人，后无来者。

上医抄本了道部讲述内丹原理和丹房注意事项，抄录诸真有关胎息、药物、火候、鼎器、作用和丹房节目诫谴的口诀，其抄录无论广度和数量都远超《诸真圣胎神用诀》的收录。了道部为研究内丹术提供了大量资料。

上医抄本却病部讲述医药和治疗，上医抄本延年部讲述大小采补的方剂和丹药。其中许多内容超出了大多经诀所述胎息的范畴，故作者在经名上添加了一个"广"字，别出心裁。却病部和延年部为研究中医药提供了大量资料。

白照杰教授将上医抄本《丹亭卢真人广胎息经》整理出版，为研究采进本提供了便利。

另外，台湾国立中央图书馆藏四件抄本《丹亭真人卢祖师玄谈》《丹亭真人卢祖师养真秘籍》《丹亭问答》和《丹亭悟真篇》，署名傅山，皆不分卷，不分部（此四件以下皆简称台图抄本）[①]。此台图抄本四件是采进本《广胎息经》的抄本的再抄本。台图抄本出自他人手抄，署名"太原傅山青主录"、"太原傅山青主手录"、"太原傅山青主纂"实为变相托名，可谓采进本《广胎息经》的第二次托名[②]。

对照上医抄本，可以更准确地说，台图抄本是上医抄本《丹亭真人卢祖师广胎息经》的节抄本，署名傅山是托名，从而更有力地消除了台图抄本对人们的误导。

采进本《广胎息经》丰富的内涵，目前仍是处女地。相信白照杰教授整理的上医抄本会推动对采进本《广胎息经》的研究。

朱越利
2023 年 12 月 31 日

---

① 萧天石先生将《丹亭真人卢祖师养真秘笈》归入《上乘修道秘书四种》（见《道藏精华》精装本第十二集之二《上乘修道秘书四种》，自由出版社印行，1989 年 7 月初版），将《丹亭悟真篇》《丹亭问答》和《丹亭真人卢祖师玄谈》合称为《丹亭真人传道密集》（见《道藏精华》精装本第十三集之五《傅青主手录秘本丹亭传道秘集》，自由出版社印行，1976 年 1 月初版）。

② 朱越利《七部明清丹经小考》，《东方哲学与文化》第八辑，第 6~29 页。中国社会科学出版社，2023 年 7 月第 1 版。

整理说明

《丹亭卢真人广胎息经》（简称《广胎息经》），是一部非常典型的医学指导和道教内炼类著作，为明清医家和丹家所关注。近代以来，萧天石在台湾"国立中央"图书馆发现抄录《广胎息经》而独立成书的几个节抄本，且署为傅山抄纂（暂统称为"傅山本"），由此引起新一轮关注。依托"傅山"的大名和萧天石《道藏精华》（新北：自由出版社，1956—1992年）的刊布，"傅山本"《广胎息经》逐渐为医学界和道教学界所熟悉。如近年出版的周全彬、盛克琦整理的《玄门宝典》（北京：华夏出版社，2017年）中《丹亭悟真篇》《傅青主丹亭问答》、张明亮等人整理的《傅山手录〈丹亭真人卢祖师谈玄〉》（北京：中医古籍出版社，2022年）等，均系以部分"傅山本"《广胎息经》为依据整理的道医著作。与此同时，依托"傅山本"《广胎息经》对傅青主医疗思想和实践进行的研究也并不罕见。

《广胎息经》除"傅山本"外，至少还有两个版本可以获得，一是上海图书馆所藏残本（简称上图本），二是本书作为底本的中华医学会上海分会所藏完整抄本（简称上医本）。有关上医本《广胎息经》的流传演变、学术价值，以及与其他残本、节抄本的关系等问题，本书所附研究论文已细致阐明，这里仅作简要说明。上图残本约存原书二分之一篇幅，原本可到馆阅读，但2023年上半年开始因损坏严重，不再出库。[①] 许蔚、朱越利等当代学者对上医本已有所关注，但完整内容未获整理，图书馆方面亦未进行整体影印和电子化。上医本则是目前可以发现的《广胎息经》唯一完整抄本，结构完整，内容较之上图本和"傅山本"要丰富得多。显然，以上医本《广胎

[①] 笔者于2023年上半年在上海图书馆多次借阅此书，最后一次借阅时获悉此书不再出库的消息。

息经》为底本，并参校"傅山本"和目前已经难以获得的上图本，方能整理出较为完整而符合原貌的《丹亭卢真人广胎息经》。尽管作为底本的上医本《广胎息经》因为抄写者水平有限，讹误甚多，但目前而言，唯有在上述整理办法的基础上，才有可能进一步探讨此书的医学和文化价值，以及与傅山的关系等问题。必须指出的是，易于获得、但经过刻意改造的"傅山本"在很大程度上遮蔽了原本《广胎息经》的价值和意义，"傅山本"中的各种错误更对当代学者的研究产生明显误导。有鉴于此，为更完整地呈现中国古代医学文化、更好地挖掘和整理中医古籍资料，本团队着手整理中华医学会上海分会图书馆藏《丹亭卢真人广胎息经》。

本次对中华医学会上海分会图书馆藏《丹亭卢真人广胎息经》的整理，最初系受朱越利教授委托对此书情况进行考察和简要介绍。经上海市经济管理学校金顺英老师引荐，整理团队得以接触上海市医学会图书馆。在阅读和研究过程中，笔者发现此书价值独特，计划抄录并整理全书。上海城隍庙和华东师范大学明道道教研究所，为上医本《广胎息经》的抄录和出版工作提供了经费支持。抄经期间，上海医学会图书馆馆长张燮林先生为本团队提供多方便利。在上海图书馆工作期间，得吴建伟老师鼎力相助。河北省道教协会盛克琦先生提供指导意见和部分文档，提高了本书抄录和整理的效率。在此表示由衷感谢！

本团队具体分工如下：栗翔宇主要负责上医本文字抄录工作，姬鑫洋负责摹写书中脏腑和经络图[①]，张强负责初步句读。在此基础上，本人逐字对照核查上医本抄录情况，并对句读等问题进行修订；后赴上海图书馆，以上图本为参校本，订正上医本所存在的各种问题。此后，复参考《道藏精华》所收的几个节抄本（"傅山本"），订正上医本错误。在以上工作基础上，本人再次对全书的文字和标点进行重新核定，并给出必要的注释说明。经过反复比较，暂认为，几个所谓的"傅山本"，与上医本的"血缘"更为接近——二者常常呈现同样的错误；上图本尽管有不少略抄现象，但与其他本子相比，却往往更加值得信赖。有关这些细节，可参考书中注释。原上医本在卷名等

---

① 依上海医学会图书馆规定，不得以扫描、拍照等方式复制馆藏古籍。故团队对上医本《广胎息经》中的图绘，采用摹写方式，重新绘制。

方面不完全整齐，为符合现代阅读习惯，整理本目录中对之进行了齐整化，并出注说明原原书情况。最后，必须说明的是，《广胎息经》"延年部"中存在典型的"采战"内容。此部分内容具有一定的医学史料价值，能够反映明代养生群体的部分想法和实践情况，但不论从实际效用方面，还是就社会人伦而言，此类内容作为医疗和修道方式都存在巨大争议。为保证重要医疗古籍的完整性，整理本将之保存下来。概言之，此方面内容于学术研究有一定价值，但于养生之道未必有什么实质效果，切不可盲从。

以上即上医本《丹亭卢真人广胎息经》整理说明。尽管我们已在工作中较为用心，但因经验和学力的不足或许仍会留下一些有待完善的细节问题。还请读者朋友不吝指教！

白照杰

2023 年 7 月 3 日，于炼髓新斋

凡例

1. 本书采用规范字和现代标点，以中华医学会上海分会图书馆所藏《丹亭卢真人广胎息经》（简称上医本）为底本整理而成。

2. 参校本包括：

（1）上海图书馆藏《丹亭真人卢祖师广胎息经》残本，简称上图本。

（2）《卢丹亭真人养真秘笈》，简称《养》。

（3）《丹亭悟真篇》，简称《悟》。

（4）《傅青主丹亭问答集》，简称《问》。

（5）《丹亭真人卢祖师谈玄集》，简称《玄》。

上图本原当有四册，今仅存首尾两册。《养》《悟》《问》《玄》收藏于台湾"国立中央"图书馆，由萧天石收入《道藏精华》，均为《丹亭卢真人广胎息经》的节抄本，亦即所谓"傅山本"。

3. 底本有误，参校本正确者，依参校本修订，并出注说明。底本正确，参校本有误者，不做处理。

4. 不另出校勘记，有价值之异文出注说明。

5. 上医本等均为抄本，有旧时书主人于行间以朱笔或墨笔修订痕迹。然所修订者，有正有误，相关情况出注说明，择善从之。

6. 《广胎息经》广引他书，但引文与常见版本文字多有出入。此类问题，一般不作修订。

目 录

丹亭卢真人广胎息经卷之一 ……………………………… 1
却病部一　静功 ……………………………………………… 1
总论第一 ……………………………………………………… 1
瘫痪第二 ……………………………………………………… 2
虚痨第三 ……………………………………………………… 3
臌症第四 ……………………………………………………… 5
膈噎第五 ……………………………………………………… 5
寒疾第六 ……………………………………………………… 6
痰症第七 ……………………………………………………… 7
脾胃第八 ……………………………………………………… 9
痔疾第九 ……………………………………………………… 10
种子第十 ……………………………………………………… 10
疟症第十一 …………………………………………………… 12
痢症第十二 …………………………………………………… 13
呃逆嗳气第十三 ……………………………………………… 14
吞酸第十四 …………………………………………………… 15
馇杂第十五 …………………………………………………… 15
怔忡第十六 …………………………………………………… 15
积聚第十七 …………………………………………………… 16
疸症第十八 …………………………………………………… 16
霍乱第十九 …………………………………………………… 17
呕吐第二十 …………………………………………………… 18

头痛第二十一 ……………………………………………… 18
耳聋第二十二 ……………………………………………… 19

丹亭卢真人广胎息经卷之二 …………………………………… 21
却病部二　静功 ……………………………………………… 21
舌病第二十三 ……………………………………………… 21
齿症第二十四 ……………………………………………… 23
目症第二十五 ……………………………………………… 23
咽喉第二十六 ……………………………………………… 25
结核第二十七 ……………………………………………… 26
瘿瘤第二十八 ……………………………………………… 27
肺痈第二十九 ……………………………………………… 28
心痛第三十 ………………………………………………… 29
腹痛第三十一 ……………………………………………… 29
腰胁痛第三十二 …………………………………………… 30
臂背痛第三十三 …………………………………………… 31
骨节痛第三十四 …………………………………………… 32
脚气第三十五 ……………………………………………… 32
癞疝第三十六 ……………………………………………… 33
痿躄第三十七 ……………………………………………… 34
消渴第三十八 ……………………………………………… 35
痓病第三十九 ……………………………………………… 36
疮疡第四十 ………………………………………………… 36
痈疽第四十一 ……………………………………………… 38

丹亭卢真人广胎息经卷之三 …………………………………… 40
却病部三　静功 ……………………………………………… 40
瘰疬第四十二 ……………………………………………… 40
疔疮第四十三 ……………………………………………… 41
便毒第四十四 ……………………………………………… 41

· 2 ·

下疳第四十五	42
梅疮第四十六	43
折伤金疮第四十七	44

却病部四　动功

总论	45
头病第一	45
目疾第二	46
耳症第三	47
鼻症第四	47
牙症第五	47
胸隔气症第六	48
心症第七	48
膈噎第八	49
腰背第九	49
脾胃第十	50
痨症第十一	51
痰火第十二	52
伤寒第十三	53
疟疾第十四	53
痢疾第十五	53
湿症第十六	54
疮疽第十七	54
肠气第十八	55
绞肠沙第十九	55
疝坠第二十	55
大小便第二十一	56
瘫痪第二十二	56

却病部五　按摩

总论	57
按摩瘫痪诸穴法第一	57

按摩痨伤诸穴法第二 …………………………… 58
　　按摩膨胀诸穴法第三 …………………………… 59
　　按摩膈噎诸穴法第四 …………………………… 60
　　按摩目疾诸穴法第五 …………………………… 61
　　按摩耳症穴法第六 ……………………………… 61
　　按摩喉口齿诸疾穴法第七 ……………………… 62
　　按摩肩背指诸疾穴法第八 ……………………… 63
　　按摩心脾气诸疾穴法第九 ……………………… 64
　　按摩腰肾膝足诸疾穴法第十 …………………… 66

丹亭卢真人广胎息经卷之四 …………………… 70
　却病部六　按摩 ………………………………… 70
　　按摩伤寒诸穴法第十一 ………………………… 70
　　按摩痰疾诸穴法第十二 ………………………… 71
　　按摩头痛诸穴法第十三 ………………………… 72
　　按摩偏疝等疾诸穴法第十四 …………………… 73
　　按摩瘿疬痔等疾第十五 ………………………… 74
　　按摩男妇诸杂症穴法第十六 …………………… 75
　　足少阳胆经一附解 ……………………………… 77
　　足厥阴肝经二附解 ……………………………… 78
　　手太阴肺经三附解 ……………………………… 79
　　手阳明大肠经四附解 …………………………… 80
　　足阳明胃经五附解 ……………………………… 81
　　足太阴脾经六附解 ……………………………… 82
　　手少阴心经七解附 ……………………………… 83
　　手太阳小肠经八附解 …………………………… 84
　　足太阳膀胱经九附解 …………………………… 85
　　足少阴肾经十附解 ……………………………… 86
　　手厥阴心包经十一附解 ………………………… 87
　　手少阳三焦经十二附解 ………………………… 88

任脉图十三附解 ···················· 89
　　任脉经穴歌 ······················ 90
　　督脉经图十四附解 ·················· 90
　　督脉经穴歌 ······················ 91
　却病部七　按推小儿 ··················· 91
　　总论 ·························· 91
　　辩证第一 ······················· 92
　　手诀第二 ······················· 93
　　小儿诸惊推揉等法第三 ················ 97
　　小儿诸图附后 ···················· 101

丹亭卢真人广胎息经卷之五 ·················· 106
　延年部一　大采补 ···················· 106
　　总论 ························· 106
　　大采补法一品第一 ·················· 107

丹亭卢真人广胎息经卷之六 ·················· 124
　延年部二　大采补 ···················· 124
　　火功 ························· 124
　　周天火候之图 ···················· 128
　延年部三　小采补养火 ················· 128
　　总论 ························· 128
　延年部四　小采补二十四品 ··············· 134
　　总论 ························· 134
　　上峰五品 ······················ 134
　　中峰五品 ······················ 138

丹亭卢真人广胎息经卷之七 ·················· 144
　延年部五 ························ 144
　　下峰一十四品补炁养火 ··············· 144

延年部六 ·150
今时同类外药开后 ·150

丹亭卢真人广胎息经卷之八 ·159
成真部第一 ·159
总论 ·159
数息第一 ·160
调息第二 ·171
成真部第二 ·174
闭息第三 ·174
住息第四 ·178
成真部第三 ·184
踵息第五 ·184
胎息第六 ·187
无胎息第七 ·188

丹亭卢真人广胎息经卷之九 ·191
了道部一 ·191
胎息诸真口诀 ·191
总论 ·191

丹亭卢真人广胎息经卷之十 ·209
了道部二 ·209
诸真胎息了道口诀 ·209
了道部三 ·212
诸真药物了道口诀 ·212

丹亭卢真人广胎息经卷之十一 ·225
了道部四 ·225
诸真药物口诀 ·225

外附诸真碎玉药物诀 …………………… 235
 了道部五 …………………………………… 236
   诸真火候口诀 …………………………… 236
   补遗诸真火候诀 ………………………… 243
   附其机在目诀 …………………………… 244
 了道部六 …………………………………… 244
   诸真鼎器口诀 …………………………… 244

丹亭卢真人广胎息经卷之十二 …………… 257
 了道部七 …………………………………… 257
   诸真了道作用口诀 ……………………… 257
   今将明心诸诀附后 ……………………… 268
 了道部八 …………………………………… 272
   丹房节目诫谴 …………………………… 272
   天 ………………………………………… 274
   日月 ……………………………………… 274
   星云汉 …………………………………… 274
   风雨雾露 ………………………………… 274
   霜雪雷 …………………………………… 275
   寒热 ……………………………………… 275
   地山 ……………………………………… 275
   河江水 …………………………………… 276
   身体 ……………………………………… 276
   涕唾汗 …………………………………… 277
   嚏便溺 …………………………………… 277
   行立坐 …………………………………… 278
   早起　夜起 ……………………………… 278
   愁泣　怒叫　喜笑 ……………………… 279
   歌舞　语言　思念 ……………………… 280
   睡卧 ……………………………………… 280

   　　梦魇　洗沐 …………………………………………… 281
   　　叩栉漱濯 ……………………………………………… 283
   　　戒文三十六款 ………………………………………… 283
   今将诸祖源流列后 ………………………………………… 287
   附派 ………………………………………………………… 288

附录 ………………………………………………………… 289
   傅青主《丹亭问答》序 …………………………………… 289
   重刊《养真秘籍》序 ……………………………………… 289
   《丹亭真人传道密集》序 ………………………………… 291

中华医学会上海分会图书馆藏《丹亭卢真人广胎息经》探研 ……… 295
   一、《丹亭卢真人广胎息经》基本情况及傅山本与上图本 …………… 295
   二、中华医学会上海分会图书馆藏《丹亭卢真人广胎息经》
   　　抄本及与其他二本的简要对比 ………………………… 301
   三、结论 ………………………………………………… 308

丹亭卢真人广胎息经卷之一

却病部一　静功

总论第一

　　胎息真人于出寰之暇，危坐松石，瞑目定息，窥天地根。有间，乃顾谓诸弟子曰："吾观尔等，辞荣绝利，或跋涉从予，或间关①就学，岁月既深，不闻疑问，岂俱入忘言之境乎？今夕庚月在天，迅湍满壑，诚剖晰玄玄之良夜也，尔等独无意乎？"

　　座次有养浩生者，出座而立，稽颡涕泗而言曰："某不揣凡劣，欲窥妙闻者久矣。今蒙慈悯，俯度后学，敢悉愚衷而问焉。尝观自古真师，未得延年，先期却病，故病魔不除，仙基难立。敢叩慈座，却病之方，果何如法？"

　　真人曰："善哉问也。汝小子乃能为未来众生发未曾有。遡观人之未生也，本天地之一炁，殆父母构精，胎斯立焉。受天地气足而始生，则人也者，本一炁而已矣。故程子曰：'天以阴阳五行化生万物，气以成形。'且此气之在人，鼓舞动作，悲欢痛痒，莫不由之。于是亏此气则病，滞此气则痛，惟周流一身，则康宁福寿也。吾为子言之，知生此身者不过炁，则病此身者亦不过气而已。欲知其病，先治其气。今医家以草根树皮，攻人疾苦，不过假此后天之气，以调剂之、滋补之而已。且草根树皮，其辛、甘、咸、

---

① 上医本原作"开关"。上图本、《玄》作"间关"，依改。

苦、酸之五味，不过有寒、凉、温、热、平之五气，乃天地之偏气也，且能却疾，况人之气通于天地，得气之全也。况草木之性，寒热不同，用有不当，立能杀人。吾今即以其人之道，还治其人之身，所谓'此般药物家家有'者也。"

养浩生曰："却病以炁，今吾既得闻命矣。却治之际，独无其方乎？"①

真人曰："安得无之！子欲识炁，先当识藏炁之处。人居母腹，一呼一吸，常与母通。生而剪断脐带，一点真炁落于脐间。脐居心下肾上，共八寸四分，中虚四寸二分，而真炁之根又在四寸二分中之一寸二分焉。欲治疾者，皆从此起，此生药、长药之真去处也。"

瘫痪第二

养浩生曰："设有瘫痪之疾，其治其病，所属云何？仰祈慈座分明剖晰，为后来众生作大方便。"

真人曰："夫瘫痪，始于中风。原其病皆由体气虚弱，荣卫失调，或为喜怒、忧思、悲惊所伤，或为酒色、劳力所致，因而真炁耗散，腠理不密，风邪乘虚而入。故起有麻木疼痛②者，乃风湿也；有口眼歪斜者，乃风中经络也；有左身不遂、手足瘫痪者，乃血虚与死血也；有右身不遂、手足瘫痪者，乃气虚与湿痰也；有左右手足皆瘫痪者，乃气血大虚也；有手足瘫痪、口㖞语涩等症者，乃血虚火盛也。大抵气血乃一物，气行则血行，气旺则血旺。年至五十以上，得此疾者，宜用鼎器进炁之术（方见后《延年》部）。其人自己，兼用积炁之方以补其虚，行炁之法以导其滞。或一百日，或二百日，立能却诸苦恼，入快乐场。"

养浩生曰："积炁、行炁之方云何？"

真人曰："先令其人入室静坐或卧，存神脐间，入一寸三分。一呼一吸为一息，调呼吸三百六十息，然后住息，舌抵上腭，内气不出，外气不入。虽无呼吸，亦约定一呼一吸为一息，量气长短，得息多寡，必须默记。俟气稍

---

① 上图本多略抄，如此句略为："养浩生曰：却病之方奈何？"后不一一指出。
② 上图本作"疼痒"，《玄》作"疼痛"。

急，神运其气，自尾闾、夹脊上升泥丸，兼用鼻以气提之，入口化为甘津。后放下舌，嗽之，分三口咽，如咽硬物，送入脐间，此名'积炁'也。此为一遍。如是再起，每三遍后，仍闭息，运脐间所积之炁，置之痛处或麻木处，左右旋绕，各三十六遍，或二十四遍，或十六遍，亦量长短。气急仍运气还脐，此名'行气'也。每积气三遍、行气一遍为一周，自用念珠暗记，每次行五十周，或三十周，日行数次，百日自能复原。兼用鼎器，其效更速。"

虚痨第三

养浩生曰："瘫痪之外，莫甚于痨，其治云何？"

真人曰："痨也者，劳也。久视伤血①，久卧伤气②，久坐伤肉，久立伤骨，久行伤筋。或七情过多，或色欲越度，致令元炁不足，心肾有亏，渐致真阳虚损，相火随旺。火旺则销烁真阳，为嗽为痰、为喘为热、为吐血衄血、为盗汗遗精、为上盛下虚，手脚心热、皮焦，午后怕寒、夜间发热。或日夜不退，或嘈杂怔忡、呕哕烦躁、胸腹作痛、饱闷作泻、痞块虚惊、面白唇红、头目晕眩、腰背酸痛、四肢困倦无力、小水赤涩，皆系阴虚火动，水不上行，火不下降，故有种种疾患，悉宜用积炁之术。倘富足之家，虽年壮者，亦宜用鼎器进炁，或百日，或二百日，立能却诸苦恼，入快乐场。"

养浩生曰："功夫与前异乎？"

真人曰："异！瘫乃攻其客邪，痨乃补其不足，其法纯用文火。置病者于极静之处，滋味调理，饮食匀称。仍上奉祖师，以摄其邪妄之心。令其人在静室中，或坐或卧，存神脐内一寸三分，先调极微三百六十息毕，舌抵上腭，内气不出，外气不入，虽无呼吸，亦约定一呼一吸为一息，量气长短，得息多寡，必须默记。俟气稍急，神运其气，自尾闾、夹脊上升泥丸，兼用鼻以气提之，入口化为甘津，嗽之，分三口咽，如咽硬物，送入脐内，再调呼吸起，此系一遍。如胸中有痰，乃运脐间气，自脐至胸，左右各运三十

---

① 上医本原为"血"，墨笔改为"神"。然上图本亦作"血"，故改回。
② 上医本原为"气"，墨笔改为"脾"。然上图本亦作"气"，故改回。

转，或二十转，或十六转，量气长短，以为多寡。每积炁三遍，行炁一遍。如咳急，则积气一遍，行炁一遍，俟其不嗽。自用念珠暗记遍数，逐日行之。但呼吸出入之际，俱要微缓，心要闲静，此文火也。"

养浩生曰："倘虚症而吐诸血，奈何？"

真人曰："功夫与前稍异，但一切血症皆属于热，阳盛阴虚，火载血上行，错经失血，故有吐血之症。初于行功时①，先调文息三百六十息。每调十息，少停，咽气三口，皆如咽硬物，用意引入脐内，腹中辘辘然响，此虚火下行之验也。盖脐乃脾经，脾为五脏八脉之祖，内有八窍，能通诸络②。火既下行，③血自不失，直至真能不血④，方行积气、行气功夫，使邪气酿为真气，各归本经，自尔痊愈。但行功每一遍毕，微呵气六口，后吸气一口，咽津入脐，此亦泄火添水之助也。"

养浩生曰："倘虚症而麻木，奈何？"

真人曰："功夫与前无异。但一切麻木，俱属气血两虚。行功每一遍毕，用两掌心，擦令极热，遍身摸搓，干沐浴之，令气脉得通，自尔快乐。"

养浩生曰："倘虚症而遗精，奈何？"

真人曰："功夫不过同前。但一切梦遗，俱系邪客于阴，神不守舍，故心有所感，而后泄也。其泄有三：或少年气盛，鳏居蓄念，因感而泄，此泄如瓶之满溢也，此还轻易。或心家气虚，不能主宰，偶因本脏受热，阳气不收，此泄如瓶之侧出也，此为稍重。或脏腑亏弱，真元久斫，心不摄念，肾不摄精，此泄如瓶之罅而漏也，此为最重。俱于前诀之外，未行功前，或夜半阳生时，急须披衣端坐，将左手捉住玉茎，提气一百度，每气一提，谷道一撮，使淫欲之水不致下行，邪妄之火不能下迸，然后行功，永绝梦遗之患。今人居常梦遗，宜用回阳法，其法每夜半子时分，阳正兴时，仰卧瞑目，舌抵上腭，将腰拱起，用左手中指顶住尾闾穴，用左手大指顶住无名指根，拳着，又将两腿俱伸，两脚十指俱抠起。提气，每一口俱存想其气自尾

---

① 上图本、《玄》作"均于行功时"。
② 上医本原作"能过诸络"。上图本、《玄》作"能通诸络"，文意更佳，依改。
③ 上医本原作"火既不行"，文意不安。上图本作"火既行"；《玄》作"或既下行"。上医本之"不"当为"下"之讹。
④ 《玄》作"不血"；上图本作"不失血"。

间、夹脊上升泥丸，慢慢下至中田，方将腰腿手脚从放下，不二三遍，阳即衰也。但凡世人于睡时，阳多兴举，清晨便溺赤色，虽不梦遗，亦是走阳。即大便时，亦能带出。惟行功，使小便清逾①泉水，方无走失，尔辈不可不知。"

臌症第四

养浩生曰："虚痨之外，莫重于臌疾，其治云何？"

真人曰："原夫臌症，皆因脾胃之气虚弱，不能运化，致使水谷聚而不散，故成臌也。或饮食失节，不能调养，则清气不降，浊气填满胸腹，湿热相蒸，遂成胀满。经曰：'臌，胀是也。中空无物，有似于鼓也。'或怒气忧恼，郁而不伸，使邪气溢入旁经，日积月累，久成兹疾，皆为臌疾也。"

养浩生曰："其法奈何？"

真人曰："真气长而邪气自消。宜令病者密室静坐，瞑目握固，存神脐内一寸三分，调武火三百六十息，每三十六息②呼气六口，补气六口。调毕③，舌抵上腭，内气不出，外气不入，虽无呼吸，亦约定一呼一吸为一息。量气长短，得息多寡，必须默记，俟气稍息，神运其气，自尾间、夹脊上升泥丸，兼用鼻以气提之，入口化为甘津，分三口咽，如咽硬物，送入脐间，自用念珠暗记遍数，每次行五十遍，或三十遍，日行数次。凡行功毕，俱宜用掌心摸腹百十次。一月之外，自尔快乐。若脐凸肉硬，肚大而青筋，足背手掌俱平者，或男从脚下肿上，女从头上④肿下者，并难治之。"

膈噎第五

养浩生曰："臌症之外，莫甚于膈⑤，其治奈何？"

真人曰："夫膈有数种：有气虚而膈者，有血虚而膈者，有食积而膈者，

---

① 上医本作"愈"，未安。上图本、《玄》均作"逾"，据改。
② 上图本无"每三十六息"五字。
③ 上医本元作"调气"，未安。上图本、《玄》作"调毕"，据改。
④ 《玄》作"头上"；上图本作"颈上"。
⑤ 上医本原作"隔"，当为"膈"之讹。

有脾泄而膈者，有因痰而膈者，皆系七情内伤、六淫外克，或醉饱饥饿失节，或房劳过度，则脾胃虚而受伤，转输不及，谷难运化，故阴自降而阳自升，乃成天地不交之否也。"

养浩生曰："其治云何？"

真人曰："夫天地不交，气通则交。惟积气令脾元氤氲，化其余积。余积既化，气自上升，相为摩荡，自尔①通泰。宜令病者密室静坐，瞑目握固，调文火三十六息，咽气三口，用意坠下。又调武火三十六息，咽气三口，用意坠下。一文一武，周而复始，共三百六十息终。然后舌抵上腭，内气不出，外气不入，虽无呼吸，亦约定一呼一吸为一息。量气长短，得息多寡，必须默记，不俟气急，速运气上胸膈，左右运三十遍，或二十遍，或十六遍。毕，送气归脐，提上尾闾、夹脊，升泥丸，兼微用鼻以气提入口，化为甘津，分三口咽，如咽硬物，送入脐内，此系一遍。暗用念珠记之，每次行五十遍，或三十遍，日行数次，不过一月，自尔快乐，兼用鼎器，其效更速。

寒疾第六

养浩生曰："膈症之外，莫重于寒，其疾奈何？"

真人曰："寒者，天地杀厉之气，因人于冬失于调理，此气入肌肤，伏乎荣卫，至春因温暖气逼而成疾曰温疾，至夏因暑热之气逼而成疾曰热疾，总之寒也。至于疫厉，稍有不同。盖春应温而反凉，夏应热而反冷，秋应凉而反热，冬应寒而反温。有此四时不正之气，故有瘟疾②。其法俱于将起发寒作热，及头眩眼胀、腹闷胸饱、四肢作倦，即为寒疾。将发时，速依法治之，汗出，自尔快乐。"

养浩生曰："其法云何？"

真人曰："令病者厚着衣服，瞑目握固，存神脐内一寸三分，武火调息三百六十息，每三十六息一呵，呵出口中热气，勿使上攻眼目。每呵毕，咽津补之。调毕，舌抵上腭，内气不出，外气不入，虽无呼吸，亦约定一

---

① 上医本原作"自迩"，依《玄》改为"尔"。
② 上医本原作"氲疾"。《玄》作"瘟疾"；上图本作"瘟疫"。依《玄》订改。

呼一吸为一息。量气长短，得息多寡，必须默记，俟气稍急，神运其气，自尾闾、夹脊上升泥丸，兼用鼻以气提之，入口化为甘津，漱之，分三口咽下，如咽硬物，送入脐间，再调呼吸起。如此五十遍，或三十遍毕，用两手擦面令极热，次两大指背擦两目，次用两大指背擦鼻两边，仍闭目呵气三口①，咽漱津液三口补之。行功既完，方搓热两手心，将身曲膝侧卧，将两热手紧抱阴囊，闭息而卧，皆用武火。所谓武火者，心神欲奋，呼吸欲猛，两齿紧咬，筋骨强立是也。如此行功，方得汗出，寒邪自去。如未大便，又有他法。"

养浩生曰："如欲大便，又有何法？"

真人曰："倘寒疾虽经出汗然犹未便，即系寒邪有未净处，切不可乱餐饮食。可于行积气功夫一完时，便须住意中宫，闭息少顷，神运其气，自中宫至肾，即提至喉，又送下肾。如此数十次，凡下即用力咽，上即用力提，不六七遍，腹中自辘辘然响，自然便也。如此行持，自尔快乐。"

痰症第七

养浩生曰："寒症之外，莫甚于痰，其治云何？"

真人曰："痰乃秽浊之物。火痰黑色，老痰胶色，湿痰白色，寒痰清。其病亦自多端，或头晕、目眩、耳鸣，或口眼蠕动，眉棱骨痛，耳轮俱痒，或四肢游风肿硬，或齿浮而痛痒，或噫气吞酸，心下嘈杂，或痛或哕，或咽嗌不利，咳之不出，咽之不下。其痰似黑墨，如破絮桃胶，蚬肉之状。或心下如停冰，心气冷痛。或梦奇怪之状，或足软腕酸，或腰肾骨节卒痛，或四肢筋骨疼痛，或手足麻痹臂痛，状如风湿；或脊上一条，每日如红线起；或浑身习习，如卧芒刺；或眼粘涩痒②，口噤喉痹；或绕项③结核，或胸腹间如有二气结纽④，噎塞烦闷，或喘嗽呕吐，或吐冷涎绿水黑汁⑤，甚为肺痈疮毒，皆

---

① 《玄》作"呵气三口"；上图本作"呵气一口"。
② 上医本原作"涩瘠"；《玄》、上图本均作"涩痒"，据改。
③ 上医本原作"绕顶"；《玄》、上图本均作"绕项"，据改。
④ 上医本原作"一气结纽"；《玄》、上图本均作"二气结纽"，据改。
⑤ 上医本原作"黑汗"；《玄》、上图本均作"黑汁"，据改。

痰所致。依法行持，立跻快乐，尔其识之。"

养浩生曰："其法云何？"

真人曰："医书云：善治痰者兼治气。且百病中多有兼痰者，世所不知也。宜令病者不拘早晚，安坐瞑目，存神脐间一寸三分，调息先文后武，三百六十息，每三十六息，运胸间气一次。调毕，舌抵上腭，内气不出，外气不入，虽无呼吸，亦约定一呼一吸为一息。量气长短，得息多寡，必须默记，俟气稍急，神运其气，自尾闾、夹脊上贯泥丸，兼用鼻以气提之，入口化为甘津，分三口咽，如咽硬物，送入脐中三次。后如前法，运胸间气一次。自用念珠暗记，每次行五十周，或三十周，日行数次，百日之内，自能复原。"

养浩生曰："胸膈有痰气胀痛者，何也？"

真人曰："此痰与气相结也。如不速治，必有膈噎，依前法行持，自尔快乐。"

养浩生曰："浑身有肿块者，何也？"

真人曰："此系湿疾流注经络。大凡人骨髓患痛，或作寒热者，皆是此症，依前法行持，自尔快乐。"

养浩生曰："痰在胸膈间痛而有声者，何也？"

真人曰："此名痰饮，乃死血与痰相结而成，依前法行此，自尔快乐。"

养浩生曰："人身上下结核不散者，何也？"

真人曰："此痰块也。依前法行持，自尔快乐。"

养浩生曰："咳嗽吐黄痰者，何也？"

真人曰："此脾胃有热也。依前法行持，自尔快乐。"

养浩生曰："咯吐黑痰成块者，何也？"

真人曰："此劳伤心肾也。依前法行持，自尔快乐。"

养浩生曰："痰症之中，又有咳嗽、哮吼、喘急，其治亦与此同乎？"

真人曰："治法稍异。但痰而无声者，用武火；痰而有声者，用文火。如喘急不能行积冱工夫者，宜令其人以舌抵上腭，取华池神水，漱满口吞下，用意坠至下田，送出大便，速吞十数口，少停又吞。清晨仍空心服童便二三瓯，自然水润火降，气息宁帖，方行前功。补完精气，永绝痰火之症。按咳嗽之患，四季不同。春是上升之气，夏是火炎上，秋是湿热伤肺，冬是风寒外来，各因时而文武之。喘者，因火所郁，痰在脾胃。哮吼，乃肺窍中有痰气也。宜用后法坠之，自尔快乐。"

脾胃第八

养浩生曰："痰喘之外，莫甚于脾胃，其治云何？"

真人曰："夫脾胃者，五脏八脉之总关也。居常薄滋味，节饮食，则气得周流，一身①顺畅；居常滋味过厚，饮食过多，则填塞脾间。传送不及，故壅滞而成病，久则作痞，胀痛难消，故恶心不食，嗳气作酸，下泄臭屁，或腹痛吐泻，重则发热头痛，皆由伤于食也。"

养浩生曰："其法云何？"

真人曰："气盛则脾盛，脾盛则诸脏宣通，食气自消。宜令患者入室静坐，瞑目握固，存神脐内一寸三分，调武火三百六十息，每三十六息，呼气一口，补气一口，②先呼后补。调毕，舌抵上腭，内气不出，外气不入，虽无呼吸，亦约定一呼一吸为一息。量气长短，得息多寡，必须默记，俟气稍急，神运其气，自尾闾、夹脊上贯泥丸，兼用鼻以气提之，入口漱为甘津，分三口咽，如咽硬物，送入脐中。如此数次，自然打嗳。凡嗳时，仍用口呼气三口，补气三口。自用念珠暗记，每行五十周③，或三十周，日行数次。轻则目下立愈，痞疾之类，一月复原。"

养浩生曰："饮食不思痞闷者，何也？"

真人曰："乃胃寒也。依前法行持，自尔快乐。"

养浩生曰："饮食不化作饱者，何也？"

真人曰："乃脾虚也。依前法行持，自尔快乐。"

养浩生曰："饮食自多者，何也？"

真人曰："乃胃间伏火也。依前行持，自尔快乐。"

---

① 上医本原作"下身"，文意不畅。《玄》作"一身"，依改。
② 上医本原作"补气一口，呼气一口"。上图本呼、补顺序对调。依下文"先呼后补"而论，上图本顺序更佳，依改。
③ 上医本原作"息"，墨笔删改为"周"。《玄》、上图本亦作"周"。

痔疾第九

养浩生曰："疮疾之内，莫甚于痔，其治云何？"

真人曰："肠热为痔。凡人九窍中，但有小肉突起，皆曰痔，不特于肛门边为然。医家分痔为五种，乃牡、牝、脉、肠、气是也。牡痔者，肛门边发露肉珠，状如鼠奶，时时滴溃脓血；牝痔者，肛门边生疮肿突出，一日数枚，脓溃即散是也；脉痔者，肠口颗颗发瘟，且痛且痒，血出淋漓；肠痔者，肛门内结核有血，寒热往来，登溷①脱肛；气痔者，遇怒则发，肛门瘇痛，气散则愈；又有酒痔，每遇饮酒发动，疮即瘇痛而流血；血痔者，遇大便则血出而不止也，久而不治，必穿为漏。"

养浩生曰："其法云何？"

真人曰："此疾盖因邪热之火下降，而与气凝结。治夫此者，宜提邪火，化为真气。宜令病者密室静坐，慎喜怒，薄滋味，及五辛煿炙、酒药诸物。然后随令其人安神脐内一寸三分，调文火三百六十息，每三十六息，撮谷道提气六口，随呼出其气三口，补气三口。调毕，舌抵上腭，内气不出，外气不入，虽无呼吸，亦约定一呼一吸为一息。量气长短，得息多寡，必须默记。俟气稍急，仍撮谷道，提气三口，干咽气一口，神运其气，自尾闾、夹脊上升泥丸，兼用鼻以气提之，入口化为甘津，分三口咽，如咽硬物，送入脐中。自用念珠暗记遍数，每行五十周，或三十周，日行数次，或十日，或半月，令其病者，自尔快乐。"

种子第十

养浩生曰："时俗之人，艰于子嗣，其治云何？"

真人曰："种子之法，亦不过一气，故气合则成胎，气不合则不成胎。气虽合焉，间有其人精气衰弱，故虽生而亦不育，虽育而亦不长，虽长而亦多疾病。经云：'顺则成人，逆则成丹。'老子云：'凡人生多疾病者，是风日之

---

① 上医本原作"发溷"。《玄》、上图本均作"登溷"。"发（發）"显为"登"之讹。

子；生而早死者，是晦日之子；在胎而伤者，是朔日之子；生而母子俱死①者，是雷霆霹雳日之子；能行步有知而死者，是下旬之子；失血②死者，是月水尽之子，又是月蚀之子；结胎不成者，是弦望之子；命不长者，是大醉之子；不痴必狂者，是大劳之子；生而不成者，是平晓之子；意多恐悸者，是日出之子；好为盗贼贪欲者，是禺中之子；性行不良者，是日中之子；命能不全③者，是日映之子；好诈及妄者，是晡时之子；不瘖必聋者，是人定之子。天地闭气不通，其子死；夜半合阴阳生子，上寿贤明；夜半后合会生子，中寿，聪明智慧；鸡鸣合会生子，下寿，克父母。此乃天地之常理也。'今人或因无嗣，广置侍妾，以致真阳之炁损因过于交合，胎愈不成。或服热药过多，烧竭真气，枯渣之质，胎亦不成，悲哉！求嗣首于寡欲，寡欲则相火伏，而君火用事，精壮气盛，更选经调脉和之女，一交必成胎也。螽斯之首，此其宜焉。"

养浩生曰："其法云何？"

真人曰："首宜培根。培根者，培气也。气为人之根本，宜令其人择日入室，选定滋味，绝欲除梦，安神脐内一寸三分，调文火④三百六十息，每三十六息，咽气六口，日行四遍，得气二十四口。如此三日，共得炁七十二口⑤。三日之后，方调息起，亦三百六十息。每三十六息，咽气三口。调毕，舌抵上腭，内气不出，外气不入，虽无呼吸，亦约定一呼一吸为一息。量气长短，得息多寡，必须默记，俟气稍急，神运其气，自尾闾、夹脊上升泥丸，兼用鼻以气提之，入口化为甘津，分三口咽，如咽硬物，送入脐间。自用念珠暗记，每行五十周，或三十周，日行数次，百日后，方用调经如法之鼎，一交即生男，聪慧寿康，永得快乐。"⑥

养浩生曰："交感有候乎？"

真人曰："有，大约用妇人经水净时。经有两日半净者，有三日净者，亦有血旺之女，六七日始净者，不可拘定。但用洁白棉，或帛，夹之宝田户

---

① 《玄》作"俱死"；上图本作"俱伤"。
② 《玄》、上图本均作"兵血"。
③ 《玄》与上医本同。上图本作"命不能全"。
④ 上医本此处"火"字系墨笔旁批添加。《玄》、上图本均有"火"字。
⑤ 上医本此字原为"息"，墨笔删改为"口"。《玄》、上图本均作"口"。
⑥ 上图本于此旧时主人眉批："既以彼为主，则前章之说，又当如何？"

内，取而目之，金色者，乃佳期也；鲜红者，未净不洁也；浅淡者，太过也。如金色，乃新红已生，于此交合，再无不成。若先期而交，则金水太盛，子宫淤塞，无受精之处；后期而交，则子宫已闭，施精亦无门而入。又云单日成男，双日成女，四日已后不成矣。施精要子时后①方可。"

养浩生曰："今种子家有雹、霜、雳、霆、霞、霈六诀者，何也？"

真人曰："此诀虽善，但元阳之泄，疾若奔马，安可使之停止？且精在身中，本属一气，泄而为精，已有形也。如勉强收入，后泄倍于寻常，是使至阳之气变为驳②杂之物，安可种子？脱③如欲泄不泄，轻则为淋，重则为毒，所谓'火发必克④'者是也，安可从之！"

养浩生曰："又有转女成男之法，其意何居乎？"

真人曰："此皆意外之奇谭，不可以常理测者也。其术亦不一，或传东南桃作斧柄，置孕妇床下，刃向上，勿令人见，则男胎可成者；或传弓弦系腰百日内可转女成男者；或传雄鸡长尾插二茎于床下，亦转女成男者；或有佩雄黄者，盖即古佩宜男萱草之遗法也。扩而论之，人之阳气旺成男，阳气衰成女，此理甚明。设衰弱之人，总⑤配仙草，何济于事？"

疟症第十一

养浩生曰："种子之外，疾莫甚于疟，其治何也？"

真人曰："疟也者，外感风寒暑湿，内伤饮食劳倦，或饥饱、色欲过度，以致脾气不和，痰留中脘。夫无痰不能成疟，疟将来时，呵欠怕寒，手足皆冷，发寒作战⑥，大热口渴，头痛、腰胯骨节酸疼，或先寒后热，或先热后寒，或单寒单热，或寒多热少，或热多寒少。一日一发者，受病浅也；间日一发者，与二日连发、三日一发者，皆受病深也。俗用截疟诸法，截者，止也，谓止之而不发也。如火在草上，去火则草不焚。如强以物压之，必作他

---

① 《玄》作"子时中"。
② 上医本原为"驮"，墨笔旁改为"驳"。《玄》、上图本作"驳"。
③ 上医本原为"脱"，墨笔旁改为"说"。然《玄》、上图本作"脱"。故改回"脱"字。
④ 上医本原为"刺"，墨笔旁改为"克"。《玄》作"刻"。
⑤ 几个本子都作"总"；或当同"纵"。
⑥ 《玄》与上医本同，上图本作"发寒作热"。

患，宁可截之乎？"

养浩生曰："其法奈何？"

真人曰："宜先养正气，而客邪自去。宜令病者于未发之先，密室静坐，重衣厚服，着令极暖，方瞑目握固，存神脐间，调武火三百六十息，每三十六息一咽。调毕，舌抵上腭，内气不出，外气不入，虽无呼吸，亦约定一呼一吸为一息。量气长短，得息多寡，必须默记，俟气稍急，神运其气，自尾闾、夹脊上升泥丸，兼用鼻以气提之，入口化为甘津，分三口，咽如硬物，咽之送入脐中①。自用念珠暗记，每行五十周，或三十周。毕，便以两掌搓热极，抱住阴囊，侧身闭息而卧。日行数次，不二三日，自尔快乐。但呼吸出入之间，俱要武火，务令汗出，使邪气从十万八千毛孔出，方为的诀。"

养浩生曰："或有成疟母者，何也？"

真人曰："元炁衰惫，则成疟母。或当发疟日，不择生冷荤腥，停食在腹，皆能成之，治法不过如前。但凡疟症增寒者，宜用火观法；增热者，宜用水②观法。"

养浩生曰："敢问何谓水火观法？"

真人曰："凡行水观法，先令病者行前功，外便如前瞑目，不必舌抵上腭定息，移神涌泉穴中，存此穴内，有一径寸水。少顷，流出浸足，清凉如冰，洞心彻骨。少顷，又浸至膝，以至浸胸、浸顶③。及六合上下，皆化为水，并无此身。呼吸之间，觉有外气④，一二日，热症自退。其火观法，亦复如是。此法不止治疟，一切寒热，均可治之。"

痢症第十二

养浩生曰："疟症之外，莫甚于痢，其治奈何？"

真人曰："痢也者，皆因脾胃失调，饮食停滞，积于肠胃之间，多是夏月

---

① 此句原文如是，然依本书上下文例，似当作"分三口咽，如咽硬物，送入脐中。"
② 上医本此处原为"水火"，墨笔删去"火"字。上图本作"水观法"。《玄》作"水火观法"。依下文所述，当为"水观法"。
③ 《玄》与上医本同，上图本作"浸项"。
④ 《玄》、上医本均作"冷气"。

暑湿伤脾，平日则大肠积热①，故作斯疾。初起之时，肚腹疼痛，大便里急后重，小水短赤不长，便为痢疾。"

养浩生曰："其法奈何？"

真人曰："其法大抵宜调元炁，元炁足而暑湿肠热自除。宜令病者密室静坐，瞑目握固，存神脐内一寸三分，调文息三十六度，咽气一口，三文一武，足三百六十息。毕，舌抵上腭，内气不出，外气不入，虽无呼吸，亦约定一呼一吸为一息。量气长短，得息多寡，必须默记，俟气稍急，神运其气，自尾闾、夹脊上升泥丸，兼用鼻以气提之，入口化为甘津。漱之，分三口咽，如咽硬物，送入脐间，自用念珠暗记遍数。凡未行此法之先，须令其人瞑目握固，极力提气五十口，方行前功。如此或五十遍，或三十遍，逐日行数次，不必半月，自尔快乐。"

养浩生曰："疾有不同者，何也？"

真人曰："大抵痢疾均属脾胃，有噤口者，乃脾虚脾热也；痢如绿豆汁者，乃湿气伤脾也；痢作痛者，乃热流下而伤脾也；虚坐努力者，乃血虚而脾无力也。一依前法行持，自尔快乐。"

呃逆嗳气第十三

养浩生曰："呃逆嗳气之症，有以异乎？"

真人曰："异。呃逆乃胃火上冲，而逆随口应。又有自脐下上直出于口者，乃阴火上冲也，俗名'打呃'是也。若夫嗳气者，乃胸膈之气上升也。有胃中有火而嗳者，有胃中有痰而嗳者，有胃中有寒而嗳者。总而言之，法当理气，气理则呃逆嗳气之症均可除也。"

养浩生曰："其法奈何？"

真人曰："凡有此般疾症，皆系邪气逆行，首②宜降邪气，次宜积真气。

---

① 上图本作"大肠积滞"。
② 上医本原作"皆系邪气逆行者，宜降邪气"。《玄》作："皆系邪气逆行，首宜降邪气"。下句"次宜积真气"，与《玄》之"首宜"呼应。推测上医本的"者"字或当为"首"之讹。

真气既积，则五脏之气，各自归宗①，自然其疾如同冰解。先令病者密室静坐，瞑目握固，存神脐内一寸三分，调文火，每三十六息一咽，如咽极硬之物，用意坠下，至于下田，如巨石沉海之状。如此三百六十息毕，舌抵上腭，内气不出，外气不入，虽无呼吸，亦约定一呼一吸为一息。量气长短，得息多寡，必须默记。俟气稍急，神运其气，自尾闾、夹脊上升泥丸，兼用鼻以气提之，入口化为甘津。漱之，分三口咽，如咽硬物，送入脐中。自用念珠暗记遍数，如此或五十遍，或三十遍，日行数次，自尔快乐，不必半月。"

吞酸第十四

养浩生曰："吞酸之症，有以异乎？"

真人曰："异。有吞酸，有吐酸。吞酸者，乃酸水刺心也；吐酸者，乃吐出酸水也。俱饮食入胃，脾虚不能运化，郁积已久，湿中生火，湿热相蒸，故相蒸而作酸也。一依前法治之，自尔快乐。"

嘈杂第十五

养浩生曰："嘈杂之症有以异乎？"

真人曰："异。夫嘈杂者，俗谓之心嘈也。其疾有三：有因胃中痰为火动而嘈者，有因心血少而嘈者，有因食郁而嘈者，俱宜先降邪气。邪气既降，则火自然清，气自然平，而气降也，疾宁不痊乎？一依前法治之，无不快乐者。"

怔忡第十六

养浩生曰："或有其人无事怏怏，若奋若怒，此属何疾？"

真人曰："此七情不平而生客气也。夫气之在人身，宜周流顺适，不宜击发扼逆。若七情内攻，过于喜则气散，过于怒则气逆，过于忧则气陷，过于思则气结，过于悲则气消，过于恐则气怯，过于惊则气耗。若六感外淫，风

---

① 上医本原作"归守"。《玄》、上图本作"归宗"，据改。

伤气①则为疼痛，寒伤气则战慄②，暑伤气则为热闷，湿伤气则肿满，燥伤气则为闭结。大抵一身之中，气为之主。若内气有余，客邪中伐，不觉奋怒，久而不治，侵胸则为膈，侵腹则为臌也。"

养浩生曰："其法奈何？"

真人曰："内气乃无形无迹之物，欲调内气，先调呼吸。盖呼吸者，标也；神气③者，本也。治其标而本自宁。宜令患者密室静坐，平心和气，瞑目握固，存神脐间一寸三分。调文火，每三十六息，不必舌抵住息，放却四大，存此神充满虚空，气稍急，从新又调。俟三百六十息毕，方舌抵上腭。内气不出，外气不入，虽无呼吸，亦约定一呼一吸为一息。量气长短，得息多寡，必须默记，俟气稍急，神运其气，自尾闾、夹脊上升泥丸，兼用鼻以气提之，入口化为甘津。漱之，分三口咽，如咽硬物，送入脐间。自用念珠暗记遍数，或五十遍，或三十遍，日行数次，不必半月，自尔快乐。"

积聚第十七

养浩生曰："尝观今人，又有积聚者，其病云何？"

真人曰："医家有五积六聚。五积者，五脏所积也；六聚者，六腑所聚也。积有常形，乃血结所成，血故有形也；聚无定位，乃气结所成，气故无形也。又有积块，乃痰与食积、死血所成也。大约中为痰块，左为血块，右为食积，不可不知也。"

养浩生曰："其治奈何？"

真人曰："治法与痰疾颇同。但此疾三运气而一积气，朝暮行之，不必一月，自尔快乐。"

疸症第十八

养浩生曰："积聚之外，莫甚于疸，其疾奈何？"

---

① 上医本原无"气"字，据《玄》、上图本补。
② 上医本原作"战深"；《玄》、上图本均作"战慄"，据改。
③ 《玄》、上图本均作"祖气"。

真人曰："夫疸有黄汗、有黄疸、有酒疸、有谷疸、有女劳疸，其名虽有五，俱是脾胃水谷湿热相蒸，故尔腹胸饱闷，面目俱黄，小水短赤，如皂荚汁者，就如盦曲相似，故湿热而生黄也。用功到小水清白时，其疾即愈也。"

养浩生曰："其治奈何？"

真人曰："宜令病者密室静坐，瞑目握固，存神脐内一寸三分，调文火三百六十息，每三十六息呼气三口，补气三口。调毕，舌抵上腭，内气不出，外气不入，虽无呼吸，亦约定一呼一吸为一息。量气长短，得息多寡，必须默记，俟气稍急，神运其气，自尾闾、夹脊上升泥丸，微用鼻以气提之，入口化为甘津。漱之，分三口咽，如咽硬物，送入脐间。自用念珠暗记遍数，或五十遍，或三十遍，日行数次，或半月，或二十日，自尔快乐。"

霍乱第十九

养浩生曰："常见世人有霍乱之疾者，何也？"

真人曰："夫霍乱者，有湿乱，有干乱，此症皆由内伤生冷，外感风寒暑湿，而成霍乱。其疾忽然心腹疼痛，或上吐，或下泻，或吐泻齐作，搅乱不安，四肢厥冷，六脉沉欲绝，此名温霍乱，俗名为'虎狼病'是也。因风则怕风有汗，因寒则怕寒无汗，因暑则烦躁热闷，因湿则身体重着，因食则胸膈饱闷。若吐泻，烦渴不止，厥冷痛甚，转筋入腹者死。此疾夏月因伏暑热，① 霍乱吐泻者甚多。其干霍乱者，忽然心腹搅痛，手足厥冷，六脉沉细，欲吐不得吐，欲泻不得泻，阴阳乖隔，升降不通，俗名之为'搅肠沙'也。此为难治。若吐泻不出，胸腹胀硬，面白唇青，手足冷过肘膝，六脉伏绝，气息喘急，舌干囊缩者，死症也。"

养浩生曰："其治奈何？"

真人曰："此二种疾出于仓卒，急用功为难。如素有此疾者，或疾将起之时，速令病者密室静坐，瞑目握固，存神脐间一寸三分。细细调息，切勿气息粗，索动其病处。如此调三百六十息，每三十六息② 轻轻呼出三口，微微

---

① 《玄》与上医本同。上图本作"此疾因夏月伏日受暑受湿"。
② 上医本原作"三十息"，《玄》与上医本同；上图本作"三十六息"。然据上下文类似文句来看，基本均以"三十六息"为周期，故依上图本订正。

补气三口。调毕，舌抵上腭，内气不出，外气不入，虽无呼吸，亦约定一呼一吸为一息。量气长短，得息多寡，必须默记，俟气稍急，神运其气，自尾闾、夹脊上升泥丸，兼用鼻轻以气提之，入口化为甘津。漱之，分三口咽，如咽硬物，送入脐间。自用念珠暗记遍数，或五十遍，或三十遍数，顷刻之间，自尔快乐。如此功不能行，则止令病者存神脐间，住息定气，气急调息，又为使其脏腑安静，脉络各定，自然快乐。"

呕吐第二十

养浩生曰："或有其人本无疾病，忽然之间，常作呕吐者，其病何也？"

真人曰："吐有数种，总皆胃气受伤。故有呕哕清水冷涎者，是寒吐也；有烦渴而呕哕者，是热吐也；有呕哕痰者，是痰火也；有饱闷作酸呕吐者，是停食也。均属胃气病也。久而不治，必成翻胃。"

养浩生曰："其法奈何？"

真人曰："胃者，脾之门户；脾者，胃之根本也。如胃气受伤，脾气必绝，脾气绝而人能生乎？如脾气坚固，胃气必强，胃气强而病能生乎？此疾首降下胃气，方可积气归脾。宜令病者密室静坐，瞑目握固，存神脐内一寸三分，先调文息三十六度，呼气三口，补气三口。于补气时，极力咽下，如咽最硬之物，坠至下田，方又调武息三十六度。如前呼补，三百六十息毕，方舌抵上腭。内气不出，外气不入，虽无呼吸，亦约定一呼一吸为一息。量气长短，得息多寡，必须默记，俟气稍急，神运其气，自尾闾、夹脊上升泥丸，兼用鼻以气提之，入口化为甘津。漱之，分三口咽，如咽硬物，送入脐间。自用念珠暗记遍数，或五十遍，或三十遍，日行数次，或半月，或廿日，病根除，真气实，永尔快乐。"

头痛第二十一

养浩生曰："今人多有头痛之疾，其病何也？"

真人曰："头为诸阳之首，其痛有各经之不同。有气虚而头痛者，耳鸣，九窍不利也；有湿热而头痛者，头重如石，属湿也。肥人头痛者，多是气虚湿痰也；瘦人头痛者，多是血虚痰火也。遇风寒恶心呕吐头痛者，乃头风也。凡头痛偏左者，属风与血虚也；偏右者，属痰与气虚也；左右俱痛者，气血两虚也。头旋眼黑恶心者，痰厥头痛也；偏正头痛者，风气上攻也；颈项强痛者，风邪所干也；眉棱骨痛者，风热并痰也；头痛而起核块者，名雷头风也。真头痛乃脑尽而痛，为不可治。其痛时手足冷至节者，不治之也。"

养浩生曰："其治云何？"

真人曰："大抵头为众阳聚会之所，痛者均是客邪不能下降，真气不能上达，故作疼痛。宜令其人密室静坐，瞑目握固，存神脐间一寸三分。调文火三百六十息，每三十六息咽气一口，如咽硬物，直坠至下田。调毕，舌抵上腭，内气不出，外气不入，虽无呼吸，亦约定①一呼一吸为一息。量气长短，得息多寡，必须默记。俟气稍急，神运其气，自尾闾、夹脊上升泥丸，兼用鼻以气提之，入口化为甘津。漱之，分三口咽，如咽硬物，送入脐间。自用念珠暗记遍数，或五十遍，或三十遍，日行数次，或二十日，或三十日，自尔快乐。盖气也、血也、风也、痰②也、火也、湿也，均统于气，气既下行，则诸邪皆随之而下降，故先用咽降之法。气既降，不更积其气，则此下之物，必不坚固，故后必积此真气，以充满之、坚固之而已。此祛头痛之全法也。"

耳聋第二十二

养浩生曰："今人多有耳聋之疾者，何也？"

真人曰："耳乃肾之外窍，肾气虚则耳聋，或耳鸣，各有所感。左耳聋者，忿怒动，君火也③；右耳聋者，色欲动，相火也；两耳俱聋者，厚味动，胃火也。两耳肿痛者，肾经有风热也。出脓，亦系风热。有气闭耳聋者，气通则已。"

养浩生曰："其治奈何？"

---

① "定"字依《玄》补出。
② 上医本原作"痛"，未安。上图本此句作"盖气、血、风、痰，并火与湿皆统于气。"《玄》于此亦作"痰"。故改"痛"为"痰"。
③ 《玄》作"脐火也"；上图本作"胆大也"。

真人曰："大抵五脏之病，莫先补气，肾犹亟焉。积气倘久，气自生液，液自归肾。肾经既旺，耳自通明。宜令病者密室静坐，瞑目握固，存神脐间一寸三分。调文火三个三十六息，方调武火一个三十六息，如此排匀。调毕，舌抵上腭，内气不出，外气不入，虽无呼吸，亦约定一呼一吸为一息。量气长短，得息多寡，必须默记，俟气稍急，神运其气，自尾闾、夹脊上升泥丸，兼用鼻以气提之，入口化为甘津。漱之，分三口咽，如咽硬物，送入脐中。自用念珠暗记，或三十遍，或二十遍。毕，即用两手抱头掩耳，用中、食二指轮击脑后百数，方咽干气五口，或七口，极力用意坠至下田。日行数次，不必一月，自尔快乐。"

丹亭真人卢祖师广胎息经卷之一终。

丹亭卢真人广胎息经卷之二

却病部二　静功

舌病第二十三

养浩生曰："尝闻舌乃心苗，今人或舌强、舌疮，其疾云何？"

真人曰："以部位言之，五脏皆有所属；以症候言之，五脏皆有所主。如口舌肿痛，或状如无皮①，或发热作渴，为中气虚热；若眼如烟触，体倦少食，或午后益甚，为阴血虚热；若咽痛舌疮，口干足热，日晡益甚，为肾经虚火；若四肢厥冷，恶寒饮食，或痰盛目赤，为命门火衰；若发热作渴，饮冷便闭，为肠胃实火；若发热恶寒，口干喜汤食少，身体作倦，为脾经虚热；若舌作强，腮颊肿，为脾经湿热；若痰盛作渴，口舌肿痛，为上焦有热；若思虑过度，口舌生疮，咽喉不利，为脾经血伤火动；若恚怒过度，作寒发热，而舌肿痛，为肝经血伤火动。今人见有舌症者，即执之为心火，是未闻上项疾症者也。舌之下有两穴，一名金津，一名玉液，此津液所生之门户，医家名为濂泉穴是也。"

养浩生曰："其法云何？"

真人曰："此数端疾，皆属内热。因水不能润火，故火益炽而水益枯。法当积炁，积炁既久，自能生水，水盛则火衰，心火不燥，舌病何生？宜令病者密室静坐，瞑目握固，调文火三百六十度，每三十六度一呵一补，一咽一

---

① 上医本原作"鱼皮"；《玄》、上图本作"无皮"，依改。

漱。调毕，舌抵上腭，内气不出，外气不入，虽无呼吸，亦约定一呼一吸为一息。量气长短，得息多寡，惟欲增息，不欲减息，皆系自然，而非矫强，必须默记。候气稍急，神运其气，自尾闾、夹脊上升泥丸，兼用鼻以气提之，入口化为甘津。分三口咽，如咽硬物，送入脐中。自用念珠暗记遍数。或五十遍，或三十遍，日行数次，不四五日，自尔快乐。"

养浩生曰："或有口舌生疮，咽喉肿痛，燥渴便闭者，何也？"

真人曰："此三焦实火也。宜先呵气不出声，直候口中微生凉液，便漱咽之。行此功一日，或半日，再依前行功，自尔快乐。"

养浩生曰："或口舌生疮，发热恶寒，劳则体倦，不思饮食者，何也？"

真人曰："此中焦虚火也。宜先依前积炁补虚，略带呵炁泄火，自尔快乐。"

养浩生曰："或口舌生疮，惟喜饮汤不食者，何也？"

真人曰："此胃气虚，不能化生津液也。止依前法积炁，炁盛则胃实，自无此患。"

养浩生曰："或口舌生疮，饮食少思，大便不实者，何也？"

真人曰："此中气虚也①。止依前法积炁，炁生真液，可无此患。"

养浩生曰："或口舌生疮糜烂，晡时内热者，何也？"

真人曰："此血虚有火也。但能清心定虑，行前补炁功夫，自尔快乐。"

养浩生曰："或口舌生疮，食少便滑，面黄肢冷者，何也？"

真人曰："此火盛土虚也。亦宜积炁，炁盛则脾旺，脾旺则此等症候自能蠲除。"

养浩生曰："或口舌生疮，日晡发热作渴、唾痰、小便频数者，何也？"

真人曰："此肾水亏损，下焦阴火也。亦宜积炁，炁旺则真水日增，邪火日灭，其渴唾痰，自尔痊好。"

养浩生曰："或口舌生疮，口臭、牙龈赤烂、腿膝痿软，及口咸者，何也？"

真人曰："此肾经虚热也。大抵此症，口苦者，心热也；口淡者，脾热也；口辣者，肺热也；口咸者，肾热也；口酸者，肝热也。吞酸与口酸不

---

① 上医本原作"此中虚气虚也"。《玄》、上图本"中"后均无"虚"字，依改。

同，吞酸者，吞吐成酸①；口酸者，不吞吐而时觉其酸也。凡有此数症，各随六字，一泄一补，后行积炁功夫，自尔快乐。"

齿症第二十四

养浩生曰："牙者，人之关键也。间有痛者，其疾云何？"

真人曰："齿痛虽病根不一，然齿者，骨之余。骨则肾所主，大约以培肾为首务，气增则肾旺，自然之理也。其疾虽有因胃火而痛者，有因风热而痛者。如开口呷风则痛甚者，此肠胃中有风邪也；开口则臭气不可闻者，此肠胃中有积热也；遇食而痛者，此肠胃中有湿热也；牙龈宣露者，此胃中有客热也；齿摇动者，肾元虚也。今人每一牙痛，或用药熏，或用药擦，或用药漱，或用药点，非不能奏俄顷之效，然终非自本自根之法也。"

养浩生曰："其法奈何？"

真人曰："先宜泄其余，随泄随补，使元气日固。正如种植，下加浇灌，上加修葺，自然患除。宜令患者密室静坐，瞑目握固，存神脐间一寸三分。调文息三百六十度，每十息三呵三补。调毕，舌抵上腭，内气不出，外气不入，虽无呼吸，亦约定一呼一吸为一息。量气长短，得息多寡，惟欲增息，不欲减息，皆系自然，而非矫强，必须默记。俟气稍急，神运其气，自尾闾、夹脊上升泥丸，兼用鼻以气提之，入口化为甘津。漱之，分三口咽，如咽硬物②，送入脐间。毕，仍呵气三口，补气三口。自用念珠暗记遍数，或五十遍，或三十遍，日行数次，或半月，或二十日，自尔快乐。"

目症第二十五

养浩生曰："人之有目，所以明了事物也。设有疾症，果有别乎？"

真人曰："有别。夫目为五脏之精华，一身之宝鉴也。故视五脏，以分五轮。借八卦以名八廓。五轮者，肝属木曰风轮，在眼为乌睛；心属火曰火

---

① 上医本原作"吞哇或酸"；《玄》、上图本均作"吞吐成酸"，依改。
② 《玄》与上医本同。上图本作"分三口咽，谷谷有声"。

轮，在眼为二眦；脾属土曰肉轮，在眼为上下胞；肺属金曰气轮，在眼为白睛；肾属水曰水轮，在眼为瞳子。至若八廓，无位有名。肝之腑为天廓，① 膀胱之腑为地廓，命门之腑为水廓，小肠之腑为火廓，肾之腑为风廓，脾之腑为雷廓，大肠之腑为山廓，三焦之腑为泽廓。此虽为眼目之根本，而面为包络，或因五脏蕴藏风热，或因七情郁结胞臆，以致上攻眼目，各随五脏所属而为之病。或肿赤而痛，或羞明怕日，或瘾涩难开，或云翳，或内障，或白膜遮睛，其症七十有二焉。"

养浩生曰："治法奈何？"

真人曰："症虽七十有二，不过主于五脏。五脏之中，炁为之主，唯宜积炁消心可也。故念念归中②，则上者必下，气气归根，则郁者必消，以致气海盈满，必传达五脏六腑。五脏六腑之炁既满，则风邪热毒安能少存？正如太阳当天，群阴消散也。故惟此一炁，风可驱散，热可清凉，气结者可调顺，翳者可祛除，肿痛者可消，赤烂者可退。除老者日用鼎器外，凡遇中年得此疾者，宜令其人密室静坐，瞑目握固，存神脐间一寸三分。调文息三百六十度，每十息嘘气三口，补气一口。调毕，舌抵上腭，内气不出，外气不入，虽无呼吸，亦约定一呼一吸为一息。量气长短，得息多寡，惟欲增息，不欲减息，皆系自然，而非矫强，必须默记。俟气稍急，神运其气，自尾闾、夹脊上升泥丸，兼用鼻以气提之，入口化为甘津。分三口咽，如咽硬物，送入脐中。自用念珠暗记遍数，或五十遍，或三十遍，日行数次。行毕，用两大指背第二节擦热，熨眼数十次。擦毕，呵气三口，补炁一口。或又令人擦两足涌泉穴，亦呵炁一口，补炁一口。轻者半月，或廿日，重者或一月，或百日，自尔痊愈。凡内障，必至关窍开通，方得快乐。"

养浩生曰："小眦赤兼之红肉堆起者，何也？"

真人曰："心经虚热也。惟宜积炁补虚，虚既补，而热自除，又复悉患？"

养浩生曰："大眦③赤红肉堆起者，何也？"

真人曰："心经实热也。先宜端正坐，焚官香一炷，视香有灰，即吹之。如此吹三香，方照前行积炁法，其疾自瘳。"

---

① 此句几个版本差别较大。上图本作"肺为天廓"；《玄》作"脾之腑为天廓"。
② 《玄》与上医本同；上图本作"规中"。
③ 上医本原作"大眥"；上图本作"大眦"，依改。

养浩生曰："乌白翳障者，何也？"

真人曰："肝病也。宜先用'嘘'字导泄之，次照前积炁，方得快乐。凡系五脏，余皆宜照此类推。如白珠红筋翳膜者，肺病也；上下睛胞如桃者，脾病也；迎风出泪、坐起生花者，肾病也。皆照前先用字引导，后用功补全。"

养浩生曰："目赤而痛者，何也？"

真人曰："乃肝经实热也。宜用'嘘'字先泄之，后方依前积炁补全，方可痊愈。"

养浩生曰："羞明怕日，何也？"

真人曰："此脾实也。亦宜积炁。脾实毕竟是邪①炁壅瘀，真炁莫达②。凡积之已久，真炁贯彻，安有其邪？"

养浩生曰："视物不真，何也？"

真人曰："此脾虚也。宜依前积炁，自尔快乐。"

养浩生曰："攀睛努肉者，何也？"

真人曰："此心热也。先宜'呵'字泄之，次宜积炁补之，后宜擦热大指背熨，久久行之，自尔快乐。"

养浩生曰："久病昏暗者，何也？"

真人曰："此肾经真阳之炁微也。如昏暗不欲视物，内障见黑花，瞳子散漫，乃血少劳神及肾虚也；此外又有远视不能近视者，火盛而水亏也；又有近视不能远视者，水盛而火亏也。皆宜积炁补全。如多年内障，视物有影者，必俟开通关窍，方得复明。视物全无影者，不治。"

咽喉第二十六

养浩生曰："今人咽喉有病者，何也？"

真人曰："大抵咽喉为出入之门，虽医家有风、痰、火三症，然其病源必本于火。盖火能炎上，一不安戢，则燥暴之势必冲喉关，凡受病之因也。故

---

① 上医本原作"炁"，墨笔改为"邪"。
② 上医本原作"直达"，文意不恰。《玄》、上图本作"莫达"，据改。上图本此句作"脾实毕竟是炁，凡炁壅塞，真炁莫达。"文字有异，句读亦当不同。

或咽喉生疮，或咽喉肿痛，或咽喉闭塞，或红肿结核胀满，或喉不能言语①，俱是火势夹风杂痰使之然也。"

养浩生曰："治法奈何？"

真人曰："首宜泄去浮游之火，次宜降下壅瘀之火，然后内运真水灌溉之。宜令病者密室静坐，瞑目握固，存神脐间一寸三分，调极文②火三百六十息，每五息三呵一咽。可于咽时，如咽硬物，兼用意坠下中宫。如此调毕，然后用舌抵住上腭，内气不出，外气不入，虽无呼吸，亦约定一呼一吸为一息。量气长短，以为多寡，惟欲增息，不欲减息，皆系自然，而非矫强，必须默记遍数。俟气稍急，神运其气，自尾闾、夹脊上升泥丸，兼用鼻以气提之，入口化为甘津。分三口咽，如咽硬物，送入脐中。自用念珠暗记遍数，或五十遍，或三十遍，半月或念日，日行数次，自尔快乐。"

结核第二十七

养浩生曰："人身中有结核之疾，果何疾也？"

真人曰："结核之症，或生项侧，或在颈，或在臂，或在身。倘生而肿痛者，多在皮里膜外，原其病根多是痰注不散，结而成核。又云结核，乃火气热甚③，则郁结坚硬如果中核也。又有一种梅核④，因七情之气郁结而成，或因饮食之时，触犯恼怒，遂有此症。其症结成痰核，或如梅核，或如破絮，在咽喉间，咯而不出，咽之不下；或中脘痞满，气不舒畅；或痰涎壅盛，上气喘极；或因痰饮恶心，呕而且吐。皆结核之症患也。"

养浩生曰："其法奈何？"

真人曰："病根虽在痰，然而痰不自行，必载于气。治此疾者，先当治气。气既平顺，则痰自消而核自灭。凡此痰，摩之不痛，搔之不痒，是谓气死血枯，为不可作。凡生痛作痒者可治。宜令患者密室静坐，瞑目握固，存神脐内一寸三分。调二文一武火，三百六十息。调毕，舌抵上腭，内气不

---

① 《玄》同上医本；上图本作"喉硬不能言语"。
② 上医本原作"文极"，墨笔改为"极文"。《玄》作"文极"。
③ 《玄》与上医本同。上图本作"热盛"。
④ 上医本原有"气"字，墨笔删去。《玄》亦有"气"字。

出，外气不入，虽无呼吸，亦约定一呼一吸为一息。量气长短，得息多寡，惟欲增息，不欲减息，皆系自然，而非矫强。俟气稍急，神运其气，自尾间、夹脊上升泥丸，兼用鼻以气提之，入口化为甘津。分三口咽，如咽硬物，咽之送入脐中。毕，方调呼吸，十息调毕，运脐间炁，行于核处，左旋三十六，右旋三十六。旋毕，送气归脐，旋时俱系闭息。如此又积炁，大约首尾积炁而中运气为一遍。自用念珠暗记遍数，以每次行三十遍，或二十遍为率①，日行数次，半月或廿日，自尔快乐。"

瘿瘤第二十八

养浩生曰："常见今人生有瘿瘤，此何疾也？"

真人曰："瘿者，硬也；瘤者，留也。大约皆血气凝滞，结成瘿瘤，随身发现也。瘿多着于颈项，瘤则随气凝结。此症年数深远，寝大寝长。其坚硬不可移者，名曰石瘿；皮色不变者，名曰肉瘿；筋脉露结者，名曰筋瘿；赤脉交加者，名曰血瘿；随人忧愁以为消长者，名曰气瘿。此五等瘿，皆不可决破，决破则脓血崩溃，多致夭亡难治。瘤亦有六种：乃骨瘤、脂瘤、肉瘤、脓瘤、血瘤、筋瘤也，亦不可②决破，肉瘤尤不可决破③，决破④则杀人⑤。惟脂瘤破而去其脂粉则愈，然亦不可以常。"

养浩生曰："其法奈何？"

真人曰："气之在身中，如水之在地中，在在皆有。人之十万八千毛孔中，皆气薮也，常相流通而无凝滞。倘少有所凝，坚则为瘤，浮则为瘿。治瘿瘤亦宜运散其气，气散则血散，血散则瘿瘤自消。宜令患者密室静坐，瞑目握固，存神脐间一寸三分。调武火三百六十息，每三十六息三呵一补。调毕，舌抵上腭，内气不出，外气不入，虽无呼吸，亦约定一呼一吸为一息。量气长短，得息多寡，惟欲增息，不欲减息，皆系自然，而非矫强。伺气稍

---

① 上图本此句作"以每次行三十六或二十四为率"。
② 上医本此处"可"字为墨笔添加。《玄》有"可"字。
③ 上医本此处"破"字为墨笔添加。《玄》无"破"字。
④ 上医本此处"破"字为墨笔添加。《玄》无"破"字。
⑤ 上医本此处"人"字为墨笔添加。《玄》无"人"字。

急，神运其气，自尾闾、夹脊上升泥丸，兼用鼻以气提之，入口化为甘津。分三口咽，如咽硬物，送入脐中，方调呼吸十息。调毕，运脐间所积之炁，行于瘿瘤处，左旋三十六，右旋三十六。毕，送炁归脐，旋时俱[①]系闭息。如此又积炁，大约首尾积炁，中间运炁为一遍。自用念珠暗记遍数，每次行五十遍或三十遍，日行数次，念日或半月，自尔快乐。"

肺痈第二十九

养浩生曰："今人肺中患痈痿之症，其疾何也？"

真人曰："咳嗽有脓血曰痈，久嗽不已而无脓血曰痿。若夫痿症口干、喘满咽燥而渴甚，则四肢浮肿，咳唾脓血，或肿臭浊恶，胸中隐隐微痛者，此肺痈也。大凡此症，当咳嗽时，气短胸满，时唾脓血，久久如粳米粥者，难治。若呕脓不止者，亦不可治也。其呕而脓自止者，自愈。若面色当白而反赤，此火克金位，亦属不可治之疾也。若夫肺痿，久嗽不已，汗出过度，津液枯竭，溺如烂瓜，下如豕脂，小便数而不渴者，自愈。此由肺多邪火，故止唾涎沫而无脓也。若至汗出恶风、咳嗽气短、鼻塞项强、胸涨肋满，久不瘥者，即肺痿也。"

养浩生曰："其法奈何？"

真人曰："肺为清虚之府，原宜恬静，则无疾患。倘因其人平日营谋过多，思索烦剧，其中自有一种邪妄之火上冲肺窍，此即病根。潜为伏匿，如以煿炙辛辣以助其奸[②]，酒色嗔怒以扬其焰，不觉伏匿之根秉势而发，此痈痿之因也。既明此疾，还因嗔火，首当灭嗔怒，次当远煿炙，方徐徐默运我天然真息，汲出我自然真水。真炁行则邪火自移，真水生则热毒自散。宜令病者密室静坐，瞑目握固，存神脐内一寸三分，调极文火三百六十息，每三十六息三呵一补。调毕，舌抵上腭，运脐间气行于患处，左运三十六遍，右运三十六遍。运毕，送气归脐，大开口呵气六口，不许出声，旋时俱系闭息。如此又调息十遍，又运。凡三运毕，方内气不出，外气不入，虽无呼

---

① 上医本原作"侯"，墨笔改为"俱"。《玄》作"俱"。
② 上医本原作"助其好"。《玄》、上图本作"助其奸"，据改。

吸，亦约定一呼一吸为一息。量气长短，得息多寡，惟欲增息，不欲减息，皆系自然，而非矫强。候气稍急，神运其气，自尾闾、夹脊上升泥丸，兼用鼻以气提之，入口化为甘津。漱之，分三口咽，如咽硬物，送入脐中。自用念珠暗记遍数，或五十遍，或三十遍，日行数次，或二十日，或一月，自尔快乐。"

心痛第三十

养浩生曰："常见人有心痛之疾者，其症何也？"

真人曰："原夫心痛，亦有数种。心痛初起者，胃中有热也；心痛稍久者，胃中有郁热也；心痛素喜食热物者，乃死血留于胃口也；心肠大痛，攻走腰背、厥冷呕吐者，乃痰涎在心膈也；心时痛时止，面白唇红者，乃胃口有虫也。按医家九种心痛，谓饮、食、风、冷、热、悸、虫、痰、去来也。然疾虽有九，总统于气。此气譬之三军，附仁主则为王师，附暴虐则为寇敌，设此气安静，疾何由作？"

养浩生曰："其法奈何？"

真人曰："既知疾由气作，还知亦由气愈。假使真气归源，则邪气亦从而下①坠。其法宜令病者密室摄静，或坐或卧，瞑目握固，存神脐间一寸三分，调文火三百六十息，每三十六息一咽，如咽极硬物，以意送下脐间，如石沉深海之意。至腹中辘辘然有响声，方是真气下奔，邪气下降。宜行此功三五日，自觉不痛，方舌抵上腭，内气不出，外气不入，虽无呼吸，亦约定一呼一吸为一息。量气长短，得息多寡，惟欲增息，不欲减息，皆系自然，而非矫强。俟气稍急，神运其气，自尾闾、夹脊上升泥丸，兼用鼻以气提之，入口化为甘津。分三口咽，如咽硬物，送入脐中。自用念珠暗记遍数，每次或行五十遍，或三十遍，日行数次，或十日，或半月，自尔快乐。"

腹痛第三十一

养浩生曰："腹痛者，何也？"

---

① 上医本此字原为"不"，墨笔改为"下"。《玄》及上图本均作"下"。

真人曰："腹痛亦有九种：有寒痛、热痛、食痛、血痛、湿痛、痰痛、虫痛、虚痛、实痛。腹中忽然绵绵痛，无增减，脉沉迟者，寒痛也；乍痛乍止，脉数者，热痛也；腹痛而泻，泻后痛减者，食积也；痛不移处者，死血也；小便不利而痛者，湿痰也；腹中引钓，胁下有声者，痰饮也；时痛时止，面白唇红者，虫痛也；以手按之腹软痛止者，虚痛也；腹满而硬，手不敢按者，实痛也。又有一种肚腹作痛，大便不通，按之痛甚者，瘀血在内也；又有一种怒气伤肝，胁刺痛者，是刺气痛也。凡此数种，皆宰于气，设使气能通达，何有于痛？"

养浩生曰："其法奈何？"

真人曰："法当增长元炁。惟此元炁，寒可使温，热可使凉，食可使化，血可使消，湿可使散，痰可使驱，虫可使无，虚可使实，实可使虚。故①真气②积久，则随病奏验。此疾宜着患者密室静坐，瞑目握固，存神脐间一寸三分，调武火三百六十息，每三十六息，用力③提气一口至喉，复用力咽气一口送至脐。如此十提送，又调，直至三百六十息完，方舌抵上腭，内气不出，外气不入，虽无呼吸，亦约定一呼一吸为一息。量气长短，得息多寡，惟欲增息，不欲减息，皆系自然，而非矫强。俟气稍急，神运其气，自尾闾、夹脊上升泥丸，兼用鼻以气提之，入口化为甘津。分三口咽，如咽硬物，送入脐中。自用念珠暗记遍数，每次行五十遍，或三十遍。行毕，用两掌心擦热，用力熨腹数十度，日行数次，或刻下，或一二时，立得快乐，三五日后，永无此症。"

腰胁痛第三十二

养浩生曰："常见今人有腰胁痛者，此果何故也？"

真人曰："腰属肾经，其有痛疾，虽属肾虚，然亦不一。有常常腰痛无间歇者，此肾虚也；日轻夜重者，瘀血也；遇阴雨久坐而发者，湿也；腰背

---

① 上医本原作"但"，墨笔改为"故"。
② 上医本此处"气"字为墨笔添加。《玄》无"气"字。上图本作"真炁积久"，文意畅通。
③ 《玄》与上医本同；上图本作"用意"。

重注走串痛者①，痰也。至若胁痛，亦有所分：左胁痛者，肝热②受邪也；右胁痛者，肝邪入肺也；左右俱痛者，肝火盛而木气实也；两胁走注痛而有声者，痰饮也；劳伤身热胁痛者，脉必虚也；咳嗽气急作热脉滑且数者，乃痰结痛也；左胁下有块作痛不移者，死血也；右胁下有块作声痛且饱闷，乃食积也。子其知之。"

养浩生曰："其法奈何？"

真人曰："肾属北方坎位，坎者，水也，气也。以是观之，则气乃肾液无疑也。养炁则养肾，养肾则腰胁均有所养也。宜令病者密室静坐，瞑目握固，存神脐内一寸三分，调武火三百六十息，每三十六息一咽气，送入脐中。后复闭息运脐中气，行至痛处，左三十六旋，右三十六旋。旋毕，送气归脐。如是三百六十息足，方舌抵上腭，内气不出，外气不入，虽无呼吸，亦约定一呼一吸为一息。量气长短，得息多寡，惟欲增息，不欲减息，皆系自然，而非矫强。伺气稍急，神运其气，自尾闾、夹脊上升泥丸，兼用鼻以气提之，入口化为甘津。漱之，分三口咽，如咽硬物，送入脐中。又闭息运脐中气，置于痛处，左旋三十六，右旋三十六，旋毕，送入脐中。如此一积一运，暗用念珠自记遍数，每行五十遍，或三十遍，日行数次，或十日，或半月，自尔快乐。"

臂背痛第三十三

养浩生曰："今人臂背作痛者，何也？"

真人曰："夫臂痛多因湿痰横行经络，故作痛楚。至若背痛，则痰气之聚也。其肩背不可回顾者，则太阳之气郁而不行也。"

养浩生曰："其法奈何？"

真人曰："人身中之气，如长流之水，周身上下，原无停时。少或为痰所阻，因风所滞，为寒所郁，因血所留。譬之沟涧中，下一巨石，则流必不利。流既不利，则冲激之余，必伤岸砌。令遇此疾者，宜照前行功，或于动功拣一段行之（方见本部后），自尔快乐。"

---

① 《玄》与上医本同。上图本作"腰背重注而赤痛者"。
② 《玄》作"肝经"。

骨节痛第三十四

养浩生曰："今人间有遍身走注疼痛者，何也？"

真人曰："此名痛风也，医家谓之'白虎历节风'。都因血、气、风、湿、痰、火六者，盗入骨间而作痛楚，或因劳苦寒水相搏，或酒色醉卧当风取凉，或卧卑湿之地，或服雨汗湿衣蒸体而成此疾。是疾也，在上多属风，在下多属湿。然更有分别焉：凡遍身骨节疼痛者，虽属血、气、风、湿、痰、火，然亦有遍身壮热，骨节疼痛者，乃风寒也；亦有遍身走痛，日轻夜重者，血虚也；亦有肢节肿痛者，肿是湿，痛是火也；亦有四肢百节痛如虎咬者，方名'白虎历节风'也；其两手疼痛麻痹者，乃风痰也；两足疼痛麻木者，乃湿热也。"

养浩生曰："其法奈何？"

真人曰："大凡人身之风、痰、湿、热，止能因滞气所留，设真气通透，邪胡能留？宜令病者密室静坐，瞑目握固，存神脐间一寸三分。调文火三百六十息，每三十六息一咽，如咽硬物，送入脐间。随运脐中气，行至痛处，左旋三十六，右旋三十六，俱要闭息行之，热极有汗更妙[①]。数足，方舌抵上腭，内气不出，外气不入，虽无呼吸，亦约定一呼一吸为一息。量气长短，得息多寡，惟欲增息，不欲减息，皆系自然，而非矫强。俟气稍急，神运其气，自尾闾、夹脊上升泥丸，兼用鼻以气提之，入口化为甘津。漱之，分三口咽，如咽硬物，送入脐中，仍前运气旋绕痛处一次[②]。如此一积一运，自用念珠暗记遍数，每次行五十遍，或三十遍。毕，仍行动功数十遍，运动积滞。十日，或半月，自尔快乐。"

脚气第三十五

养浩生曰："脚气之症，果何主乎？"

[①] 上医本原作"闭息行之，俱要热极有汗更妙"；墨笔删改为"俱要闭息行之，热极有汗更妙"。《玄》与上医本墨笔删改前一致。上图本作"闭息行之，俱要发汗为妙"。

[②] 《玄》与上医本均作"一次"；上图本作"三次"。

真人曰："脚气症虽不一，大约麻是风，痛是寒，肿是湿也。其两足内踝骨红肿痛者，名为绕踝风；其两足外踝骨红肿痛者，名为穿踭风；其两膝红肿痛者，名为鹤膝风；其两腿腰胯痛者，名为腿𦟛风。肿者，名湿脚气。湿者，筋脉弛长而软，或浮肿，或生臁疮之类是也。不肿者，名干脚气[①]。干即热也，筋脉蜷缩、挛痛、枯细、不痛之类是也。发之于病，或无汗走注为风，或拘挛掣痛为寒，或肿满重痛为湿，或燥渴便实为热也。或又有脚气转筋者，是血热也；或又有脚气冲心者，斯为最恶之症也。"

养浩生曰："其法奈何？"

真人曰："症名脚气，则宜导气为主，气若归经，而风痰湿热自然消散。如戎首皈顺，余贼自灭也。宜令病者密室静坐，瞑目握固，存神脐间一寸三分。调先武后文火三百六十息，每三十六息，咽气三口，如咽硬物，送入脐中。随运脐中炁，行于痛处，左旋三十六，右旋三十六，次次如之。数足，方舌抵上腭，内气不出，外气不入，虽无呼吸，亦约定一呼一吸为一息。量气长短，得息多寡，惟欲增息，不欲减息，皆系自然，而非矫强。俟气稍急，神运其气，自尾闾、夹脊上升泥丸，兼用鼻以气提之，入口化为甘津。漱口，分三口咽，如咽硬物，送入脐中，仍前运气旋绕痛处一次[②]。如此一积一运，自用念珠暗记遍数，每次行五十遍，或三十遍，日行数次，或半月，或二十日，自尔快乐。"

㿗疝第三十六

养浩生曰："㿗疝之症，何也？"

真人曰："疝乃肝经之疾，宜通勿塞，绝与肾经无干。或有无形无声者，或有形如瓜[③]、有声似蛙者，是疝病也。始因湿热在经，潜伏日久，后感寒气，外[④]不得疏散，所以作痛。然不可执作寒看，其病症亦自不一：或肠中走气作声或痛者，是盘肠气也；或小肠阴囊手按作响声痛者，是膀胱气也；

---

① 《玄》与上医本同；上图本作"干鹤夕脚气"。
② 《玄》与上医本同；上图本作"三次"。
③ 上医本原作"爪"，墨笔改为"瓜"。《玄》与上图本亦作"瓜"。
④ 《玄》与上医本均作"外"；上图本作"多"。

或小肠脐旁一梗升上钓痛者，是小肠气也；或小腹下注上奔心腹急痛者，是偏坠也；或阴子虽硬大而不痛者，是木肾气也；或因气恼而即起疝者，是气攻也；或因劳碌而发疝者，是挟虚也；或发于寒月①者，是寒邪入膀胱也；或发于暑月者，是暑入膀胱也；或年久而不愈者，法宜补炁也。医家有七疝，乃寒、水、筋、血、气、孤②、癀也。"

养浩生曰："其法奈何？"

真人曰："均宜补气。真气复原，则下者自升，上者自降。癀疝之疾，不过邪淫之气下藏肾脉，倘出入之气既调，包藏之炁则盛，何论新旧，一概可捐③。宜令病者密室静坐，瞑目握固，存神脐间一寸三分。调文火三百六十息，每三十六息一咽补之。调毕，舌抵上腭，内气不出，外气不入，虽无呼吸，亦约定一呼一吸为一息。量气长短，得息多寡，惟欲增息，不欲减息，皆系自然，而非矫强。俟气稍急，神运其气，自尾闾、夹脊上升泥丸，兼用鼻以气提之，入口化为甘津。漱之，分三口咽，如咽硬物，送入腹中。自用念珠暗记遍数，每次行五十遍，或三十遍，日行数次，或二十日，或三十日，自尔快乐。"

痿躄第三十七

养浩生曰："或有痿躄之症者，何也？"

真人曰："痿者，上盛下虚，能食不能行也。主内伤气血虚损，不可误作风论。盖风为外感，痿是内伤，故有人若足常热者，后必痿，多年不得起者有之。其肥人得此疾者，属气虚有痰；瘦人得此疾者，属血虚有火。又不可不知也。"

养浩生曰："其法奈何？"

真人曰："此疾于补炁更为吃紧。夫既属上盛，则炁必专在于上；既名下虚，则炁不通达于下。以致旦昼所积，止供销烁，又胡能浃洽于四肢？今

---

① 《玄》与上医本均作"寒月"；上图本作"寒日"。
② 《玄》与上医本均作"孤"；上图本作"狐"。
③ 上医本原作"指"，墨笔改为"止"。上图本作"治"。《玄》作"捐"。止、治、捐，文意均通。上医原本之"指"，当为"捐"之讹，故改为"捐"。

宜居患者于密室中，瞑目握固，存神脐间一寸三分，调先文后武火三百六十息。肥者每十八息一咽补，①瘦者每三十六息一咽，用意坠至脐。各调毕，方舌抵上腭，内气不出，外气不入，虽无呼吸，亦约定一呼一吸为一息。量气长短，以为多寡，惟欲增息，不欲减息，皆系自然，而非矫强。伺气稍急，神运其气，自尾闾、夹脊上升泥丸，兼用鼻以气提之，入口化为甘津。漱之，分三口咽，如咽硬物，送入脐中。自用念珠暗记遍数，每次行五十遍，或三十遍，日行数次，一月或二月，自尔快乐。"

消渴第三十八

养浩生曰："或有消渴之症者，何也？"

真人曰："夫消渴有三，均属内虚有热也。或小便不利而消渴者，内有湿也；小便自利而渴者，内有燥也。三消之别，上消乃肺火，饮水多而食少也；中消乃胃火，消谷易饥，不生肌肉，小水赤黄是也；下消乃肾虚，不生津液，如海无潮也，海失泽也。总之，皆为元气亏欠，不能传达作润，所以有此三消。设真元内充，则必鼓荡焉、润泽焉，何有斯疾？"

养浩生曰："其法奈何？"

真人曰："人身真炁，出则为气，入则为液，熏蒸之则为火，补炁则增液，液生则渴除。胎息则补炁，炁补则馁实，自然之理。此宜令病者密室静坐，瞑目握固，存神脐中一寸三分，调文息三百六十度。上下二消疾，每三十六息，着力一咽，送至中宫。中消疾，每三十六息②，呵气三口，着力咽一口，送至中宫。各三百六十息毕，然后舌抵上腭，内气不出，外气不入，虽无呼吸，亦约定一呼一吸为一息。量气长短，得息多寡，惟欲增息，不欲减息，皆系自然，而非矫强。伺气少急，神运其气，自尾闾、夹脊上升泥丸，兼用鼻以气提之，入口化为甘津。漱之，分三口咽，如咽硬物，送入脐中。自用念珠暗记遍数，每次行五十遍，或三十遍，日行数次，随有津液，立去胃火。若欲除根，或半月，或二十日，或一月，俟真炁充

---

① 上医本原作"肥者每三十六息一咽补"，《玄》亦如是。然则，此便与后文"瘦者"同，则不当有区分肥瘦之必要。上图本作"肥者十八息一咽补"，暂从。

② 《玄》与上医本同；上图本作"每二十四息"。

满，津液上潮，自尔快乐。"

痉病第三十九

养浩生曰："尝见人有痉病者，何也？"

真人曰："痉病多是血虚气歉，风痰而成，其病头项强直，身热足寒，面赤头摇，口禁目脉赤①，背反张，手挛急，脚如弓②，脉弦急，是痉病也。开目③无汗，是刚痉属阳；闭目有汗，为柔痉属阴。凡一切伤寒杂症，汗吐下后入风，亦成痉病；发疮发汗④，亦成痉；产后去血过多，亦成痉；有跌磕打伤，疮口未合冒风者，亦成痉，此名'破伤风'也。若身凉手足冰冷、脉沉细者，名为阴痉；若眼牵嘴扯、手足战摇伸缩者，是风痰痉；滑数者，名痰火痉。若目瞪口开，真气昏瞆不知人者，断死无疑。若小儿吐泻惊风发痉者，谓角弓反张，病与痉同。"

养浩生曰："治法奈何？"

真人曰："此病最为难治，法亦不可拘执，各宜依原来疾症活法治之。其不能行功者，宜用鼎器，照遍数进炁；或用按摩，依穴道导气。大抵此病，死生在于俄顷，治之不可轻忽。治法在人，随前症加减用之可也。"

疮疡第四十

养浩生曰："外病不过疮疡，其治何也？敢乞仁慈，一一条分，垂示后学。"

真人曰："疮莫甚于痈疽，其瘰疬癞⑤疥，折打金伤，又其次也。如疮大而高起者，痈也，属乎阳，乃六腑之气所生也；平而内发者，疽也，属乎阴，乃五脏之炁所生也。其症倘肿痛热渴，大便闭结者，邪在内也；肿焮作

---

① 《玄》与上医本同；上图本作"口麻木目赤"。
② 《玄》与上医本同；上图本作"脚如无"，当误。
③ 上图本作"闭目"。
④ 《玄》与上医本均作"家汗"，文意不通。上图本作"发汗"，据改。
⑤ "癞"字依《玄》及上图本补出。

痛，寒热头痛者，邪在表也；焮肿痛者，邪在经络也；微肿微痛而不作脓者，气血虚也①；漫肿不痛，或不作脓者，或脓成不溃，气血虚甚也；色暗而微肿痛，或脓成不出，或腐肉不溃者，阳气虚寒也。经云：诸痛痒疮疡，皆属心火。若肿赤、烦躁、发热、引冷、便闭、作渴，脉洪数实，是其常也。若脉微、皮寒、泻痢、肠鸣、饮食不入、呕吐无时、手足逆冷，是变常也。或大按乃痛者病深，小按即痛者病浅，按之即陷不复者无脓，按之即复者有脓也。"

养浩生曰："其法奈何？"

真人曰："若痈疽之症，皆由其人性不能抑情，气不能胜怒，以致血壅气滞，而作是疾。盖痈者，壅也；疽者，阻也；疖者，节也。血壅气阻，不得周流。凡此疾初起，微红时，法宜运动真炁，以移散之。将脓时，用文火以导引其脓，保固心经，勿令毒热犯内，作痛作楚。溃脓时，用武火以散发余毒，骤长元炁，使身体易健也。此三法。不若遇红点初起，即嚼生豆一粒，如豆味不腥即是痛疾②，宜用移法为妙。宜令患者密室静坐，瞑目握固，存神脐内一寸三分，调文火③三百六十，每三十六，大开口，不出声呵气三口，补气三口，送入脐中。随移脐中气行于患处，闭息左旋三十六，右旋三十六。旋毕，送入脐中，数足，方舌抵上腭。内气不出，外气不入，虽无呼吸，亦约定一呼一吸为一息。量气长短，得息多寡，惟欲增息，不欲减息，皆系自然，而非矫强。候气稍急，神运其气，自尾闾、夹脊上升泥丸，兼用鼻以气提之，入口化为甘津。漱之，分三口咽，如咽硬物，送入中宫，仍前运气一次。自用念珠暗记遍数，每次行五十遍，或三十遍，日行数次，闲空不积炁日专运气。未行此功，用鲜姜一片，擦患处，痛务至痒，痒务至痛，方尔行功。不三四日，其毒自消，此初起时法也。如其毒已成，红紫焮热，专行积炁，更于调息时，每三十六息呵气三口，补气三口，俱是文火也；如脓已溃，每三十六息咽气三口，专行积炁，俱是武火也。依此法行，

---

① 《玄》与上医本同；上图本作"血气实也"。

② 上医本原作"如豆味即是痛疾"，墨笔改"如"为"知"。《玄》与上医本未改前一致。上图本作"如豆味不腥即是痛疾"。推测上医本和《玄》所依写本漏抄"不腥"二字，而上医本拥有者为使文意畅通，改"如"为"知"。故此依上图本修订。

③ 《玄》与上医本同；上图本作"调文武火"。

已成未成，俱得快乐。"

痈疽第四十一[①]

养浩生曰："痈疽之症，医家有五善、七恶之别，何说也？"

真人曰："夫善者，动息自宁，饮食知味，便溺调匀，脓溃肿消，水鲜不臭，神采精明，语言清朗，体气和平是也。此系腑症，病微邪浅。更能慎起居，节饮食，兼行前功，刻下即愈。夫恶者，乃五脏亏损之症，或因汗下失宜，荣卫消烁；或因寒凉克伐，气血不足；或因峻厉之剂，胃气受伤，以致真炁虚而邪气实，外似有余，而内实不足。法当纯补真气，真气充则脾元自壮，多有可生，不可因其恶而遂弃之。"

养浩生曰："七恶之名，请直示焉。"

真人曰："若大渴发热，泄泻淋闭，乃邪火内淫，一恶也；若脓血既泄，肿痛尤甚，脓色败臭者，乃胃炁虚而火盛，二恶也；若目视不正，黑睛紧小，白睛青赤，瞳子上视者，乃肝肾阴虚而目紧急，三恶也；若喘粗气短，恍惚嗜卧者，乃脾肺虚火，四恶也；若肩背不便，四肢沉重者，乃肾亏，五恶也；若不能下食及服药而呕，食不知味者，乃胃气虚弱，六恶也；若声嘶色败，唇鼻青赤，面目四肢浮肿者，乃脾肺俱虚，七恶也。七恶之外，又有腹痛、泄泻、咳逆、昏聩者，乃阳气虚弱，寒邪内淫之恶症也。若有溃后发热恶寒作渴，或怔忡惊悸，寤寐不宁，牙关紧急，或头目赤肿，自汗盗汗，寒战咬牙，手撒身热，脉洪大按之如无，或身热恶衣，欲投于水，其脉浮大按之细微，衣厚乃寒，此真气虚极传变之恶症也。若手足逆冷，肚腹疼痛，泄痢肠鸣，饮食不入[②]，呃逆呕吐，[③]此阳炁虚弱，寒气所秉之恶症也。若有汗而恶寒，或无汗而恶寒，口禁足冷，腰背反张，颈项强直，此气血虚极传变

[①] 上医本与《玄》于此并无标题，所列卷二目录至四十亦止。上图本亦无此标题，将"痈疽"一段放入第四十，卷三另起"瘰疬第四十一"。然虑及上医本第三卷开篇将"瘰疬"列为四十二，且痈疽虽本质亦属疮疡，但从篇幅而言，此段较其他小标题内容长出不少。故疑此原应有标题"痈疽第四十一"，早期传抄过程中有所遗漏，故于此补出。

[②] 《玄》与上医本同；上图本作"不化"。

[③] 上医本原作"吃逆呕吐"，文意不畅。上图本作"呃逆呕吐"，据改。

之恶症也。① 大抵五善见三则吉，七恶见四必危，虚中见恶症者难治，实症无恶候者易治，却治之间不可不辨。

丹亭真人卢祖师广胎息经卷之二终。

---

① 《玄》之节抄，至此而终。

丹亭卢真人广胎息经卷之三

却病部三　静功

瘰疬第四十二

养浩生曰："瘰疬之症，奈何？"

真人曰："夫瘰疬起自少阳经，不守禁戒，必延及阳明经。大抵此症乃饮食厚味，兼郁气所积，积之既久，曰毒，曰风，曰热，变此数端，招引变换，然而症名虽一，须分虚实两端。彼实者，固为易治，自非痛断厚味与发气之物，亦属难痊，以其症属胆经，相火炎上，良由气多血少。妇人见此，若月信如常，不作寒热，可不治自愈；若转为潮热，其症危矣。自非断欲绝虑，食淡养恬，虽圣人亦不能治矣。"

养浩生曰："治法奈何？"

真人曰："首宜降相火，次宜返气为血。相火既降，则邪热不致上炎，气返为血，则病根①不能内伏，自然邪气日消，真气日长，何有此病？宜令患者先调文火三百六十息，每三十六息三呵一咽，咽时着力送下，如此每日且先行此段工夫，行十日或半月，令相火尽往下奔，腹中觉有辘辘然响声，方舌抵上腭。内气不出，外气不入，虽无呼吸，亦约定一呼一吸为一息。惟欲增息，不欲减息，皆系自然，而非矫强。俟气稍急，神运其气，自尾闾、夹脊上升泥丸，入口化为甘津。漱之，分三口咽，如咽硬物，送入脐中。自用念珠

---

① 上图本作"血根"。

暗记遍数，每次行五十遍或三十遍，日行数次，或一月或二月，自尔快乐。"

疔疮第四十三

养浩生曰："疔疮奈何？"

真人曰："疔疮生于四肢，初起时一黄胞，中或紫黑，必先痒后痛，先寒后热。其中有条如红线直上，仓卒之际，急用针于红线所至处，刺出毒血，然后用蟾酥丹于刺处涂之。刺时以病者知痛出血为妙。否则红线入腹攻心，必至危殆。"

蟾酥丹：用蟾酥、白面、黄丹等分，和丸如麦粒大，针患处，以一粒纳之。

养浩生曰："其法奈何？"

真人曰："涂蟾酥后，惟当养炁，使正盛邪，自尔易散。宜调文息三百六十度，每三十六息大开口不出言，呵气三口，补炁一口，数足，方舌舐上腭。内气不出，外气不入，虽无呼吸，亦约定一呼一吸为一息。惟欲增息，不欲减息，皆系自然，而非矫强，俟气稍急，神运其气，自尾闾、夹脊上升泥丸，入口化为甘津。漱之，分三口咽，如咽硬物，送入脐中。自用念珠暗记遍数，每次行五十遍或三十遍，日行数次。或一月或半月，自尔快乐。"

便毒第四十四

养浩生曰："便毒奈何？"

真人曰："便毒见于厥阴经之分野，此奇经冲任为病，一名骑马痈，其经少血，又名血疝。或先有疳疮而发，或卒然起核疼痛而发，皆下部热郁血聚所成。如初发瘇盛时，用射干三寸[①]，以生姜煎食，行二三次立效。射干用开紫花者。"

养浩生曰："治法奈何？"

真人曰："此乃热血下凝，身旺盛者，宜依前行之。行去邪火，方才补炁。如身弱者，宜先提上邪火，方可补完。宜令患者入室静坐，瞑目握固，

---

① 上图本作"三分"。

存神脐内，入一寸三分，调文火三百六十息，每三十六息撮紧谷道，提气十口。调毕，方舌抵上腭。内气不出，外气不入，虽无呼吸，亦约定一呼一吸为一息。惟欲增息，不欲减息，皆系自然，而非矫强。俟气稍急，神运其气，自尾闾、夹脊上升泥丸，入口化为甘津。漱之，分三口咽，如咽硬物，送入脐中。大抵此炁周流一身，则百病无侵；凝滞肌肤，则疮毒交作。此既提起①客邪，补完真宰，则下结之浊气既能散除，上蕴之清炁又复下润。更宜自用念珠暗记遍数，每次行五十遍或三十遍，日行数次。或半月或念日，自尔快乐。"

下疳第四十五

养浩生曰："下疳奈何？"

真人曰："下疳乃厥阴肝经之病。先宜用消风败毒散并搽药。消风败毒散用防风、独活各八分，连翘、荆芥、黄连、苍术、知母各七分，黄柏、赤芍、赤茯、木通、龙胆草各九分，柴胡一钱五分②，甘草稍三分，搽药用。黑铅五钱化开，投汞二钱五分，研不见星，入寒水石三钱五分，真轻粉二钱五分，好硼砂乙钱，共为极细末，听用。如遇此患，先用葱、艾、花椒，熬水洗患处；若怕洗，将汤入瓶熏患处，痛止再洗，拭干掺上前药。此药并玉茎绝了，亦能长出如初，止少元首。舌被人咬去，先用乳香没药煎水，口嚼止痛，上药即长。"

养浩生曰："法当奈何？"

真人曰："此疾全是相火下结③，触而为疮。但能如前症，提上邪火，降下真水，更用药洗治。更令其入室静坐，瞑目握固，存神脐内入一寸三分，调文火三百六十息。每三十六息紧撮谷道，提气十口。调毕，方舌抵上腭。内气不出，外气不入，虽无呼吸，亦约定一呼一吸为一息。惟欲增息，不欲减息，皆系自然，而非矫强。俟气稍急，神运其气，自尾闾、夹脊上升泥丸，入口化为甘津。漱之，分三口咽，如咽硬物，送入脐中。盖此疾不过厥阴之

---

① 上图本作"提去"。
② 上图本作"一钱三分"。
③ 上医本原作"相火亦结"。上图本作"相火下结"，依改。

火，气盛则火消。每行持际，自用念珠暗记遍数。每次行五十遍或三十遍，日行数次，或半月或一月，自尔快乐。"

梅疮第四十六

（疥癣附此）

养浩生曰："梅疥等疮，奈何？"

真人曰："杨梅天泡疮者，乃风湿热毒也。臁疮疥毒者，亦风热湿毒也。疥有五种，干疥、湿疥、虫疥、砂疥、脓疥，皆因五脏蕴结热毒，热则生风，故能作痒①，风夹湿气，故又作痛，此疥之所由作也。癣亦五种，湿癣、顽癣、风癣、马癣、牛癣也，此皆血分热燥，以致风毒刻于皮肤，浮浅者②为疥，深沉者为癣。疥多夹热，癣多夹湿，又不可不知也。"

养浩生曰："其法奈何？"

真人曰："诸疮皆起于脾，脾藏湿热，然后达之四肢。炁为脾之元始，真炁充盛，则邪热自消，风湿自化。疮在腰以上者，于半夜或将行功时，擦两手令极热，周身摸擦干沐浴，令身以热为度，用津唾擦之。疮如臁，或毒在腰膝以下者，将行功时，正身伸足危坐，将足虚垂，闭紧，口两足③，如戏球相似。俟息稍急时，用口微张，呵气，如此行十数次，其疮际血分，积毒行动。已上三功④行毕，方入室静坐，瞑目握固，存神脐内一寸三分，调文火三百六十息，每三十六息三呵一补。调毕，舌抵上腭。内气不出，外气不入，虽无呼吸亦约定一呼一吸为一息。惟欲增息，不欲减息，皆系自然，而非矫强。俟气稍急，神运气，自尾闾、夹脊上升泥丸，入口化为甘津。漱之，分三口咽，如咽硬物，送入脐中。自用念珠暗记遍数，每次行五十遍或三十遍。日行数次，或十日或一月，自尔快乐。梅疮初起时，亦宜用干沐法，积气至四五后，功毕，皆宜运真火烧之。"

养浩生曰："敢问运真火之法。"

---

① 上图本作"故能介风"。
② 上医本原作"浮洩者"。上图本作"浮浅者"，依改。
③ 疑当为"扣两足"。
④ 上图本作"二功"。

真人曰："凡行积炁功完，即放下舌闭息。存左脚心涌泉穴有火，自内廉烧至左肾，以次至尾闾、夹脊双关，上升泥丸；又存右脚心涌泉穴有火，自内廉烧至右肾，以次至尾闾、夹脊双关，上升泥丸。如此各三度，方想二火会于泥丸，内下重楼①，降中宫以至炁海，更下外廉，循两足大指以入涌泉。周回三度，皆闭息为之，不下三日，其疮皆枯。子宜识之。"

折伤金疮第四十七

养浩生曰："折伤金疮，若何？"

真人曰："折伤多有瘀血凝滞，其红紫肿痛者，乃血滞也。其不红不肿而痛者，乃气滞也。或有伤重，以致大小便不通，肚腹闷乱膨胀者，乃血气上攻心也②。如损骨，则宜行功之余，助以接骨丹。"

接骨丹方：端午日用土鳖一个，新瓦焙巴豆一个，去壳半夏一个，生用，乳香半分，没药半分，自然铜火烧七次，醋淬七次，用些须，右共为细末，每服一厘，好黄酒送下，不可多用，多则补得高起，如重车③行十里之候。其骨接之有声，整理如旧。对住未服时，先用棉衣盖受伤处。此药专治跌伤骨折，合时忌妇人鸡犬见之。

养浩生曰："治法奈何？"

真人曰："气与血虽属两，然有形为血，无形为气，同一原。折伤多是血滞，只宜养炁，炁④旺则伤处自补，滞血自消。宜着病者密室静坐，瞑目握固，存神脐间一寸三分，调文火三百六十息，每三十六息咽气一口，送入脐间，运至伤处，左旋三十六，右旋二十六。毕，送气归脐。如此数足，方舌抵上腭。内气不出，外气不入，虽无呼吸，亦约定一呼一吸为一息。量气长短，得息多寡，惟欲增息，不欲减息，皆系自然，而非矫强。伺气稍急⑤，自尾闾、夹脊上升泥丸，入口化为甘津。漱之，分三口咽，如咽硬物，送入脐

---

① 上医本原作"内重楼下"，墨笔改为"内下重楼"。上图本作"入重楼，下降中宫"。
② 上医本原作"血气二攻心也"。上图本作"血气上攻心也"，据改。
③ 上图本作"舟车"。
④ "炁"字依上图本补出。
⑤ 上医本原作"息"，墨笔删改为"急"。

中。自用念珠，暗记遍数，每次行五十遍或三十遍。日行数次，或二十日或三十日，自尔快乐。"

养浩生曰："金疮若何？"

真人曰："金疮先宜用止血生肌药，随依前积炁，真炁既充，痛苦自止，又复何患？"

附止血生肌药：用矿灰，不拘多少，研极细，同生韭连根捣作饼，阴干。此饼每两加血余灰二钱，乳香乙分，没药乙分①，再研极细，擦患处，止血生肌定痛。

却病部四 动功

总论

养浩生曰："语云：'熊颈鸟举，延命术也。'闻古者②至人，内行伏炼，外专引导，果何法术，敢丐一言。"

真人曰："此法乃静功之助也。盖学人既于寰中③，凝精聚意，此时血气虽自周流，然犹恐有停滞，故于既静后，伸之举之，外通支节，内畅精神，傥属诸病，各依法治，自属痊可。"

头病第一

养浩生曰："设有头病，其治云何？"

真人曰："凡头昏咬牙，宜令病者端坐闭气，用双手掩耳，击天鼓三十六，复叩齿三十六，如此五六度，方照前行静功，自尔快乐。"

---

① 上图本作"乳香一钱，没药一钱"。
② 上图本作"古昔"。
③ 上医本原作"里中"。上图本作"寰中"，指修行坐寰实践，据改。

真人曰："凡混脑头风，背坐①，以双手抱耳，连后脑，运气十二口，日行数次，自尔快乐。"

真人曰："凡一切头昏，端坐，将两手搓热按耳。"

真人曰："凡患头风，眼流冷泪，闭气，用左右手前后托头四十九遍，直至两眼觉热，冷泪不出时止。"

真人曰："凡头风脑痛，曲膝平坐，以两手大、食二指②，紧拿住两耳门，弓身前拿，闭住口眼及鼻，使七孔之气皆上升顶门，自尔快乐。"

目疾第二

养浩生曰："设有目疾，其治云何？"

真人曰："凡三焦血热上攻，眼目昏暗，正坐，用手摩热脐轮，后按两膝，闭口静坐。候气定为度，运气九口。"

真人曰："凡火眼肿痛，以舌抵上腭，自视顶鼻，将心火降下涌泉穴，肾水提上昆仑。一时行三次，每次三十六口。"

真人曰："凡欲明目，栖地坐定，以手反背，左胫屈，右膝压左腿上，行五度。久为之，夜视如昼。又鸡鸣③时，以两手擦热熨两目，每十余度，视有神光。"

真人曰："凡三焦不和，眼目昏花虚弱者，以身端坐，先用手擦热抹脚心。手按两膝端坐，开口呵气九口④。如此数度，日行数次，自尔快乐。"

真人曰："凡患青朦眼，正坐盘膝，两手相结印胸下，用大指掐两中头第一节纹面，往来看左右四十九遍，日行三次，眼明止。忌葱、蒜、韭、薤、鱼腥、面食。"

真人曰："如患眼昏、耳聋、头痛，两手抱头，弓身纽转二十四遍，汗出佳⑤，日行三次。"

---

① 上图本作"皆坐"。
② 上医本原作"三指"。上图本作"二指"，当是，依改。
③ 上医本作"鹤鸣"，不安。上图本作"鸡鸣"，据改。
④ 上医本原作"几口"，不安。上图本作"九口"，据改。
⑤ 上医本原作"汗出住"。上图本作"汗出佳"，据改。

真人曰："凡除眼疾，两手抱住昆仑，将两目周回转，鼻吸清气下降，每日行之，自尔快乐。"

真人曰："凡心火兼火眼，呵久除热①，闭目开口吸入，努目闭口，俱要平身正坐，呼吸微微，不可耳闻。"

真人曰："凡肾水枯竭及目翳，焚香一炷，以两手齐执端坐，俟香有灰即吹之。香尽闭目，咽津二三百度，此谓泄火添水，大有神验。"

耳症第三

养浩生曰："设有耳症，其治云何？"

真人曰："凡两耳生疮流脓者，将两手握耳，闭气欠身，正掇头十二遍，如耳热响动，即愈。"

真人曰："凡脑风耳鸣，立地闭气，左手提耳，右手握拳下秤，更相提秤各十二，耳不鸣止。如肚腹痞块，立地闭气，两手从脚背上抹到胸前，左右各三十六度，日行七次，不二三日，自尔快乐。"

真人曰："凡耳聋，坐地，以指提鼻孔，勿令气泄，咬牙努目闭口，使气俱入耳窍，低头鞠躬，即愈。"

鼻症第四

养浩生曰："设鼻有症，其症云何？"

真人曰："凡鼻血不止，圆睁两眼，一气吸三九，以意吞之，自愈。"

牙症第五

养浩生曰："凡患牙症，其治云何？"

真人曰："凡患牙痛，用两手托下扒骨，闭气，口麻方止，日行数次，自尔快乐。"

---

① 上图本作"呵出热气九遍"。

真人曰："凡患牙关紧及乍腮，用两手中指掐太阳穴，两大指掐两腮傍，左右扭身二十四遍，牙关松时方住。日行数次，自尔快乐。"

胸隔气症第六

养浩生曰："凡患胸隔气症，其治云何？"

真人曰："凡患胸隔痞闷，八字立定，将两手相叉，向胸前往来擦摩，无计遍数，运气二十四口。或又以左手用力向左，右手亦用力随之，头则力向右，而用力右视①，运气九口，换手同，自尔快乐。"

真人曰："凡痞症，用身端坐，两拳拄两胁与心齐，用力存想运气，左右各二十四口。"

真人曰："如患胸膈疼痛，面黄肌瘦，四肢无力，仰面朝天②，两手交叉背后，各出气二十四口，细细出，浑身汗出住，日行五七次，自尔快乐。"

真人曰："凡患痞疾酒积，立地闭气，一手向前上伸，一手向后下伸，转项扭身，各十七遍③，觉腹响身热止。"

真人曰："凡胸气疼痛，将两手相叉，低头观脐，以两手自胸前用力往下刮之，无算，循循推拂，要含口闭目，自尔快乐。"

心症第七

养浩生曰："凡心症，其治云何？"

真人曰："凡心虚疼痛，端坐，两手按膝，用意在中，右视左提运气十二口，左视右提运气十二口，日行四五次④。"

真人曰："凡一切心痛，丁字立定，以右手扬起视左，左手扬起视右，运气九口，其转首四顾，并同。"

真人曰："凡前后心痛，以脚八字立定，低头至胸前，将两手叉定腹上，

---

① 上图本作"而目力右视"。
② 上医本原作"仰面歌云"，未安。上图本作"仰面朝天"，据改。
③ 上图本作"十五遍"。
④ 上图本作"日廿四五次"。

运气一十九口①。"

真人曰:"凡妇人前后心痛,闭气,两手中指拄奶扭面②,左右七遍,两脚绞之,汗出即止。"

膈噎第八

养浩生曰:"凡膈噎,其症云何?"

真人曰:"凡膈噎胃气,用两手扳梁,以身下坠,使气迎气,自尔快乐。"

腰背第九

养浩生曰:"设腰背有疾,其治云何?"

真人曰:"凡腰膊疼痛,高坐,将左右脚斜舒,两手掌按膝,行功十二口,日行三五次。"

真人曰:"凡腰曲头摇③,立定,低头弯腰,如揖拜下,行功。其手须与脚尖齐,运气二十四口。"

真人曰:"凡冷痹腿脚疼痛,立定,左手舒指,右手捏脚肚,运气二十四口。"

真人曰:"凡头面腰背一切疮疾④,端坐,以两手抄于心下,摇动天柱,左右各运气呵吹二十四口。"

真人曰:"凡腿脚肚腹疼痛,立定,右手作扶墙势,左手垂下,右脚向前虚蹬,运气一十六口,右同。"

真人曰:"凡腰腿疼痛,就地坐定,舒两脚,以两手前探扳两脚齐,往来行功,运气十九口。又或以身蹲下,曲拳弯腰,起手过项,口鼻微出清气三四口,左脚向前,后脚尖顶左脚跟,运气十口。"

---

① 上图本作"二十九口"。
② 上图本作"扭回"。
③ 上图本作"腰痛头摇"。
④ 上医本原作"疮痰"。上图本作"疮疾",依改。

真人曰："凡腰背疼痛，背手立住，以拐顶腰左边，靠之，运气①一百八口，分三咽，右同。"

真人曰："凡腿痛，端坐，将双手作拳搓热，向后精门摩之数次②，以多为妙，每次运气二十四口。又或以身定坐，直舒两脚，用手按大腿根，以意引想，运炁十二口。"

真人曰："凡遍身疼痛，端坐，舒两脚，两手握拳，连身向前，运气二十四口。又以脚踏定，低头，两手扳两脚尖，运气二十四口。"

真人曰："凡遍身疼痛，以身立定，左手剑诀指天，右手五雷诀（即金刚拳也）指地，左脚虚悬，头目右视，行功运气九口。"

真人曰："凡背脊疼痛，将身曲起，伏地，两膝跪下，两手按地，行功运气，左右各六口。"

真人曰："凡寒湿肩风，立地闭气，两手用力如解木状，左右各扯十二，正扯十二③，汗出止，日行数次。"

真人曰："凡腰背疼，举手用千斤之力上升，亦有千金之力下垂，起身亦然，须力行二十四数，不疼乃止。一切闪挫不可获痛，须缓缓行之。"

真人曰："凡腰气，正身卧地，须枕枕头，双脚竖起，闭口钳舌，瞑心合眼，便气逆回为止。"

脾胃第十

养浩生曰："凡脾胃有症，其治奈何？"

真人曰："凡久病黄肿，默坐，以两手按膝，尽力摩搓存想，候气行遍身，复运气四十九口，则气通融而病除。"

真人曰："凡腹痛，乍寒乍热，端坐，以两手抱④脐下，待丹田温煖，行功运气四十九口。"

---

① 上医本原作"气炁"，墨笔改为"运气"。上图本亦作"运气"。
② 上图本作"数十次"。
③ 上图本无"正扯十二"一句。
④ 上医本原作"拖"，文意不畅。上图本作"抱"，据改。

真人曰："凡肚腹虚饱，坐定，用两手搬肩，以目左视，运气十二口①，再转目右视，如前。"

真人曰："凡肚腹膨胀雷鸣，遍身疼痛，立定，以两手托天，两脚踏地，紧撮谷道，运气九口。"

真人曰："凡脾胃虚弱，五谷不消，以身仰卧，右脚架左脚上直舒，两手搬肩，肚腹往来，行功运气六口②。"

真人曰："凡肚腹虚肿，端坐，以两手作托物状，运气导引，上提九口，下行运气九口。"

真人曰："凡赤白痢疾，以两手前后如探高指托脂③，亦前后左右进步行功。白痢，向左行气九口。红痢，向右运气九口。"

真人曰："凡腹内积病，米谷不化，立地，闭气躬身，两手扳脚尖，左右各十八，汗出止，日行数次。"

真人曰："凡五脏滞气，于五更空心，以两手着力拿两肘膊，正身直立，两脚尖着地，悬起，着实，用脚跟连舂三八，以除五脏六腑滞气，宿食不化，兼浑身骨节疼痛，皆治。"

真人曰："凡下元亏损放屁，于腹内气动之时，努力固睁④，紧撮谷道，吸气一口，使清气上升，浊气外出，不臭不声。"

痨症第十一

养浩生曰："凡痨弱其治奈何？"

真人曰："凡元炁衰败者，坐定，用两手擦热揉目，后用拄定两肋下⑤，行气，其气上升，运十二口。"

真人曰："凡色痨虚怯，侧卧，左手枕头，右手握拳，向腹往来搓抹，右脚在下微拳，左腿压上膝睡，收气三十二口，复运十二口。"

---

① 上图本作"运气廿四口"。
② 上图本作"十八口"。
③ 上图本作"如探马指托脚"，似是。
④ 上图本作"圆睁"。
⑤ 上图本作"后用手扳定两脚下"。

真人曰："凡夜梦遗精，侧坐，用双手搬两脚心，先搬左脚心，搓热，行功，运气九口；次右搬，同行之。久则元气自滋，散精不走。"

真人曰："凡夜梦遗精，仰卧，右手枕头，左手握固，阴处[①]行功，左腿直舒，右腿拳曲，存想运炁二十四口。"

真人曰："凡欲收走精者，于精欲走时，将左手中指塞右鼻孔内，右手中指按尾闾穴，把精截住，运气六口。"

真人曰："凡血气不和，将身曲下如打恭，手足俱要交叉伏地，左右行功，各运气十二口。"

真人曰："凡酒痨色痨，用两手搬脚尖，一脚左右各千遍。如身弱，用绵絮塞耳鼻行之，日行三次。"

真人曰："凡咳嗽吐血，坐墩几[②]，两手搭项上，蹲身闭气二十一口，如气急难忍，轻轻放出，日行五次。"

真人曰："凡痨疾，正坐清心，瞑目下视脐轮，缄鼻闭口，使心火下降，肾水上升，二气交结为妙。"

真人曰："凡患梦遗，以手高枕侧卧，一足伸，一足缩，将肾茎并二子抽出，腿夹住，将上手伸直膝上。"

痰火第十二

养浩生曰："凡痰火，其症奈何？"

真人曰："凡患痰火，以舌柱上腭，取赤龙水吞下至丹田，以意送出大便去。连吞四五口，定心以死字作主，四大全放下，再以童便空心服之。"

真人曰："凡顽麻透枕痰积气，端身正立，以两手相交，右手扳住左肩，左手板住右肩，拱身用力左右摇之，不计数。以除浑身骨节疼痛，两腿顽麻，风湿透枕，皆止痰火，肚中积气皆消。"

真人曰："凡咳嗽痰火，以两手捏子文，作五雷诀，用力竖起，弓身低头，以两手投足尖三下[③]，仍将拳用力，紧撮前诀，弓身起仰，将口中津液吞下。"

---

① 上图本作"阳处"。
② 上医本此字原似为"凡"，墨笔涂改为"几"。
③ 上图本作"以两手扳脚尖三下"。

伤寒第十三

养浩生曰:"凡伤寒时气,其症奈何?"

真人曰:"凡时气遍身作痛,正身踏定,左脚向前,右脚向后,两手握拳至肚,运气二十四口,左右行功同。"

真人曰:"凡四时伤寒,侧卧,拳起两腿,用手擦摩极热,抱阴①及囊,运气二十四口。"

真人曰:"凡感冒伤风,盘坐闭气,交②两中指插入鼻孔,摇头数十回,汗出止。"

真人曰:"凡伤寒疟疾,曲膝平坐,用手擦热,拿两肾,紧靠膝弓身,前伏后仰,用力行持,将眼耳口鼻努住③,得汗立止,必先为之。"

真人曰:"凡鼻塞风寒,平坐,用两中指于迎风穴不住擦摩,内外俱热,不拘时候,鼻塞自通。"

真人曰:"凡肺寒喷嚏,不拘左右,用中指抵住鼻尖,努目上视,此治连打喷嚏不止者。"

疟疾第十四

养浩生曰:"凡疟疾,其治奈何?"

真人曰:"凡一切疟疾,以身朝东北方端坐,两手擦热抱阴,运气八口止。余症与寒症参行。"

痢疾第十五

养浩生曰:"凡痢疾,其治奈何?"

真人曰:"凡水泻痢疾,以脚相交直立,两手直垂,将谷道夹紧,用力上

---

① 上医本作"抱附"。上图本作"抱阴",据改。
② 上医本原作"及"。上图本作"交",据改。
③ 上图本作"拿住"。

提，以至无数。又将小腹愶起，须闭目行之，余症①与脾胃行相参。"

湿症第十六

养浩生曰："湿症，其治奈何？"

真人曰："凡男女肋胁湿气，用两手如牵钻一般，左右相随，击倦即止，不倦即行，日数次。"

疮疽第十七

养浩生曰："凡疮疽，其治奈何？"

真人曰："凡久生疮疖，以身端坐，左拳拄左胁，右手按膝，专心存想，运气到患处②，左六口右六口。"

真人曰："凡患乳鹅，用左手托右膊，更换收气十一口，呵气三十一口，左右二十遍③。"

真人曰："凡患鱼口肿毒等疮，才觉起痛，一手往上，一手往下，更相转项扭身，四十九遍，浑身汗出住，日行五七遍。"

真人曰："凡患麻疯癣癞，立地闭气，两手用力如解木状，左右各扯十二，正扯十二，汗出止，日不拘数。"

真人曰："凡各疮疾，用两手扳梁，左一肩右一肩，上下往来，④左右换肩，行之则疮毒除矣。"

真人曰："凡疔疮发背，初起可于宽处，厚铺裀褥，打筋斗二十四个，立消。"

---

① 上医本原作"除症"。上图本作"余症"，依改。
② "处"字依上图本补。
③ 上图本作"呵气廿一口，左右廿四遍"。
④ 上图本此句之后多出一些内容，作"上下往来十数遍，闭口气急，尽力呵出火毒，更妙"。

肠气第十八

养浩生曰："凡诸肠气，其治奈何？"

真人曰："凡小肠气冷痛，端坐，以两手相搓，务令极热，复向丹田，行功运气四十九口。"

真人曰："凡患单腹胀，面黄不进饮食，闭气面转身纽，一拳上仰①，一拳下伸，左右各二十一遍。如肚腹不消，转项四十九遍，满腹响止。"

真人曰："凡患小肠气，闭气，一脚踏地，一脚屈向后，一手往②上虚托，一手往下扳其脚，以头屈下，左右脚各十二，觉住，疼止。"

绞肠沙第十九

养浩生曰："凡患绞肠沙，其治奈何？"

真人曰："凡绞肠沙腹痛，侧坐，以两手抱膝齐胸，左右足各蹬搬九次，运气二十四口。"

真人曰："凡绞肠沙，以腹着地，脚手着力，朝上运气十二口，手脚左右摇动，复坐定，行功十四口。"

疝坠第二十

养浩生曰："设有疝坠，其治何如？"

真人曰："凡疝气，以两手提两脚大拇指，挽③五息，引腹中气遍身体。又法十指通行之尤妙。"

真人曰："凡患偏坠，一手提龟，一手钻拳面前，闭气四十九口。若不止痛，用川椒四两为末，以飞面丸桐子大④，每空心茶下十五丸。"

---

① 上图作"上伸"。
② 上医本原作"柱"。上图本作"往"，依改。
③ 上图本作"才"。
④ 上医本原无"大"字，墨笔补出。

大小便第二十一

养浩生曰:"设有大小便症,其治云何?"

真人曰:"凡有男人大小便①不通,闭气,两手钻钮,左右各十三遍②。此法亦能治下血③。"

真人曰:"凡有妇人大小便不通,闭气,两手皆入头,斜看左右,各二十四遍,汗出止。"

瘫痪第二十二

养浩生曰:"设有瘫痪,其法云何?"

真人曰:"凡瘫痪,立定身,右手指右,以目左视,运气二十四口,左脚前指。右依此行。"

真人曰:"凡年久瘫痪,端坐,右手作拳主右胁,左手按膝舒拳,存想运气于病处,左右各六口。"

真人曰:"凡气脉不通,左边气脉不通,右手行功,意引在左;右边不通,左手行功,意引在右;各运气五口。"

真人曰:"凡两脚风寒暑湿,坐凳而行者,以左脚踏右膝上,右脚踏左膝上,左手扳脚尖,右手托腿跟。右扳则左托,左扳则右托,拔左则头向右,扳右则头向左,用力扳之,以除两脚两腿风寒暑湿肋骨疼痛,不论远年近日,左瘫右痪皆愈。"

真人曰:"凡年久瘫痪,周身作痛,骨节顽痹者,将其人用毡厚裹,眠地上,用力一人如捻毡状,极力揉甚痛处,使其血气流通,肢体舒畅。"

真人曰:"凡两脚痿痹,及生恶疮不痊者,令其人危坐,闭气,将脚摇动,以意送气于脚。气急,徐徐调顺,复行。日行数次,自然痊好。"

---

① 上医本原作"太小便",不通。上图本作"两便不通"。则上医本之"太"当为"大"之讹。

② 上图本作"廿三遍"。

③ 上医本原作"十血"。上图本作"下血",依改。

却病部五　按摩

总论

养浩生曰:"行立动功,弟子既得闻命矣。尝闻伊昔圣真不但熊经鸟引,兼且按摩脉窍,恳垂慈悯,将周身血脉及应病妙用一一开示,以便后学,以拯疾苦。"

真人曰:"夫按摩者,按之摩之也。有宜按者,有宜摩者,有按摩兼用者。如病根浅,则止用摩。如病根深,则宜用按。如病根甚深,则先按后摩,或先摩后按,在人活法。又复先明一身脉穴诸经往来之处,脏腑行动之所,察其某经受病,宜按某处,则一切诸苦,可不药而自愈也。"

按摩瘫痪诸穴法第一

养浩生曰:"设有瘫痪诸疾,宜按何经?"

真人曰:"设有中风不省人事者,于人中穴或印堂穴,用指先掐人中五七十度,方去用掌擦热,摩印堂五七十度。供于不病先治。[①]按摩毕,方令其人如前,静功调摄,自尔快乐。"

养浩生曰:"人中、印堂二穴,端在何处?"

真人曰:"人中乃任经之总脉,在鼻柱下三分,用水含口欲凸上[②],是穴也。印堂在眉正中,兼掐小儿惊风。"

真人曰:"设有中风口斜者,可于承浆穴掐五七十度及摩五七十度,兼用静功,自尔快乐。"

养浩生曰:"承浆穴端在何处?"

---

① 上图本此句作"俱宜治于未病之先"。
② 上图本作"用水含口微凸出"。

真人曰："承浆穴乃任脉之经，在口唇下五分正中间是也。"

真人曰："设有中风口歪斜者，可于地仓穴掐五七十度及搓五七十度，兼行静功，自尔快乐。"

养浩生曰："地仓穴端在何处？"

真人曰："地仓穴乃是阳明胃经之穴，在口角尖去五分是也。"

真人曰："设有颠痫、怔忡、心性痴呆及痰迷心窍者，可于神门穴掐五七十度，搓五七十度，兼行静功，自尔快乐。"

养浩生曰："神门穴端在何处？"

真人曰："神门穴乃手少阴心经之穴，在手掌腕后高骨之端，搏①手骨开缝中得穴也。"

真人曰："或有中风不言，于颊车及合谷穴。或有半身不遂，于肩髃、曲池、环跳、风市②、居窌、丘墟七穴，皆照前法治之。诸穴查后，此不细载。"

按摩痨伤诸穴法第二

养浩生曰："设有痨伤诸症，宜按何经？"

真人曰："设有痨③伤骨蒸者，可于膏肓穴掐五七十，搓五七十度，兼行静功，自尔快乐。"

养浩生曰："膏肓穴端在何处？"

真人曰："膏肓穴乃是太阴膀胱经脉，在背四椎骨下，五椎骨上，两旁各开三寸，去饭匙骨可容侧指，平身正坐，手按膝头，开肩骨，陷穴自见也。此穴亦治虚汗及吐血。"

真人曰："设有虚热、盗汗、衄血、五劳、七伤等症，可于百带穴掐五七十度，搓五七十度，兼行静动，自尔快乐。"

养浩生曰："百带穴端在何处？"

真人曰："百带穴乃督脉经，在背大椎骨上，平肩取之，穴自见也。"

真人曰："设有吐血疾症，可于俞府穴掐五七十度，搓五七十度，兼行静

---

① 上图本作"转"。
② 上图本作"风府"。
③ 上医本原作"劳"，依上下文改为"痨"。

功,自尔快乐。"

养浩生曰:"俞府穴[1]端在何处?"

真人曰:"俞府穴乃足少阴肾经穴也。在璇玑两旁,各开一寸,半仰头取之。璇玑在天突下一寸,陷中,仰视取之。天突,在结喉下二寸,宛宛中,两筋间是穴也。按俞府穴,兼治哮吼、痰症。"

真人曰:"设有下元虚者,可于气海穴掐五七十度,擦五七十度,兼行静功,自尔快乐。"

养浩生曰:"气海穴端在何处?"

真人曰:"气海穴乃任脉经,从脐中量下一寸半,是穴也。此穴兼治诸气及妇人带下。"

真人曰:"设有遗精疾症,可于关元穴掐五七十度,擦五七十度,兼行静功,自尔快乐。"

养浩生曰:"关元穴端在何处?"

真人曰:"关元穴乃任脉经,在脐下三寸,是穴也。按遗精白浊,或亦治命门、白环肾俞,查穴参治。"

真人曰:"设有心虚胆怯及遗精盗汗者,可于心腧穴掐五七十度,擦五十度,兼行静功,自尔快乐。"

养浩生曰:"心腧穴端在何处?"

真人曰:"心腧穴乃是太阳膀胱经穴,在背第五椎骨下两旁各开一寸半,是穴也。兼能治颠痫。"

又曰:"设有虚火旺者,可于三里穴掐五七十,擦五七十,行功愈。其穴乃足阳明胃经,在夕差下三寸外臁大筋内,举大指牵上肉动处是也。"

又曰:"设有童痨,可于长强穴掐五七十,擦五七十,行功愈。其穴乃督脉,藏在尾骶骨尖上限中是也。伏地取之。此穴兼治痔漏、肠风。"

按摩膨胀诸穴法第三

真人曰:"设有蛊胀、气喘、腹痛者,可于建里穴掐五七十,擦五七十,

---

[1] 上医本原无"穴"字,墨笔添加。

行功愈。其脉穴乃任脉经，在中脘一寸，脐上三寸是也。"①

真人曰："设有水肿诸疾，可于水分穴掐五七十度，擦五七十度，兼行静功，自尔快乐。"

养浩生曰："水分穴端在何处？"

真人曰："水分穴乃任脉经，在下脘下一寸，脐上一寸，是穴也。"

真人曰："小腹胀满者，可于水分、水道、中脘、气海掐五七十度，擦五七十度，兼行静功，自尔快乐。"

养浩生曰："诸穴端在何处？"

真人曰："后记备载，此不更宣矣。"

真人曰："设有遍身肿胀，可于水分、三里、气海诸穴掐五七十度，搓五七十度，兼用静功，自尔快乐。"

养浩生曰："诸穴端在何处？"

真人曰："后已备载，此不重宣矣。"

按摩膈噎诸穴法第四

养浩生曰："设有膈噎等疾，其按何经？"

真人曰："设有翻胃吐食疾症，可于脾俞掐五七十度，擦五七十度，兼用静功，自尔快乐。"

养浩生曰："脾俞端在何处？"

真人曰："脾俞乃足太阳膀胱经，在背第十一椎骨下，脊中两旁各开一寸半，是穴也。此穴兼治黄疸。"

真人曰："设有血鬲之疾，可于气海、三里、三阳诸穴掐五七十度，擦五七十度，兼用静功，自尔快乐。"

养浩生曰："诸穴端在何处？"

真人曰："后已备载，不必再宣矣。"

---

① 上医本此段原作"真人曰：'设有虚火旺者，可于建里穴掐五十度（案：原无"度"字，墨笔添加），自尔快乐。养浩生曰："建里穴端在何处？"真人曰："建里穴乃任脉经，在中脘下一寸，脐上三寸，是穴也。"'"上医本此段内容似为漏抄、串抄的结果。故"真人曰：'设有蛊胀、气喘、腹痛者'……脐上三寸是也"一段，据上图本录出。

按摩目疾诸穴法第五

养浩生曰:"设有目疾,当按何经?"

真人曰:"设有眼目昏赤,可于攒竹穴掐五七十度,擦五七十度,兼用静功,自尔快乐。"

养浩生曰:"攒竹穴端在何处?"

真人曰:"攒竹穴乃足太阳膀胱经,在眉内尖角陷中,是穴也。"

真人曰:"设有眼昏,可于睛明穴用大指第一节于掌心擦热,不时熨之,兼行静功,自尔快乐。"

养浩生曰:"睛明穴端在何处?"

真人曰:"睛明穴乃足太阳膀胱经,在目眦泪孔中,是穴也。"

真人曰:"设有血虚目昏,可于肝俞穴掐五七十度,擦五七十度,兼用静功,自尔快乐。"

养浩生曰:"肝俞穴端在何处?"

真人曰:"肝俞穴乃足太阳膀胱经,在第九椎骨下,两旁各开一寸半,是穴也。"

真人曰:"设有眼痛目昏,可于青灵穴掐五七十度,擦五七十度,兼用静功,自尔快乐。"

养浩生曰:"青灵穴端在何处[①]?"

真人曰:"青灵穴乃手少阴心经,在肘上三寸,伸肘时臂对眼下,与乳相平,赤白肉际青筋上,是穴也。"

真人曰:"或有目睛热瘴,治攒竹者。或有双目冷泪,治合谷、青灵者。又有眼久疾,治清冷渊、合谷诸穴。已载前。"

按摩耳症穴法第六

养浩生曰:"设有耳症,宜按何经?"

[①] 上医本原作"何穴",据上下文,当为"何处"。

真人曰："设有耳闭者，可于翳风穴掐五七十度，擦五七十度，兼用静功，自尔快乐。"

养浩生曰："翳风穴端在何处？"

真人曰："翳风穴乃手少阳三焦经，在耳后尖角陷中开口得穴。兼治鼠疬。"

真人曰："设有耳痛，可于颊车穴掐五七十度，擦①五七十度，兼用静功，自尔快乐。"

养浩生曰："颊车穴端在何处？"

真人曰："颊车乃足阳明胃经，在耳坠珠下三分，曲颊端陷中开口有空，是穴也。兼治牙痛② 口㖞。"

真人曰："设有耳聋气闭，可于听会穴掐五七十度，擦五七十度，兼用静功，自尔快乐。"

养浩生曰："听会穴端在何处？"

真人曰："听会穴乃足少阳胆经，在耳珠前陷中开口得穴。口衔物方可如法。设两耳虚鸣，可于听会、合谷，二穴通治。"

按摩喉口齿诸疾穴法第七

养浩生曰："设有咽喉口齿有疾，宜按何经？"

真人曰："设有喉肿乳蛾等疾，可于少商穴掐五七十度，擦五七十度，如不愈，用破磁片针此穴，出血即愈。"

养浩生曰："少商穴端在何处？"

真人曰："少商穴乃手太阴肺经，在大指内侧，去爪甲如韭叶，是穴也。"

真人曰："设有口臭者，可于大陵穴掐五七十度，擦五七十度，日行数次，自尔快乐。"

养浩生曰："大陵穴端在何处？"

真人曰："大陵穴乃足厥阴心包络经，在手掌横纹正中间。兼治鹅掌风。"

---

① 上医本原作"掐"，上图本作"擦"，结合上下文，此当为"擦"。
② 上医本原作"手痛"。依上图本改为"牙疼"。

真人曰："设有小儿乳蛾，可于合谷穴掐五七十度，擦五七十度，日行数次，自尔快乐。"

养浩生曰："合谷穴[①]端在何处？"

真人曰："合谷穴乃手阳明大肠经，在大指、次指岐骨凸肉尖上，是穴也。"

[②]真人曰："设有手肿痛，可于吕细穴掐五七十度，擦五七十度，兼用静功，自尔快乐。"

养浩生曰："吕细穴端在何处？"

真人曰："吕细穴乃足少阴肾经，在脚后跟内踝骨尖后动脉陷中，是穴也。兼治股内湿痒、生疮及便毒。或手动掐颊车及列缺[③]者，工夫皆同。"

按摩肩背指诸疾穴法第八

养浩生曰："设有肩臂指有疾，宜按何经？"

真人曰："设有背强痛者，可于至阳穴掐五七十度，擦五七十度，兼用静功，自尔快乐。"

养浩生曰："至阳穴端在何处？"

真人曰："至阳穴乃督脉经，在第七椎骨下，俛首取之，是穴也。"

真人曰："设有手腕无力及手臂肿痛，或因折伤不能握物，或肩臂痛不能举者，皆于阳池穴掐五七十度，擦五七十度，兼行动功，自尔快乐。"

养浩生曰："阳池穴端在何处？"

真人曰："阳池穴乃手少阳三焦经，在手背骨[④]上陷中，是穴也。"

真人曰："设有五指尽痛不能握物者，可于外关穴掐五七十度，擦五七十度，兼行静功，自尔快乐。"

养浩生曰："外关穴端在何处？"

真人曰："外关穴乃手少阳三焦经，在手腕骨上二寸，腕后陷中，是穴也。"

---

① 上医本原无"穴"字，墨笔添加。
② 上图本"按摩肩背指诸疾穴法第八"自此始。
③ 上医本作"列铁"。上图本作"列缺"，依改。
④ 上图本作"手腕骨"。

真人曰："设有肩臂手不能举者，可于肩髃穴掐五七十度，擦五七十度，兼行静功，自尔快乐。"

养浩生曰："肩髃穴端在何处？"

真人曰："肩髃穴乃手阳明大肠经，在肩柱骨上肩端两骨间，陷中举臂，取之有空处，是穴也。"

真人曰："设有手痛屈伸甚难者，可于曲池穴掐五七十度，擦五七十度，兼用静功，自尔快乐。"

养浩生曰："曲池穴端在何处？"

真人曰："曲池穴乃手阳明大肠经，在肘外横纹尖上，屈手取之，是穴也。"

真人曰："设有臂肘筋牵痛者，可于曲泽穴掐五七十度，擦五七度，兼用静功，自尔快乐。"

养浩生曰："曲泽穴端在何处？"

真人曰："曲泽穴乃手厥阴心包经，在肘内廉正中间，屈肘取之。兼治九种心痛。"

真人曰："设有手掌生疮生疥者，可于劳宫穴掐五七十度，擦五七十度，日行数次，自尔快乐。"

养浩生曰："劳宫穴端在何处？"

真人曰："劳宫穴乃手少阳心经，在手中尖，屈无名指，点到处是穴。兼治心痛。"

真人曰："或者肩背酸疼，掐按肩髃、曲池；指拘挛，合谷、八风；背膊痛，高大柱。俱看病势，兼静功、动功行之。"

按摩心脾气诸疾穴法第九

养浩生曰："设有心脾气有症，宜按何经？"

真人曰："设有心胃病并诸气者，可于上脘穴掐五七十度，擦五七十度，兼行静功，自尔快乐。"

养浩生曰："上脘穴端在何处？"

真人曰："上脘穴乃任脉经，在巨阙下一寸半，脐上五寸，是穴也。"

真人曰："设有胃弱饮食不进及脾痛者，可于中脘穴掐五七十度，擦五七十度，兼用静功，自尔快乐。"

养浩生曰："中脘穴端在何处？"

真人曰："中脘穴乃三脘经①，在脐上四寸，自鸠尾骨尖下至脐中，用草心量折中，是②穴也。"

真人曰："设有胃气不和及脾寒者，可于食仓穴掐五七十度，擦五七十度，兼用静功，自尔快乐。"

养浩生曰："食仓穴端在何处？"

真人曰："食仓穴乃足少阴肾经，在中脘③两旁各开二寸，是穴也。"

真人曰："设有胃脘痛并诸气者，可于巨阙穴掐五七十度，擦五七十度，兼用静功，自尔快乐。"

养浩生曰："巨阙穴端在何处？"

真人曰："巨阙穴乃任脉经，在鸠尾下一寸，脐上六寸半，陷中，是穴也。"

真人曰："更有下脘穴乃任脉经，在建里下一寸，脐上二寸，治同中脘。"

真人曰："设有痞气，可于章门穴掐五七十度，擦五七十度，兼用静功，自尔快乐。"

养浩生曰："章门穴端在何处？"

真人曰："章门穴乃足厥阴肝经，在大横纹外直季胁肋端，脐上二寸，两旁横九寸，侧卧屈上足，伸下足，手臂屈，中指放耳垂下，肘尖尽，是穴也。"

真人曰："设有胃虚泄痢者，可于天枢穴掐五七十度，擦五七十度，兼用静功，自尔快乐。"

养浩生曰："天枢穴端在何处？"

真人曰："天枢穴乃足阳明胃经，在脐旁各开二寸，是穴也。"

真人曰："或有心气痛，掐擦巨阙④、膻中、中脘、气海穴者；痞块亦治章门、中脘、命门者；小肠气，气海、归束、大敦者；蛔虫痛，中脘、食仓者，皆宜参用。"

---

① 上医本原作"在脘经"，墨笔改为"三脘经"。上图本作"任脉经"。
② 上医本原作"至"，墨笔改为"是"。
③ 上医本原作"腕"，墨笔改为"脘"。
④ 上医本原作"巨开"。上图本作"巨阙"，据改。

按摩腰肾膝足诸疾穴法第十

养浩生曰:"设腰肾膝足有疾,宜按何经?"

真人曰:"设有腰脊痛不得俛者,可于腰俞穴掐五七十度,擦五七十度,兼用静功,自尔快乐。"

养浩生曰:"腰俞穴①端在何处?"

真人曰:"腰俞穴乃督脉经,第二十椎骨下宛宛中,挺伏舒身,两手相重支额,纵四体后,取其穴。"

真人曰:"设有胁痛者,可于支沟穴掐五七十度,擦五七十度,兼用静功,自尔快乐。"

养浩生曰:"支沟穴端在何处?"

真人曰:"支沟穴乃手少阳三焦经,在手腕骨背上三寸,两骨间陷中,是穴也。"

真人曰:"设有脚肿,可于行间穴掐五七十度,擦五七十度,兼用静功,自尔快乐。"

养浩生曰:"行间穴端在何处?"

真人曰:"行间穴乃足厥阴肝经,在足虎口中,大指、次指岐骨间,是穴也。"

真人曰:"设有脚背肿痛,可于内庭穴掐五七十度,擦五七十度,兼用静功,自尔快乐。"

养浩生曰:"内庭穴端在何处?"

真人曰:"内庭乃足阳明胃经,在足大指、次外间陷中,是穴也。"

真人曰:"设有脚肿者,可于陷谷穴掐五七十度,擦五七十度,兼用静功,自尔快乐。"

养浩生曰:"陷谷穴端在何处?"

真人曰:"陷谷穴乃足阳明胃经,在足大指外②去内庭一寸,是穴也。兼

---

① 上医本原无"穴"字,墨笔添加。
② 上图本作"在足指次指外"。

治面目浮肿、咽痛、肠鸣、腹痛及热病汗不出者。"

真人曰："设有足麻痛者，可于解溪穴掐五七十度，擦五七十度，兼用静功，自尔快乐。"

养浩生曰："解溪穴端在何处？"

真人曰："解溪穴乃足阳明胃经，在足腕上系带处，在陷谷四寸半内庭上，量至足背六寸陷中①，是穴也。"

真人曰："设有足红肿及无力，或两足生疮者，可于商丘穴掐五七十度，擦五七十度，兼用静功，自尔快乐。"

养浩生曰："商丘穴端在何处？"

真人曰："商丘穴乃足太阴脾经，在内踝骨下赤白肉际微前陷口中，是穴也。"

真人曰："设有脚头踝骨痛者，可于丘墟穴掐五七十度，擦五七十度，兼用静功，自尔快乐。"

养浩生曰："丘墟穴端在何处？"

真人曰："丘墟穴乃足少阳胆经，在足外踝微前近三分，是穴也。"

真人曰："设有跟骨痛者，可于昆崙穴掐五七十度，擦五七十度，兼用静功，自尔快乐。"

养浩生曰："昆崙穴端在何处？"

真人曰："昆崙穴乃足太阳膀胱经，在足外踝骨后跟骨下②陷中，是穴也。"

真人曰："设有腿痛者，可于绝骨穴掐五七十度，按③五七十度，兼用静功，自尔快乐。"

养浩生曰："绝骨穴端在何处？"

真人曰："绝谷穴乃足少阳胆经，在足踝上三寸动脉五中间，是穴也。"

真人曰："设有寒湿脚气及两脚燥裂生疮并血衄不止者，俱于京骨穴掐五七十度，擦五七十度，兼用静功，自尔快乐。"

养浩生曰："京骨穴端在何处？"

---

① 上医本原作"在陷谷四手半内庭上，量至足背穴寸陷中"。"手""穴"二字似有讹误，依上图本改如是。
② 上医本原作"不"，据上图本改为"下"。
③ 上图本作"掐擦如前"。且据上下文，此"按"或当作"擦"。

真人曰："京骨穴乃足太阳膀胱经，在外足侧大骨下赤白肉际陷中，按而得穴。"

真人曰："设有转筋脚气，可于承山穴掐五七十度，擦五七十度，兼用静功，自尔快乐。"

养浩生曰："承山穴端在何处？"

真人曰："承山穴乃足太阳膀胱经，在腿肚肉尖上分肉①正中间陷中，是穴也。一法在承筋穴法治。承筋，乃足太阳膀胱经，在腿肚正中间胫后，从脚跟上来七寸，是穴也。"

真人曰："设有筋痛，可于阴陵泉穴掐五七十度，擦五七十度，兼用静功，自尔快乐。"

养浩生曰："阴陵泉穴端在何处？"

真人曰："阴陵泉穴乃足太阴脾经，在膝下内侧，取阳陵泉穴为先，相对是穴也。阳陵泉穴乃足少阳胆经，在膝外高骨下，容一指取之，微前陷中，是穴也。"

真人曰："设有膝盖红肿疼痛，可于膝眼穴掐五七十度，擦五七十度，兼用静功，自尔快乐。"

养浩生曰："膝眼穴端在何处？"

真人曰："膝眼穴乃足阳明胃经，在膝盖骨犊鼻穴外旁陷中②，是穴也。又有膝关穴，乃足厥阴肝经，在膝盖骨下犊鼻穴内旁陷中，是穴也。"

真人曰："设有膝痛冷痹不仁，可于梁丘穴掐五七十度，擦五七十度，兼用静功，自尔快乐。"

养浩生曰："梁丘穴端在何处？"

真人答曰："梁丘穴乃足阳明胃经，在膝上二寸两筋间，是穴也。"

真人曰："设有膝红肿疼，可于宽骨穴掐五七十度，擦五七十度，兼用静功，自尔快乐。"

养浩生曰："宽骨穴端在何处？"

真人曰："宽骨穴在膝盖上，梁丘穴两旁各开一寸，是穴也。"

---

① 上医本原作"内"，依上图本改为"肉"。
② "中"字依上图本补出。

真人曰："设有膝难屈伸及腰痛者，可于委中掐五七十度，擦五七十度，兼用静功，自尔快乐。"

养浩生曰："委中穴端在何处？"

真人曰："委中穴乃足太阳膀胱经，在膝腕正中间有紫脉上，是穴也。"

真人曰："设有膝盖痛，可于阴市穴掐五七十度，擦五七十度，兼用静功，自尔快乐。"

养浩生曰："阴市穴端在何处？"

真人曰："阴市穴乃足阳明胃经，在膝正面上三寸，是穴也。"

真人曰："设有腿酸疼痛，可于风市穴掐五七十度，擦五七十度，兼用静功，自尔快乐。"

养浩生曰："风市穴端在何处？"

真人曰："风市穴乃足少阳胆经，在膝上腿外侧两筋间，令人直立垂手，中指尽处，是穴也。"

真人曰："设有风气腿疼不能动者，可于环跳穴掐五七十度，擦五七十度，兼用静功，自尔快乐。"

养浩生曰："环跳穴端在何处？"

真人曰："环跳穴乃足少阳胆经，在臂枢[①]砚子骨间缝内，侧卧屈上足，伸下足，方得穴。"

真人曰："设有腹痛亦治脊俞，胁痛亦治章门者。"

养浩生曰："穴法同否？"

真人曰："后已备载，此不再宣矣。"

丹亭真人卢祖师广胎息经卷之三终。

---

① 上图本作"背枢"。

丹亭卢真人广胎息经卷之四

却病部六　按摩

按摩伤寒诸穴法第十一
（附疟）

养浩生曰："设有伤寒诸症，宜按何经？"

真人曰："设有体本虚弱易感风寒者①，可于风门穴②掐五七十度，搓五七十度，兼行静功，自尔快乐。"

养浩生曰："风门穴端在何处？"

真人曰："风门穴乃足太阳膀胱经，在背第二椎骨两旁各一寸半，是穴也。"

真人曰："设有疟疾、寒热、伤寒、结胸者，可于间使穴掐五七十度，搓五七十度，兼用静功，自尔快乐。"

养浩生曰："间使穴端在何处？"

真人曰："间使穴乃足厥阴心包络，在手掌后横纹上去内关一寸，两筋陷中，是穴也。"

真人曰："设有伤寒、谵语、结胸、腹痛等疾，可于期门穴掐五七十度，搓五七十度，兼用静功，自尔快乐。"

养浩生曰："期门穴端在何处？"

---

① 上图本此句作"设有伤寒，因是体本虚弱易感风寒之故"。
② 上医本原无"穴"字，墨笔添加。

真人曰："期门穴乃足厥阴肝经，在直乳下二寸第二肋端。兼治热入血室。"

真人曰："设有久疟，可于百劳、中脘、间使，如前治穴法，已载不宣。"

按摩痰疾诸穴法第十二

养浩生曰："设有诸痰症，宜按何经？"

真人曰："设有哮吼喘急，可于天突穴掐五七十度，擦五七十度，兼用静功，自尔快乐。"

养浩生曰："天突穴端在何处？"

真人曰："天突穴乃任脉经，在结喉下二寸宛宛中两筋间，是穴也。"

真人曰："设有胸膈闷痛、痰涎壅盛，可于璇玑穴掐五七十度，擦五七十度，兼用静功，自尔快乐。"

养浩生曰："璇玑穴端在何处？"

真人曰："璇玑穴乃任脉经，在天突下一寸陷中，仰头取之，是穴也。"

真人曰："设有吼喘等症，可于俞府、华盖、乳根掐五七十度，擦五七十度，兼用静功，自尔快乐。"

养浩生曰："三穴端在何处？"

真人曰："俞府已见痨症，华盖穴乃任脉经，在璇玑下一寸陷中，仰头取之，是穴。乳根乃足阳明胃经，在乳下一寸六分陷中，仰面取之，是穴也。"

真人曰："设有气急、痰盛及肺癰，可于膻中穴掐五七十度，擦五七十度，兼用静功，自尔快乐。"

养浩生曰："膻中穴端在何处？"

真人曰："其穴在玉堂穴下，中庭穴上是也。"

真人曰："设有伤风、发热、咳嗽、吐痰无分昼夜，服药不效，可于肺俞穴掐五七十度，擦五七十度，兼用静功，自尔快乐。"

养浩生曰："肺俞穴端在何处？"

真人曰："肺俞穴乃足太阳膀胱经，在背第三椎骨两旁各间一寸半，是

真人曰:"设有哮吼喘急,可于脊中穴掐五七十度,擦五七十度,兼用静功,自尔快乐。"

养浩生曰:"脊中穴端在何处?"

真人曰:"脊中穴乃督脉经,在第十一椎骨下,俛而取之,穴对前中、上脘。令人平站,将绳自结喉上垂下,至上脘。又将此绳自大椎垂,绳尽处,是穴也。"

真人曰:"设有咳嗽、寒痰之疾,可于列缺穴掐五七十度,擦五七十度,兼用静功,自尔快乐。"

养浩生曰:"列缺穴端在何处?"

真人曰:"列缺穴乃手太阴肺经,在手腕后上侧一寸半,两手相叉,食指尽处高骨缝间,是穴也。"

真人曰:"间有哮喘,用天突、灵台、小冲(小指端);久嗽,用三里;痰火,用百劳、三里;痰气,用巨关、中脘。皆宜查明穴法,悉用。"

按摩头痛诸穴法第十三

养浩生曰:"设有头痛诸疾,宜按何经?"

真人曰:"设有头痛诸疾,可于百会穴掐五七十度,擦五七十度,兼用静功,自尔快乐。"

养浩生曰:"百会穴端在何处?"

真人曰:"百会穴乃督脉经,在头正中间,先鼻中直上分路正直,用草心前眉[2]间量至后发际,左耳尖量至右耳尖,当中折断,手摸容豆许,是穴也。兼治脱肛。"

---

[1] 此段上医本原作:"真人曰:'设有气急、痰盛及肺癰,可于肺俞穴掐五七十度,擦五七十度,兼用静功,自尔快乐。'"

上图本所述颇为不同,作"又曰:'设有气急、痰盛及肺癰,可于膻中穴掐……擦……行功。其穴在玉堂穴下,中庭穴上是也。'又曰:'设有伤风、发热、咳嗽、吐痰无分昼夜,服药不效,可于肺俞穴掐……擦……行功。其穴乃足太阳膀胱经,在背第三椎骨两旁各开一寸半是也。'"

对比上图本,可知上医本实际串抄数行。故结合上图本和上医本,改膻中和肺俞两段如是。

[2] 上医本原作"肩",依上图本改为"眉"。

真人曰："设有诸头风疼及脑泄鼻衄，可于上星穴掐五七十度，擦五七十度，兼用静功，自尔快乐。"

养浩生曰："上星穴端在何处？"

真人曰："上星穴乃督脉①经，在头，男左女右。用草心自手掌后横纹量至中指尽处，然后移至鼻尖上，牵至脑上尽处，是穴也。"

真人曰："设有头痛，可于囟会穴掐五七十度，擦五七十度，兼用静功，自尔快乐。"

养浩生曰："囟会穴端在何处？"

真人曰："囟会穴乃督脉，在上星上一寸陷中，可容豆许，是穴也。"

真人曰："设有头风、筋挛、衄血等症，可于风府穴掐五七十度，擦五七十度，兼用静功，自尔快乐。"

养浩生曰："风府穴端在何处？"

真人曰："风府穴乃督脉经，在顶后两骨正中间入发际一寸，与风池相平，是穴也。"

真人曰："设有头风，可于风池穴掐五七十度，擦五七十度，兼用静功，自尔快乐。"

养浩生曰："风池穴端在何处？"

真人曰："风池穴乃足少阴胆经，在耳后大筋内，入发际五分，风府两旁各开二寸，是穴也。"

真人曰："或有偏正头风，用太阳、风池、合谷②者；或有脑泄用上星者，皆宜查明穴法，如前参用。"

按摩偏疝等疾诸穴法第十四

养浩生曰："设有偏疝及妇人带下等疾，宜按何经？"

真人曰："设有小肠疝气等疾，可于水道穴掐五七十度，擦五七十度，兼用静功，自尔快乐。"

---

① 上医本原作"脊脉"，依上图本改为"督脉"。
② 上医本原作"合各"，上图本作"合骨"。此穴一般名为"合谷"，上医本之"各"当为"谷"之讹。

养浩生曰："水道穴端在何处？"

真人曰："水道穴乃足阳明胃经，在天枢下五分，关元两旁各开二寸，是穴也。"

真人曰："设有疝气偏坠，可于归来穴掐五七十度，擦五七十度，兼用静功，自尔快乐。"

养浩生曰："归来穴端在何处？"

真人曰："归来穴乃足阳明胃经，在脐心下七寸，两旁各二寸，卧下举头，有鼠形肉上，是穴也。"

真人曰："设有疝气，可于大敦穴掐五七十度，擦五七十度，兼用静功，自尔快乐。"

养浩生曰："大敦穴端在何处？"

真人曰："大敦穴乃足厥阴肝经，在足大指甲后，去爪如韭叶，聚毛中，是穴也。"

真人曰："设有男子疝气并女子漏下，可于太冲穴掐五七十度，擦五七十度，兼用静功，自尔快乐。"

养浩生曰："太冲穴端在何处？"

真人曰："太冲穴乃足厥阴肝经，在足大指第一缝间，相去一寸半，是穴也。"

真人曰："设有妇人赤白带下，治气海、中脘、中极皆宜，查穴参用。"

按摩瘿疬痔等疾第十五

养浩生曰："设有瘿疬痔等疾，宜按何经？"

真人曰："设有痔漏肠风，可于长强穴掐五七十度，擦五七十度，兼用静功，自尔快乐。"

养浩生曰："长强穴端在何处？"

真人曰："长强穴乃督脉经，在尾骶骨尖上陷中，伏地得穴。"

真人曰："设有鼠疬，可于天井穴掐五七十度，擦五七十度，兼用静功，自尔快乐。"

养浩生曰："天井穴端在何处？"

真人曰："天井穴乃手少阳三焦经，在手曲肘尖骨上后一寸①，叉手在腰，取之两筋中，是穴也。"

真人曰："设有痔疾，可于二白穴掐五七十度，擦五七十度，兼用静功，自尔快乐。"

养浩生曰："二白穴端在何处？"

真人曰："二白穴在掌后横纹②四寸，两穴相对，一穴在筋内，一穴在筋外。"

真人曰："设有鼠疬，可于肩井穴掐五七十度，擦五七十度，兼用静功，自尔快乐。"

养浩生曰："肩井穴端在何处？"

真人曰："肩井穴乃足少阳胆经，在肩上陷中、缺盆骨尽处，以三指按取，当中指陷，便是此穴。兼治妇人半产如晕，兼治三里补之。"

真人曰："设有鼠疬，可于缺盆穴掐五七十度，擦五七十度，兼用静功，自尔快乐。"

养浩生曰："缺盆穴端在何处？"

真人曰："缺盆穴乃足阳明胃经，在颈下肩端横骨上近颈，看有青脉牵颈陷中，是穴。或又于肘尖陷中治之。"

真人曰："设有脱肛，可于百会穴掐五七十度，擦五七十度，再五倍明矾③水洗净，以木贼烧存性，敷蕉叶，托上愈、百会穴，查前。"

真人曰："或有痔漏，治腰脊、手臂、二白三穴，皆宜查明参用。"

按摩男妇诸杂症穴法第十六

真人曰："设有下元诸疾，可于灵台穴掐五七十度，擦五七十度，兼用静功，自尔快乐。"

养浩生曰："灵台穴端在何处？"

真人曰："灵台穴乃督脉经，在第六椎骨节下，俛首取之。"

---

① 上医本原作"一对"，依上图本改为"一寸"。
② 上医本原作"横效"，依上图本改为"横纹"。
③ 上医本原作"明凡"，依目前常例，径改为"明矾"。

真人曰："设有妇人带下、月经不调，并男子腰痛、肾寒、遗精，俱于肾俞穴掐五七十度，擦五七十度，兼用静功，自尔快乐。"

养浩生曰："肾俞穴端在何处？"

真人曰："肾俞穴乃足太阳膀胱经，在第十四椎骨下，两旁各开一寸半。"

真人曰："设有内热火盛腹痛，可于内关穴掐五七十度，擦五七十度，兼用静功，自尔快乐。"

养浩生曰："内关穴端在何处？"

真人曰："内关穴乃足厥阴心包络，在手后掌横纹，去大陵穴二寸两筋间，正坐仰手①取之。"

真人曰："设有男子诸风痛，女子血气痛，可于申脉穴掐五七十度，擦②五七十度，兼用静功，自尔快乐。"

养浩生曰："申脉穴端在何处？"

真人曰："申脉穴乃足太阳膀胱经，在足外踝下五分，赤白肉际是穴。"

真人曰："设有淋漓白浊及妇人经事不调并阴蹻痫病夜发者，可于照海穴掐五七十度，擦五七十度，兼用静功，自尔快乐。"

养浩生曰："照海穴端在何处？"

真人曰："照海穴乃足少阴肾经，在足内踝赤白肉际，令对坐取之。"

真人曰："妇人设有月经不调，可于三阴交穴掐五七十度，擦五七十度，兼用静功，自尔快乐。"

养浩生曰："三阴交穴端在何处？"

真人曰："三阴交穴乃足太阴③脾经，在足内踝上三寸，骨筋陷中，是穴。"

真人曰："设有中风、溺水、阳绝、肠痛等症，可于神关穴掐五七十度，擦五七十度，兼用盐炒热填满，上用火熨。如小便不通，用葱槌碎填熨。神关穴，乃任脉经，在脐中。"

真人曰："设有妇人无子及月水不调，可于阴交穴治。阴交乃任脉经，在脐下一寸。妇人血气块痛调经种子者，可于气穴治。气穴乃足少阴肾经，在

---

① 上医本原作"仰首"，依上图本改为"仰手"。
② 上医本原作"掐"，墨笔改为"擦"。
③ 上医本原作"太阳"，依上图本改为"太阴"。

四满下一寸，①两旁各开一寸半，左名包门，右名子户。诸疮、百虫窠，三里、解溪，俱如前掐擦，兼他功。"

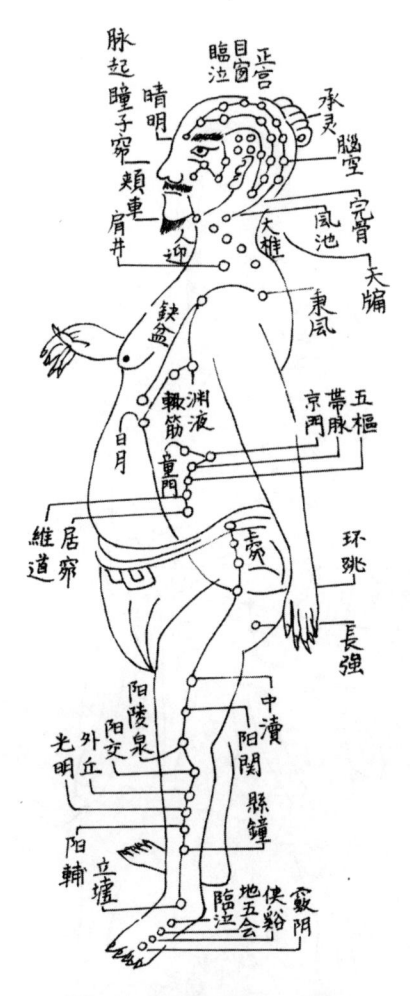

图 1　足少阳胆经一附解

真人曰："胆者，清净之府，决断出焉。其经多气而少血，在肝之短叶间，重三两三铢②，包精汁三合。起目锐眦之瞳子髎，于是循听会客主人，上抵头角，循颔厌，下悬颅③，由悬厘外循耳上发际至曲鬓，由率谷外折下耳

---

① "四满下一寸"，依上图本补。
② 上医本原作"二两三珠"，依上图本改为"三两三铢"。
③ 上医本原作"悬预"，依上图本改为"悬颅"。

后，循天冲白浮窍，又自完骨外折上过角孙，循本神过曲差下至阳白会，复从睛明上行，循临泣、目窗、正宫、承灵、脑空、风池，在发际中，循肩井却左右相交，出手少阳之后过大椎。"

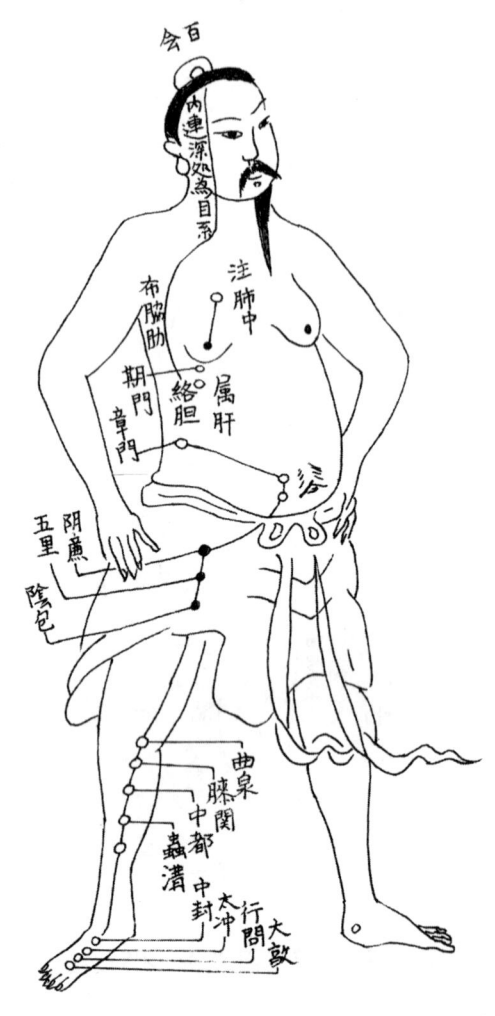

图 2 足厥阴肝经二附解

真人曰："肝者，将军之官，魂之所居也。其经少气而多血，形左三右四共七叶，居左胁右肾前，并胃着脊第九椎。其脉起足大指毛际大敦穴，循足跗①上行间、太冲、中封，历蠡沟、中都、膝关、曲泉、阴包、五里、阴廉，

---

① 上医本原作"附"，依上图本改为"跗"。

遂由足太阴冲门、府舍，入任经阴毛，左右交绕阴器，会脉曲骨、中极、关元，循本经之章门、期门、挟胃属肝。下足少阳胆经，胃分络胆，由期门贯脾食窦、肺云门、足渊液、胃人迎，循喉行足地仓、四白连目系，会巅百会。其支者，从目系下行任外本经，下颊交环于口唇。又一支从期门属肝，别贯膈，行脾食窦外，本经里，上注肺，下行中焦，挟行中腕以交于手太阴经之脉，而环布无已。"

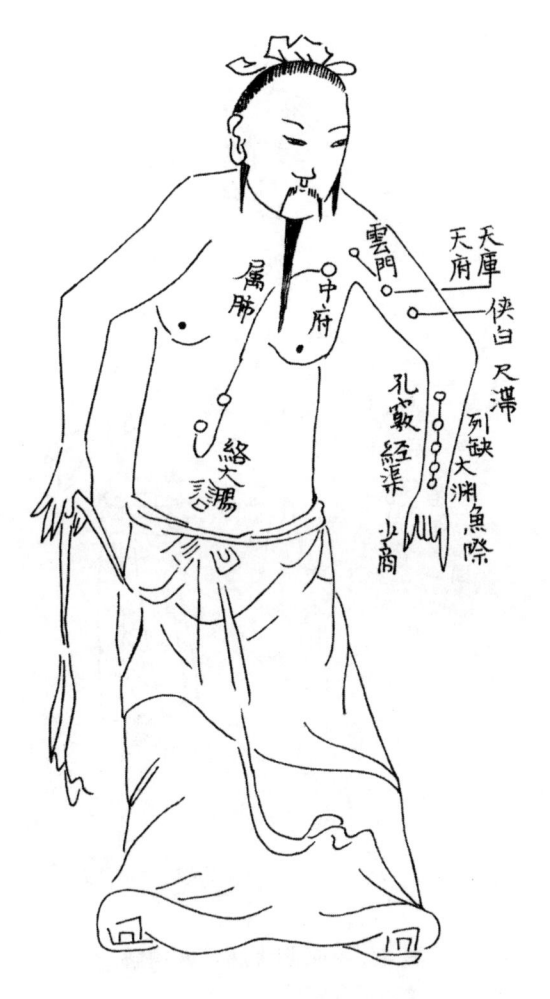

图 3 手太阴肺经三附解

真人曰："肺者，相传之官，其形似盖，四垂六叶两耳，附着于脊之第三椎，中有二十四空行列以分布诸脏腑清浊之气，而为之华盖。其经多气而少血，其脉起于中焦，受足厥阴之交，由是循任脉之外，足少阴经脉之里，以次下膝。当脐上一寸，任之水分穴绕络大脏①，复行本经之外，循胃口绕逦上膈而会属于肺脏。循肺系出而横行胸部四行之中府、云门，以出腋下。下循臑内，历天府、侠白，行手少阴心之前，不入肘中，抵天泽。循臂内上骨之下廉，历孔窍列缺穴，入②寸口，之经渠、太渊，以上鱼际，出大指之端少商穴而终。其支者，从腕后列缺穴连次指内廉，出其端而交于手阳明焉。"

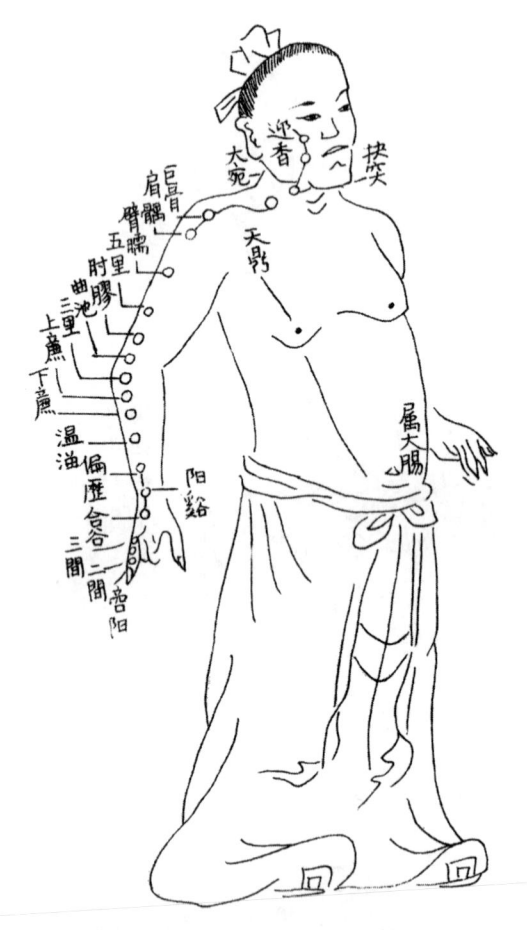

图4 手阳明大肠经四附解

真人曰："大肠者，传送之官也。长二丈一尺，广四寸，当脐右回十六

---

① 上图本作"火脏"。此当指大肠。
② 上医本原作"八"，据上图本改为"入"。

曲，其上口即小肠之下口。其经血气俱多，起于大指、次指之端商阳穴，受手太阴经之交行阳之分，由是循次指历二间三间出合谷，两骨间上阳谿，两筋中以至五里、臂臑，络手少阳①之臑会，上肩至本经之肩髃，巨骨上行，背之大椎下，入足阳明之缺盆，络绕肺脏，复下膈当胃经。其支自缺盆行于颈，由天鼎抉突上贯于颊，入于齿缝，出夹口吻交于人中，左脉之右，右脉之左，上夹鼻孔，循禾髎②迎香，而终以交足之阳明穴焉。"

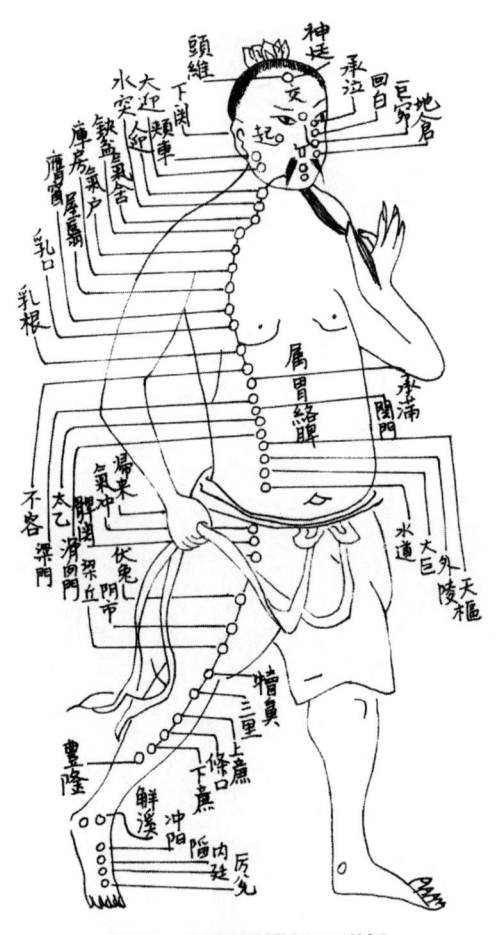

图5 足阳明胃经五附解

真人曰："胃者，水谷之海，六腑之大源。体一尺五寸，迂回长一尺六

---

① 上医本原作"手以阳"，当为"手少阳"之讹。
② 上医本原作"未髎"，依上图本改为"禾髎"。

寸，居中焦。其经气血俱多，起鼻两旁手阳明之迎香穴，由是而上，左右交于额中，过足太阳睛明，下循鼻外，历承泣至巨髎上齿缝中出，循地仓绕唇交于承浆，由承浆出人迎，循颊车过胆容主人，合足少阳悬厘，循下关头，维督之神庭。分支从大迎、人迎以至缺盆。于此又分支，从缺盆以至太乙、滑门，过天枢以至气冲，过足少阴肓俞至气冲、梁丘，下膝髌。于此又经分犊鼻下至足之冲阳，入中指之内庭，至厉兑而终。"

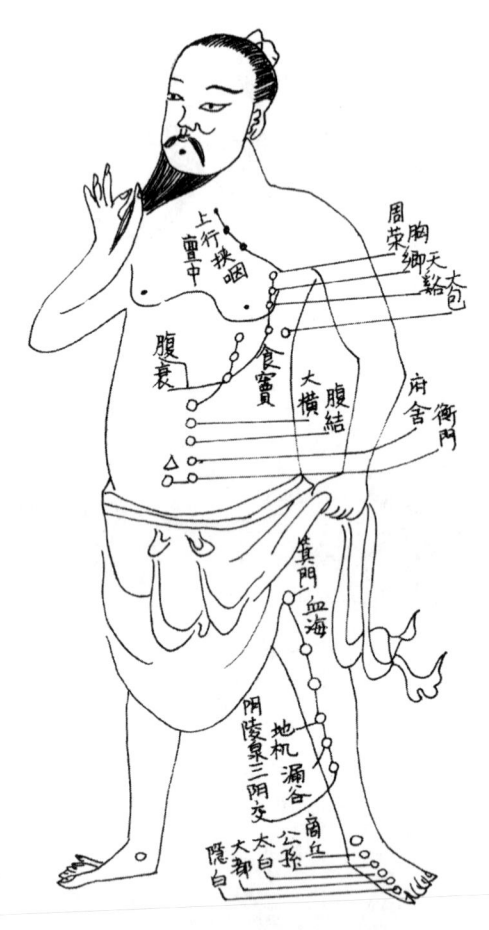

图6　足太阴脾经六附解

真人曰："脾者，仓廪之官，乃荣之居也。其经多气而少血，其形广三寸长五寸，掩于大仓，附着脊第十一椎。经起足大指隐白①，次受足阳明二交，

① 上医本原作"隐向"，依上图本改为"隐白"。

循大指以历太白、商丘，上三阴交，历血海、箕门入腹，至于冲门、府舍。会①任经脉，循腹大横，历腹衰至任之中下二脘，属脾络胃。再由腹衰循食窦、大谿、胸乡、周荣②，外折向大包，又外折由肺之中府上交胃人迎、挟咽、连舌，至舌本而终焉。其支者，循腹衰至胃，会任脉中脘，注于任之膻中，交于手少阴心分。"

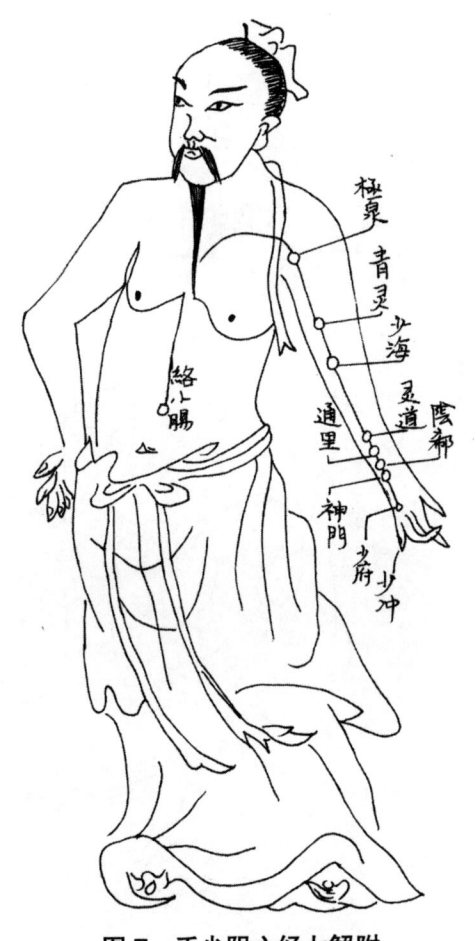

图7 手少阴心经七解附

真人曰："心者，君王之官，乃主之本也。其经多气而少血，形如未敷之莲，居肺下膈上，附着于脊第五椎上。有二系，一系上与肺通，一系入肺。

---

① 上医本原作"令"，依上图本改为"会"。
② 上医本原作"月荣"，依上图本改为"周荣"。

两大叶，由肺叶而下曲折向后，并连脊细络贯脊髓，与肾相通，诸脏系皆于此而通于心。其脉起于心，循任脉外当膝二寸之分而络小肠，从心系复上至肺脏，出腋下，抵极泉。下循臑内，历青灵、少海、通里至掌手完骨。循阴郄、神门入掌少府，循小指少冲穴而终以交手太阳。其支者从心系出任脉上行挟咽，以贯目系。"

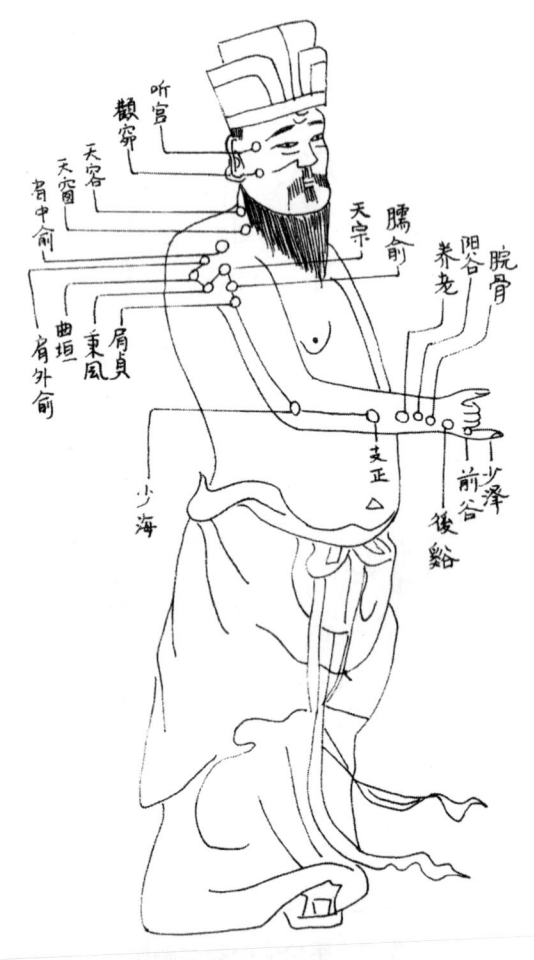

图8 手太阳小肠经八附解

真人曰①："小肠者，受盛之官。其体长三丈二尺，左回叠十六曲，其上口即胃之下口，其下口接大肠之上口，在脐上二寸。水分至是，流别清浊，

---

① "真人曰"三字，依上下文例补出。

其清者入膀胱，浊者下大肠。其经多气而少血，起于小指端之少泽穴，由指外前谷、后谿、上腕出踝，历腕骨、阳谷、养老上臂，循支正出肘，历少海过手阳明少阳之外，循肩贞、臑俞、天宗、秉风、曲垣、肩外俞、肩中俞诸穴，上会于督之大椎，分左右交于两肩，入足阳明之缺盆。循肩下腋，当任脉膻中[①]络心，循胃系下膈过任之上脘、中脘，当脐上二寸从胃之缺盆，颈之天窗、天容、颧髎，至目外角，过足少阳之瞳子髎，入耳中之听宫而终。"

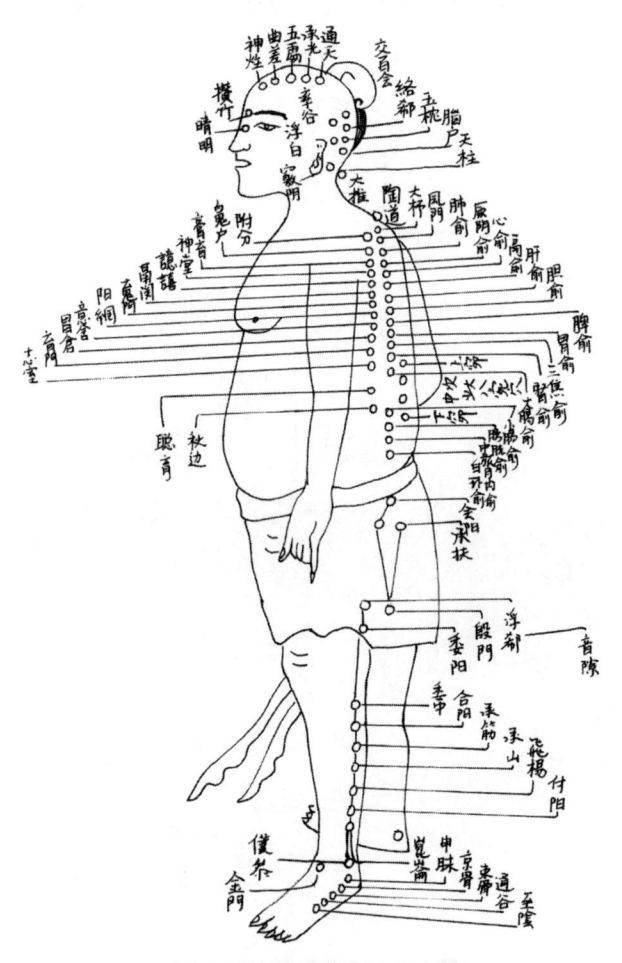

图 9 足太阳膀胱经九附解

真人曰："膀胱者，州都之官，津液生焉。体重九两二铢，纵广二寸。居

---

① 上医本原作"亶中"，依上图本改为"膻中"。

肾下之前，大肠之侧，当脐上一寸，水分穴之所，小肠下口乃膀胱之上际也。水液由此渗入焉。其经多血而少气，起于目内眦①之睛明穴，巡攒竹、过督之神庭、通天五穴，斜左右交于督之百会。由此分一支，抵上角，过足少阳之率谷、浮白、窍阴。直者，循络郄、玉枕下项，抵大椎、陶道，却挟脊两旁，下大抒以至白环俞十七穴。复由腰分支，历上次中下四髎出会阳，下贯臀承扶、殷门、浮郄、委阳，入腘之委中。又一正支，自天柱下，从髀左右，历附分、魄户，以至秩边十四穴，过足阳明之髀抠，循承扶外与前入腘中者合。正支者，下循合阳，直至小足指尖之至阳而止，交于足少阴经焉。"

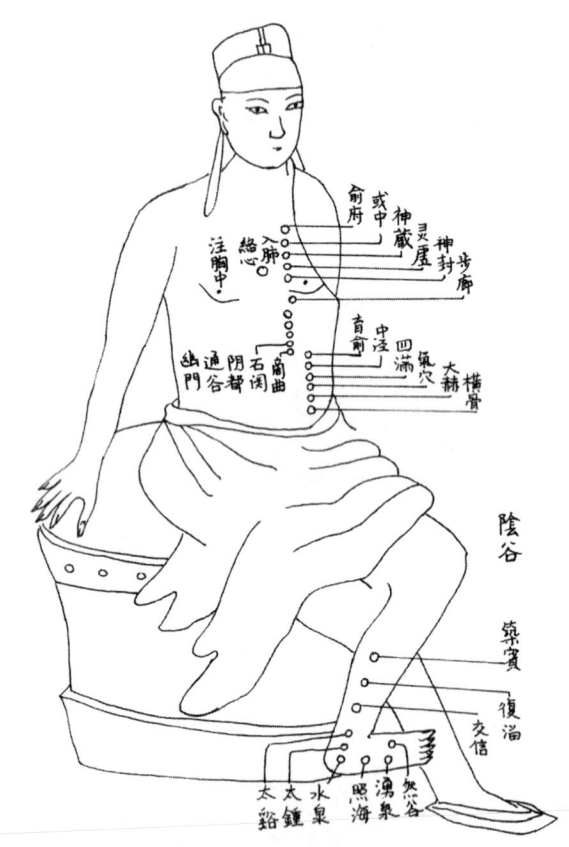

图10 足少阴肾经十附解

真人曰："肾者，作强之官，伎巧出焉，精之居也。其经多气少血，形

---

① 上医本作"目内背"。上图本作"目内眦"，据改。

如石卵两枚①，紫黑色，附脊十四椎，前与脐平。其经起于足小指下足心涌泉穴，由涌泉循太谿别入太钟、照海、水泉，行于厥阴太阴，历复溜，交信会足太阴之三阴，交上筑宾、阴谷，会②督脉之长强，循本经之横骨，以至中注、育俞六穴，下会任之关元而络膀胱。其直者，复上行，循商曲贯肝，上达幽门上膈，历步廊入肺，循神封俞府等穴而上，循喉咙并足阳明胃经之人迎、挟舌本而终焉。其支者，自神藏别出，绕心注胸，合任之膻中，以交于手厥阴。"

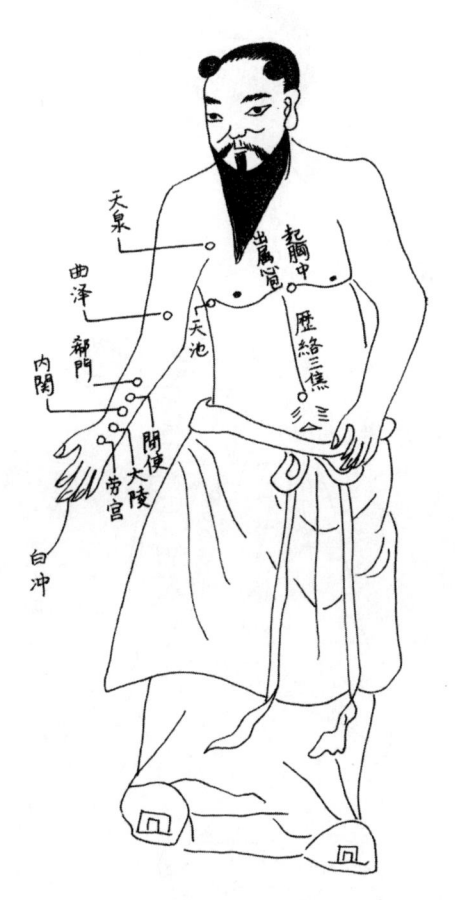

图11　手厥阴心包经十一附解

真人曰："心包络者，一名心主，以脏像考之，在心下横膜之上竖膜之

---

① 上医本作"石郊两枝"。上图本作"石卵两枚"，据改。
② 上医本作"令"。上图本作"会"，据改。

下，与横膜相连而黄脂漫裹者，心也。其漫脂之外，细筋膜如丝与心肺相连者，心包络也，乃相火之用焉。其经多血而少气，起于胸中出属心包，由是下膈络于三焦之上脘中脘，及脐下一寸，下焦之分。上循胸中出胁，下腋三寸[①]天池，上行抵腋，下循天泉、曲泽行臂两筋间，循郄门、间使、内关、大陵，入掌中劳宫，循中指端之中冲。其支者，自劳宫别行，循小指次指出，与三焦相为表里焉。"

图 12　手少阳三焦经十二附解

真人曰："三焦者，水道出焉，其经多血而少气，其脉起于小指次指端之

---

①　上医本作"主存"，当为"三寸"之讹。上图本作"王寸天地"，当为"三寸天池"之讹。

关冲穴，上出次指之间，历液门至阳池，出臂以循外关，以至三阳、四渎，上贯于肘，抵天井、清冷、消烁，上肩行臑会、肩髎、天窍，过手太阳、秉风、足少阳、肩井、下阳明缺，复阳明外交会膻中①，络绕心包下膈，偏历三焦。其支者，从任脉膻中②而出缺盆，挟耳过肾大椎，循天牖上挟耳，经翳风、瘈脉、颅息，上角孙，过足少阳之悬厘及太阳之睛明，曲以下颊至手太阳颧髎。又支，自翳风入耳之分中，方循丝竹空而交于足少阳焉。"

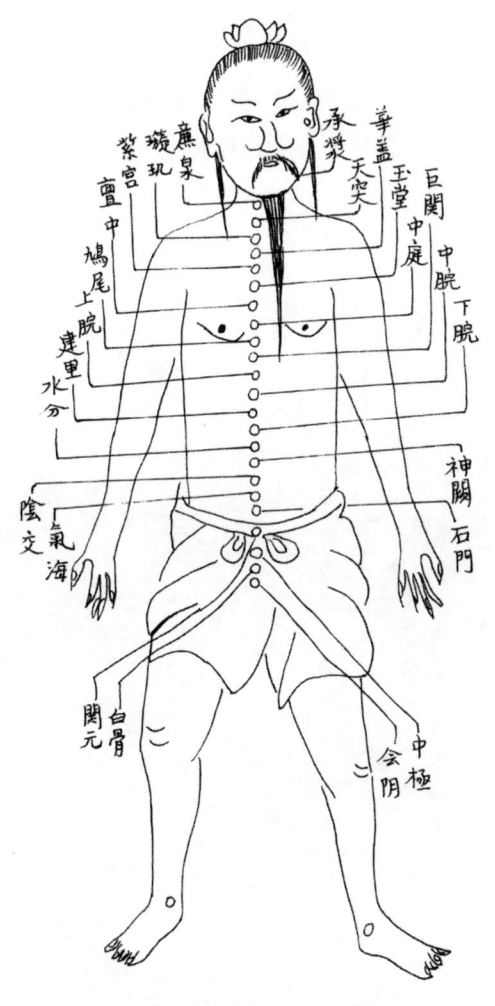

图 13　任脉图十三附解

---

①　上医本作"亶中"。上图本作"膻中"，据改。
②　上医本作"亶中"。上图本作"膻中"，据改。

任脉经穴歌

任脉分三入，起于会阴上曲骨，中极关元到石门。气海阴交神阙立，水分下脘循建里。中脘上脘巨阙起，鸠尾中庭膻中萃。玉堂紫宫树华盖，璇玑天突廉泉清。上颐还以承浆承[1]。

真人曰："任者，总也，乃肾之配，与督本同一源而分为二者也。脉起中极下会阴，分循曲骨上毛际至中极行腹里，循关元、石门、气海、阴交、神阙、水分，至于承浆，抵龈交分行，系两目之中央[2]，会承泣而终焉。其支者，循脊里为经络之海，其浮而外者，循腹上行会于咽喉，别络唇口也。"

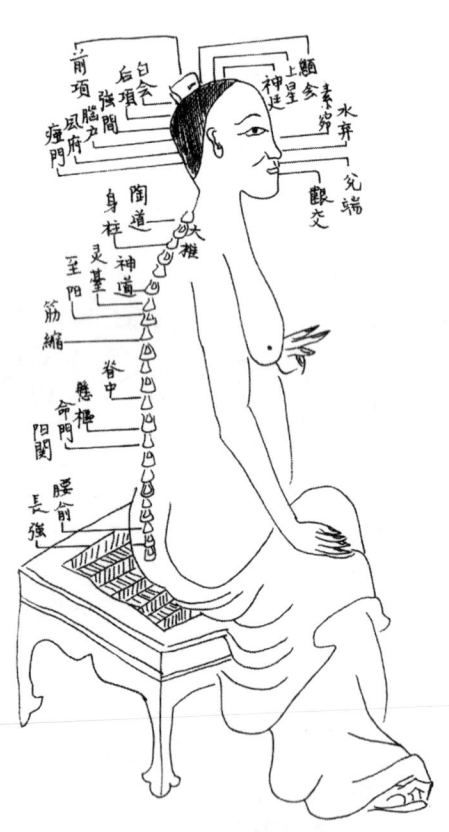

图14 督脉经图十四附解

---

[1] "承"字依上图本补。
[2] 上医本作"中失"。上图本作"中央"，据改。

督脉经穴歌

督脉背中行，二十七穴始长强，腰俞阳关命门当。悬枢脊中走筋缩，至阳灵台神道长。身柱陶道大椎俞，痖门风府连脑户。强间后顶百会前，前顶囟会上星图。神庭素髎水沟里，兑端龈交斯已矣。①

却病部七　按推小儿

总论

养浩生曰："世间最可悯者，莫若小儿，以其得病之际，疾痛痾痒莫能形于言语，少有忽略，垂死而已，恳乞仁慈，后世婴儿行大方便②。"

真人曰："小儿莫可以功夫③祛治。上古祖师作有按推之法，即小儿导引术也。盖小儿初生，形体未成，筋骨未就，脏腑未完，精神未全，血气虚浮，肌肤软脆，资以乳养，渐长成形，故有变蒸之候。三十二日为一变，六十四日为一蒸。变者，变其形体；蒸者，蒸长肌骨；共设④五百七十六日。当以初生之日为始，算定日数，可以变蒸论，如不足不可认作变蒸之症。一岁零七个月满，方得成人；九十六日变蒸足，方有脉生于寸口。凡欲治其病，先辨其症

---

① 上图本此后有一段以朱笔句读过的"奇经八脉"介绍，然此段内容字体较小，行距较密，推测是上图本《广胎息经》抄成后拥有者附抄相关知识的结果。推测，此段内容当非《广胎息经》原本所有。标点以原书朱笔句读为据，照录如下："奇经八脉：冲脉，在风府穴下。风府，在脑后至枕下。督脉，在脐后。任脉，在脐前。带脉，在腰间。阴跷，在尾间前，阴囊下。阴囊后谷道员如指顶大一穴是也。此穴直贯至膻中一气上顶。遵生家用周天工夫，即此起手也。阳跷，在尾后二节。阴维脉，在顶前一寸三分。阳维脉，在顶后一寸三分。凡人有此八脉，俱属阴神闭而不开，维神仙以阳气冲开，故能成道。八脉者，先天大道至根，一炁之祖，采之惟在阴跷为先，此脉才动，诸脉皆通。"
② 上图本此句作"为幼童作大方便法"。
③ 上医本作"功大"。上医本作"功夫"，据改。
④ 上图本作"共该"。

候，次识其手法，再知其治法，三者既备，小儿诸疾何难治焉。"

辩证第一

养浩生曰："设有小儿疾，以何察识？"

真人曰："察识之方不一。或有视面部者，或有视指纹者，或有一指诊脉者。若夫视面部之法，额红者，热也；额青者，风也。印堂青者，惊也；红者，火也。山根青者，屡惊也；赤者，泻也。年寿微黄者，正色也；陷下者，夭也；黑者，痢疾也；深黄者，霍乱吐泻也。鼻準微黄赤白者，正色也；深黄者，火燥也；黑者，死也。人中短缩者，吐痢也。唇黑者，蛔厄也。口润红者，正色也；燥干者，脾热也；黄，食积也；白者，失血也；青黑者，惊风也，亦死症也。承浆青色者，当食时受惊；黄者，吐逆与痢也；红者，烦燥也，夜啼也；青者，吉色也。久病眉红者，死证也。两白睛青色者，肝风也；黄者，积攻也；黑睛黄者，伤寒也。风池与气池黄，吐逆也；红者，烦燥啼叫也。两颐赤者，肺家客热也。两太阳青者，惊也；红者，赤淋也；青色入两耳者，死症也。两脸黄者，痰也；色青者，客惊也；红者，风热也。两颐青者，吐虫也；黄者，积滞也。风门黑者，疝①也；青者，惊也。金匮青者，亦惊也。哭者，病在肝也。汗者，心虚也。笑者，脾多痰也。啼者，肺有风也。睡者，肾有亏也。此上辨面部形色也。若夫三关，以男左女右手食指定之，初节为风关，在寅位；二节为气关，在卯位；三节为命关②，在辰位。凡病纹在初关易治，过中关难治，直透三关者，不治。色红者，风热轻。赤者，风热盛。紫者，惊热。青者，惊积。青赤相半，惊积、风热俱有。青而紫，主急惊风。青而淡紫，伸缩来去，主慢惊风。紫丝青丝或黑丝，隐隐相杂，似出不出，主慢脾风。若四足惊③，三关必青；水惊，三关必黑；人惊，三关必赤；雷惊，色黄；或青或红，有纹如线一直者，是乳食伤脾及发热惊。左右一样者，是惊与积齐发。有三又或散，是肺生风疾，或似驹酣声，有青是伤寒及咳。有红白相兼主痢，红多白痢，

---

① 上医本作"病"。上图本作"疝"，据改。
② 上医本原无"关"字，墨笔添加。
③ "惊"字依理补出。

黑多赤痢。虎口脉纹乱，乃气不和。盖脉纹见有五色，黄、红、紫、青、黑，色常黄红，有色无形，此安宁脉也。一见形即是病，脉由其病盛，色能变黄，黄盛作红，红盛则紫，紫盛作青，青盛作黑，至于纯黑，则难治也。又当辨①其形，有如流珠者，主脾热②，三焦不和，饮食欲吐，泄泻肠鸣、自痢泄泻，烦燥啼哭。有如流珠差大，名曰环珠者，主脾虚停食，胸腹膹闷，烦渴发热。有如长珠一头大一头尖者，主脾伤饮食，积滞腹痛，寒热不食。如有来蛇下头粗大者，主脾胃湿热③，中脘不利，干呕不食。有如去蛇上头粗大者，主脾虚冷积，吐泻烦渴，气短神困，多睡不食。有如弯弓反相中主者，主寒热邪气，头目昏重，心神惊悸，倦怠，四肢少冷，小便赤色，咳嗽吐涎。有如弯弓反向大指者，主痰热，心神恍惚，作热④，夹惊夹食，风痫，向内者吉，向外者凶。有如枪形者，主风热，发痰作搐。有如鱼骨形者，主惊痰发热，少食，或痰盛发搐，乃肝木克脾土也。有如水字形者，主惊风食积，烦燥痞闷，少食夜啼，痰盛口噤搐搦，此脾虚积滞，木克土也。或曰水字，肺疾也，谓惊风入肺也。有如针形者，心肝热极生风，惊悸顿闷，困倦不食，痰盛发搐。有透关射指者（透关向里为射指），主惊风痰热，聚于胸膈，乃脾肺损伤，痰邪乘聚。有透关射甲者（透关向外为射甲），主惊风恶症，十死一生。有如鱼刺者，风关青色，主初惊；气关，主疳；命关，脾虚，难治。有如乙字者，初关主肝惊，二关急惊，三关慢惊脾风。有如曲虫者，肝病甚也；有如虬纹者，心虫动也；有如环者，肾有虫也；斜向右主风寒，斜向左伤风，勾脉伤寒，长虫伤冷。青白紫筋，上无名指三关难治，上中指三关易治。"

手诀第二

养浩生曰："症候既得闻命矣。尚有手诀，敢请教益。"

真人曰："手法不一。有于三关作法者，凡做法者，先掐心经、点劳

---

① 上医本原作"辩"，径改为"辨"。
② 上图本作"主膈热"。
③ 上医本原作"混热"。上图本作"湿热"，据改。
④ 上医本作"作熟"。上图本作"作热"，据改。

宫，男推上三关，退寒加煖，属热；女反此，退下为热也。有于六府做法者，凡做法者先掐心经、点劳宫，男退下六府，退热加凉；女反此，推上为凉也。有名黄蜂出洞者，凡大热做此法。先掐心经，次掐劳宫，先开三关，后以左右二大指从阴阳处起，一撮一上，至关中离坎上掐穴，发汗①用之。有名水里捞月者，凡大寒做法，先清天河水，后五指皆跪，中指向前，四指随后，右运劳宫，以凉吹之，退热可用；若先取天河水至劳宫，左运呵煖气，主发汗。有名凤皇单展翅者，凡温热做此法，用右手大指掐总筋，四指翻在大指下，大指又起，又翻，如此做至关中，五指取穴掐之。有名打马过河者，凡温凉做此法，右运劳宫毕，曲指向上弹内关、池、使间、天边，生凉退热用之。有名飞经走气者，凡气滞做此法，先运五经，后五指开张一滚，做关中用手打拍，乃气行也；又法以一手推心经至横纹住，以一手揉气关，通窍也。有名按弦搓摸者，凡化痰做此法，先运八卦，后用指搓病人手，关上一②搓，关中一搓，关下一搓，拿病人手，轻轻慢慢而摇。有名天门入虎口者，凡清脾作此法，用右手大指掐儿虎口，中指掐住天门，食指掐住总位，以左手五指聚住，揉斗肘，轻轻慢慢摇，生气顺气也；又法自乾宫经坎艮入虎口，按之。有名猿猴摘果者，凡消食做此法，以两手摄儿螺蛳上皮摘之。有名赤凤摇头者，凡治惊做此法，以两手捉儿头摇之，其处在耳前少上。有名二龙戏珠，凡惊吊眼以两手摄儿两耳轮戏之。如初受惊眼不吊，两边轻重如一。如眼上则下重，下则上重。有名丹凤摇头者，凡治惊做此法，以一手掐劳宫，一手掐心经，摇之。有名黄蜂入洞者，但凡去风寒做法，曲小耳，小指揉儿劳宫。有名凤凰鼓翅者，凡黄肿掐精灵二穴，前后摇摆之。有名雁游飞者，凡黄肿做法，以大指自脾土外边推去，经三关、六府、天门、劳宫边还止脾土。有名运水入土者，凡脾土虚弱做法，以一手从肾经推去，经兑、乾、坎、艮至脾土按之，脾胃火旺，水火不能兼济，用之。有名运土入水者，凡肾水频数，照前法反回是也，亦治小便赤涩。有名老汉扳缯者，凡痞块以一指掐大指根骨，一手掐脾经摇之。有名斗肘走气者，凡痞块以一手托儿斗肘运转，男左女右，

---

① "汗"字据理补出。
② 上医本此无"一"字，据文意补出。上图本无此句。

一手捉手摇动。有名运劳宫者，乃曲中指运儿劳宫也，右运凉，左运汗。有名运八卦者，以大指运之，男左女右，开胃①化痰。有名运五经者，以大指往来搓五经纹，能动脏腑之气。有名推四横纹者，以大指往来推四横纹，能上下之气，气喘腹痛可用。有名分阴阳者，曲儿拳于手背上四指节，从中往两下分之，分利气血。有名和阴阳者，从两边②合之，理气血用。有名天河水者，推之自上而下也，清③。按住使间，退天河水也。有掐手面者，一掐心经，二掐劳宫，推上为热，诸脏有疾，引孔开窍；又一掐肺经，二掐离宫，离上起，乾上止，中间轻，两起止处重，治肺家嗽；又一掐大肠经，侧推到虎口，推上为补小儿泄泻，退下主泄泻也；又一掐肾经，二掐小横纹，退六府，治小便赤色涩滞；又一掐脾土，曲指左转为补，直指推之为泄，治小儿虚弱之症，乳食少进；又一掐肾水下节，二掐肾水大横纹，退六府为凉退潮；又一掐总筋，清天河水，退热；又一掐揉小天心，治天吊惊风，又能生肾水；又一推板门，治小儿气促气攻。此掐手面九法也。有掐手背者，一掐威灵穴，专治急症惊风，一掣一死，掐此穴，有声可治，无声难治。一掐两扇门，治小儿急惊，口眼歪斜，左向右重，右向左重；又治热不退，汗不来。又一掐精宁穴，治痰涌、气促、气急，掐此穴可退。又一掐二人上马穴，治小便赤涩，清补肾水；又一掐后豁穴，推上为清，推下为补，小便涩宜清，肾经亏弱宜补；又一掐外劳宫，治粪白不变④，五谷不消，肚疼泄泻，内外齐掐止疟疾。又一掐阳池，治小儿风痰之症。又一掐一窝风⑤，治小儿久病腹疼，或慢惊。又一掐五指节，治小儿被吓，掐之可醒苏人事不昏迷。又一掐龟尾，并揉脐，治小儿水泻、乌沙、膨胀、脐风、月家、盘肠等惊。揉脐法，以斗肘毕，又以左大指按儿脐下丹田，以右大指周围搓磨之，一往一来。又一掐斗肘下筋曲池上总筋，治急惊。此掐手背十一也。又有止吐泻者，可于横门刮至中指尖掐之，主吐，在一节处掐；又法于板门推向横纹掐吐法；又中指一节内推上止吐；又横

---

① 上图本作"开胸"。
② "边"字据上图本补。
③ 上医本作"请"。上图本作"清"，据改。然疑此字为衍文。
④ 上医本作"不受"。上图本作"不变"，据改。
⑤ 上医本作"一风窝"。上图本作"一窝风"，据改。

纹推向板门掐止吐；又提手背四指内顶横纹主吐，还上主止吐；又手背刮至中指一节处主泻；中指尖第一外节掐止吐①；横纹推尚板门主泻；板门推向横纹止泻；退外脾泻法，推外脾补虚止泻。如被水惊，板门大冷；如破风惊，板门大热。如被惊吓，又热又跳，先扯五指，要辨冷热。如泻黄尿，热；如泻青尿，冷。此行吐泻、止吐泻诸法也。又有掐手六筋者，皆从大指边向里数也。第一赤筋，乃浮阳属火，以应心与小肠，主霍乱，外通舌，反则燥热，却向乾位掐之，则阳自然散也；又于横门下本筋掐之。下五筋仿此。第二筋，乃阳属木，以应肝胆，主温和，外通两目，反则赤涩多泪，却向坎掐之，则两目自然明也。第三总筋，居中属土，总五行，以应脾胃，主温煖，外通四大板门，反则主肠鸣、霍乱、吐泻、痢疾，却在中界掐之，则四肢舒畅也。第四筋，赤淡黄筋，居中分界，火土兼备，以应三焦，主半②寒半热，外通四大板门，周流一身，反则主壅塞之疾，却向中宫掐之，则元炁周流，通壅塞之患也。第五白筋，乃浊阴，属金，以应肺与大肠，主微凉，外通两鼻孔，反则胸膈胀满，脑昏生痰，却在界后掐之。第六黑筋，乃重浊，纯阴，以应肾与膀胱，主冷气，外通两耳，反则主尪羸昏沉，却在坎位掐之。此六筋掐法。凡内热外寒，掐浮筋止；作冷，掐阳筋即出汗；诸惊风，掐总筋；作寒，掐心经筋，即转热；作热，掐阴筋转凉③；内热外寒，掐肾经，即止。此六筋掐法备之于斯也。又有足法，凡男左手右足，女右手左足。一掐大敦穴，治小儿鹰爪惊，本穴掐之就揉。解豁穴，治小儿内吊惊往后仰，本穴掐之就揉。中臁穴，治小儿惊来，掐之就揉。涌泉穴，治小儿吐泻，本穴掐左转揉，吐即止；右转揉，泻即止。左转不揉，吐；右转不揉，泻。男依此，女反之。扑参穴，治小儿脚掣跳，口咬，本穴就揉，左转补吐，右转补泻。又惊又吐又泻，掐此穴及足中指有效。承山穴，治小儿气吼，本穴掐之反揉④。委中穴，小儿望前扑，掐此。"

---

① 上图本作"止泄"。
② 上医本原作"丰"。上图本作"半"，据改。
③ "凉"字据上图本补。
④ 上图本作"又揉"。

小儿诸惊推揉等法第三

养浩生曰："按推诸穴，既得闻命矣。其应病作用，恳赐慈惠焉。"

真人曰："应病作用，不过诸法以成一手法。如因酒食无度，劳郁伤神，以致四肢作冷，口含母乳，一喷一吐，肚上青筋气急。此系心经有热，推三关五十，推天河水二百，退六腑一百，运八卦一百，运五经、水里捞月五十，用火胸前六灼①，小便头上掐一爪，用蛇蜕四足缠之，即好。如因荤腥热炙脾胃，头足乱舞，因风受热，推三关一百，推肺经一百，运八卦五十，推脾土一百，运五经七十，推天河水三百，水底捞月，飞经走气二十，天心穴掐之，二筋一掐，急用灯火，手足肩膊上一灼，喉上②一灼，喉下三灼，脐下一灼。如因生冷过度，乳食所伤于五脏六腑，天寒肚响，身软唇白，即是六腑寒乳食伤，推三关三百，分阴阳一百③，推脾土一百，推四大肠二百，黄蜂五十，捞月十六，二扇门④，将手心揉脐及龟尾五十，男左女右，后将灯火断之，颊车一灼，更推背心。如因失饥伤饱，饮食不纳，脾胃虚弱，五心潮热，子午虚烧，人日瘦弱，遍身热，气吼口渴，手足常掣，眼红，推三关一十，推肺经二百，推脾土一百，运八卦、分阴阳一百，二扇二十，要汗后再加退六腑二十，水底捞月二十。如因生冷太过，或迎风食，血经变成沙，行遍身，四肢黑，青筋过脸，肚腹膨胀，唇黑，五脏有寒，皆因好食凉物。推上三关二百，推脾土二百，二扇三十，运八卦一百，四横纹五十，黄蜂二十，分阴阳三十，将手心擦脐五十，用灯火青筋缝上七灼，背亦断⑤，青纹更好。又将黄土一块，碗研烂为末，七醋一钟，铫内炒过，将手袱包，在头上往下推，引入脚，用针刺破，再用灯心火四心断之。如因吃饮食受吓，或吃冷物以伤荣卫，大叫一声，一死眼闭，一掣一跳开口，即是被吓，心经有热。推三关三十，清天河水一百，补脾土一百，清肾水五十，运八卦一百，

---

① 上医本此字常作"焦"，上医本常作"燋"。整理本统一为"燋"，简化为"灼"。
② 上医本作"喉下"。上图本作"喉上"，依改。
③ 上图本作"二百"。
④ 上医本原作"捞月十二，六扇门"。据上图本改为"捞月十六，二扇门"。
⑤ 此"断"，似当即"煅"。后同，不赘。

天门入虎口，揉斗肘，用火颠门、口角上下、肩膊、掌心、脚跟、眉心、心演、鼻各一灼。或用老鸦蒜，晒干烧为末，在心窝揉之。如因寒受惊，风痰结涌，乳气不绝，口吐白沫，四肢摆，眼翻，即是因寒受热吓，肺经有病，推三关一百，推肺经一百，推天河五十，按弦搓磨，运五经三十，掐五指节三次，囟心上用灯火四灼，口角上下各一灼，心演脐下各一灼。如因伤食于脾土，夜间饮食太过，胃中不能克化，气吼、肚膨青筋、眼翻白，即是因乳食伤，五脏有寒。推三关一百，推肺经一十，推脾土二百，运八卦五十，分阴阳五十，将手揉脐五十，按弦走搓磨精宁穴一十，青筋缝上用灯四灼。如泄，猪尾骨上一灼；若吐，心窝上下四灼；脚软，魂眼一灼；手软，曲池一灼；侧拐，又一灼；头软，天心一灼，脐上下各一灼；若不开口，心窝一灼。如因吃甜辣之物，耗散荣卫，临啼哭，四肢掣跳，哭不出，即①是被吓，心经有热。一推三关二十，清天河三百，退六腑一百，分阴阳五十，清肾水五十，水里捞月五十。如到晚昏沉，不知人事，口眼歪斜，手足掣跳，寒热不均，推三关五十，退六腑五十，补脾土五十，掐五手指十，分阴阳十，按弦走搓磨十。如因食生冷积毒以致伤胃，肺中有风，痰裹心经心络之间，手捏拳，四肢掣跳，口眼歪斜，是也受吓感风。推三关二十，推脾土二十，推肺经五十，运八卦五十，推四横纹五十，运五经二十，猿猴摘果二十，掐五指节三次，后用灯心断鼻梁、眉心、心演、总筋、足鞋带，以生姜油擦之；或在臁上阴阳掐之。如因乳食之间受其惊搐，脾经有痰，咬牙，嘴眼歪斜，四肢掣跳，心间迷闷，即是脾肾亏损，久疟被吓，非一日之疾。推三关一百，补脾土二百，推肺经二百，运八卦五十，掐五指节二十，天门入虎口，揉斗肘一十，丹凤摇头二十，运五经三十。此惊难救，掐住眉心良久便好，两太阳、心窝用潮粉油推之，用火上下手足各四灼。如因临产下剪，风入脐中，口吐白沫，四肢掣动，捻拳偏眼是也。推三关二十，推②肺经十，将灯火脐上七灼，大指节各四灼，囟门四灼，喉下、心间各一灼。如因饮食或冷或热，伤于脾胃，失于调理，冷痰涌于肺经，四肢后仰，哭声不出，疾向后伸是也。推三关一百，丹凤二十，推四横纹二十，推脾土

---

① 上医本作"那"。依上图本改为"即"。
② 上医本作"椎"。依上图本改为"推"。

二百，补肾一百，运八卦一百，分阴阳二十，脚膝上四灼，青筋缝上七灼，喉下三灼，将内关掐之。如因父母同处，与之风感①，乳食所伤，风痰经于胃口，手足向后，即是肺经有热。推三关五十，推脾土一百，推肺经二百，补肾水五十，分阴阳一百，飞经走气十，囟门用灯火四灼，两眉二灼，总筋、鞋带各一灼，喉下二灼，周脐四灼。眼翻不下，耳珠下掐之。如或当风睡卧，或风雨多眠，风痰太盛，哭声不止，遍身战动，脸色青黄，手掣口歪是也，此脾惊受病。推三关五十，推肺经一百，推脾土一百，运土入水二百②，推肾水五十，分阴阳一百，按弦走搓磨五十，用竹沥小儿吞之。手缩，用黄蜡、细茶、飞盐，擂细③为末，皂角末五分，七醋一钟，下铫，黄蜡二钱化成饼，贴心窝。如因母得孕，或食荤毒之物，或受劳郁之气，落地或软或硬，开口如哑，即是曾在母腹中受胎毒也。推三关二十，分阴阳一百，退六腑九十，飞经走气二十，运五经，天门入虎口，揉斗肘四十，头上喉下各三灼，脐上四灼。倘不开口出声，四大爪甲上掐之；或软不醒，心脐下提之；醒不开口，用母乳将小儿后心窝揉之。如因母当风睡卧，或小儿月内受风，痰涌心口，落地睡红，撮口手捏，头偏左右，哭不出声。是疾也，推三关一百，推肺经一百，运八卦五十，推横纹五十，双龙摆尾二十，掐中指。若不效④，青筋缝上七灼，背上二灼，脐上四灼，百劳穴下二灼。如因乳食生冷荤腥之物，伤于五脏六腑，肚腹冷痛，乳食不进，身体软弱，肚起青筋，眼黄手软，即是六腑有寒，推脾土一百，推三关一百，推大横纹⑤一百，运土入水五十，推肾肺经各一百，清肾水一百，揉脐，灯火断之。如因食生冷过度，耗伤荣卫，鼻流鲜血，口红眼白，四肢软弱，皆为火盛。推三关二十，清心经三百，退六腑一百，分阴阳一百，清肾水一百，运八卦五十，水里捞月五十，走气五十。如因乳食受惊，夜眠受吓，手抓人衣，仰上，哭声号叫，身体寒战，即是肺经有热，心经有风。推三关二十，清天河水二百，推肺一百，打马过天河十，清肾水一百，二龙戏珠十，天门入虎口

---

① 上医本作"风处"。依上图本改为"风感"。
② 上图本作"一百"。
③ 上医本作"烟"。依上图本改为"细"。
④ 上医本作"中指君不效"。依上图本改为"掐中指。若不效"。
⑤ 上医本作"大黄"。依上医本改为"大横纹"。

二十，顶心一灼，四心一灼，心演、眉心同足大敦穴揉。如因夜睡多寒及多食生冷，胃寒腹胀，四肢冷，肚痛响，眼番白，吐乳呕逆，是胃口过寒伤乳。推三关一百，推肺经一百，推四肢横纹五十，凤凰展翅十，心窝中腹各断七灼。如因乳食不和，冷热不调，有伤五脏六腑，先寒后热，手足掣跳，牙咬眼番，推三关脾土各一百，运土入水五十，运八卦五十，丹凤摇头五十，将手相合，横侧掐之。若不醒，大指头掐之。如因湿处多眠，或食毒物乃伤脾土，手担下，眼黄口黑，人事皆迷，掐不知痛是也。推三关一百，推脾土一百，推肺经一百，分阴阳一百，黄蜂入洞十，飞经走气，天门入虎口，揉斗肘二十，眉心四灼，心窝七灼，手曲池一灼，凶心四灼。如因乳食受吓，或夜眠受惊，又或冷热饮食，两眼看地，一惊便死，口歪手捏，沉睡不起。推三关二十，天河水二百，赤凤摇头十，推脾土十，肺经十，按弦走搓磨，用灯火肚脐四灼，凶门四灼，喉下二灼，用皂角灰、童便及屎洞，用火焙干，将凶门贴之。如两手若丫登，推三关一百，二扇门十，分阴阳五十，运八卦五十，飞经走气十，曲池四灼，虎口上纹四灼，不止不治。如坐地样惊，推三关一百，二扇十，揉委中一百，揉膝一百，鞋带一百，揉内关、猪尾，用灯火断之。如脚软向后乱舞，揉膝、螺蛳骨上、周脐各四灼，喉下三灼。如双手一撒便死。直手垂下，推眉心，用火断四灼，推三关五十，运曲池五十，揉一窝风一百，后用灯火总筋断、手背上各四灼。如昏沉不知人事，推三关一百，运八卦、推肺经各一百，补脾土五百，清天河水一百，凤皇展翅十，掐眉心、人中、颊车，后用火断心演、总筋、鞋带各一灼。如两手丫向前，用推两手后，用灯火断心演、总筋、凶门。如哭声不止，手抱腹身展转，推三关一百，补脾土一百，二扇门一百。黄蜂入洞，推大肠一百，揉脐及龟尾各一百，脐上下灯火断七灼。此三十二种应病掐法也，可一一详记，视病酌量行之，自然百发百中。总而言此却病四卷之多，七部之广，然亦不过如棋经阵谱，可临时活变用之，倘必一一每病泥每法，则尤为可[①]大笑者也。"

[①] "可"字据上图本补。

小儿诸图附后

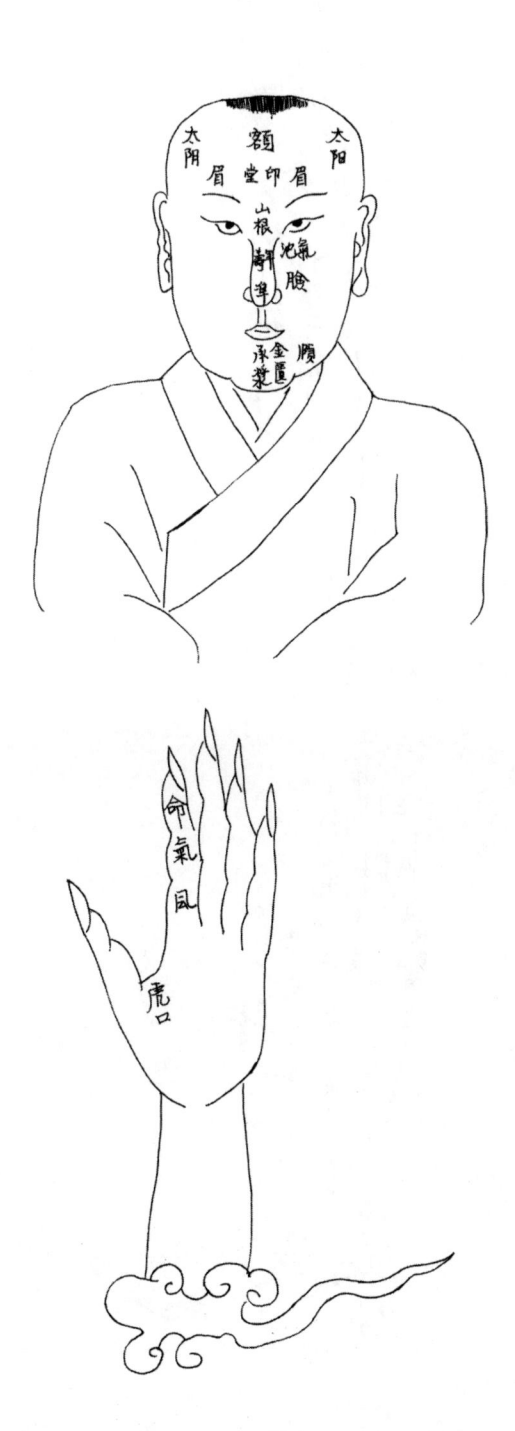

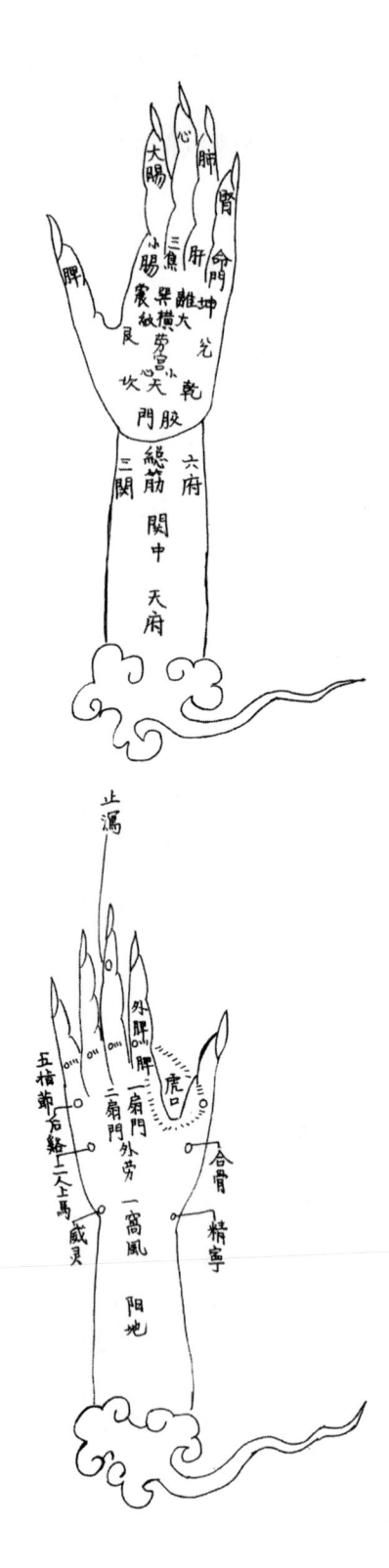

丹亭卢真人广胎息经

丹亭卢真人广胎息经卷之四

· 102 ·

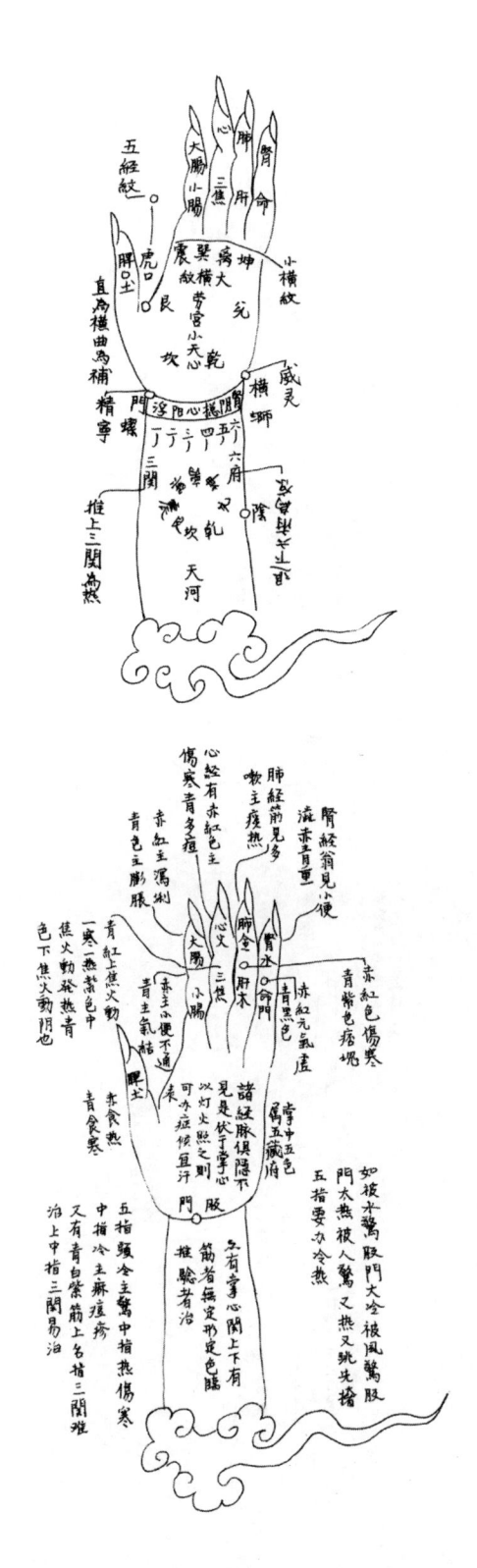

丹亭卢真人广胎息经

丹亭卢真人广胎息经

丹亭卢真人广胎息经

男左手右脚
女右手左脚

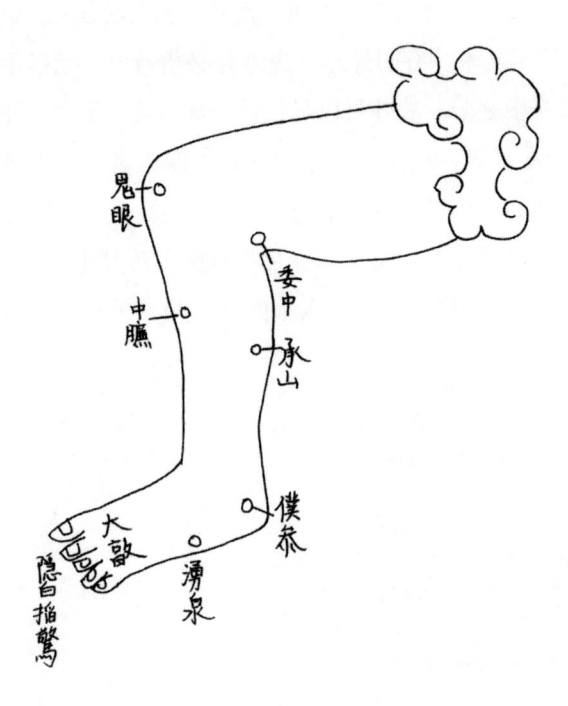

丹亭卢真人广胎息经卷之四

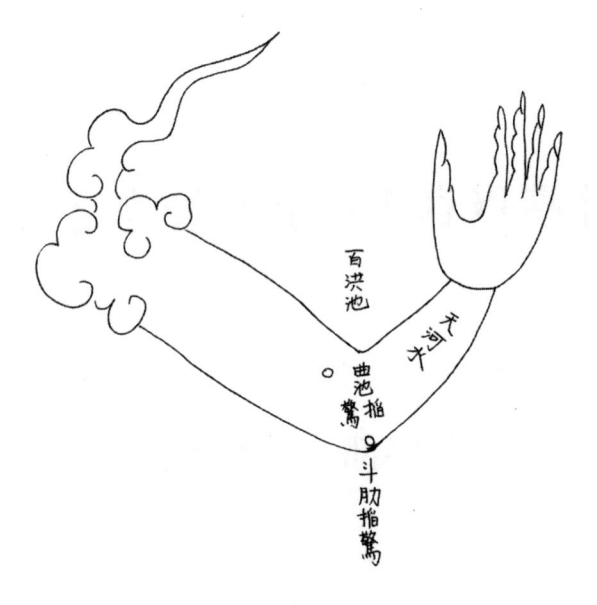

丹亭卢真人广胎息经卷之五[1]

延年部一　大采补

总论

养浩生曰："却病之方，既蒙仁师[2]细相分析。尝谓自古圣师，或年千岁而乘云举翰，或七八百岁而遨游八极，其中不无奇方要术，延此凡壳。且修真之士，虽内存胎息，然而凡质易萎，大丹难就，恳乞仁慈再将延年接命之术，为弟子破未开之心，为后人张久闭[3]之目，则阴功万祀，汲引无穷胎息。"

真人曰："延年之术，有同外丹。夫外丹必借母气以伏砂中之汞，延年必需女鼎[4]，以添身中之阳。故外丹以母伏砂，如以酒酿酒。延年以鼎添阳，是以人而酿人。酒酿酒者，一点可醉千万人；人酿人者，一人可存千万世。故三峰祖师曰：'君如不信长生诀，但去桑间看接梨。'此理之彰明较著者也。况夫人[5]生真气，本有定数。故婴孩始胎[6]母腹，乃混沌之体，纯静无为，属乎坤卦。自一岁以至三岁，长元炁六十四铢，乃一阳初生，卦属乎复。至五

---

[1] 《广胎息经》卷5至卷7，仅上医本可见。上图本与台湾所藏几个节抄成书本，均不含此部分内容。上医本于此可谓"孤本"，颇为重要。但上医本此部分错讹较多，常有文意难通之处。考虑到此三卷所述之道医内容较为秘奥，且因无参校本而缺少修改依据，故整理本仅在必要时修订文字并给出注释。

[2] 上医本处原无"师"字，墨笔添加。

[3] 上医本原作"久开"，据文意当为"久闭"。

[4] 上医本原为"学"，墨笔改为"鼎"。

[5] 上医本原字不清，墨笔涂改为"夫人"。

[6] 上医本原无"胎"字，墨笔补出。

岁又长元炁六十四铢，乃二阳卦，属乎临。至八岁又长元炁六十四铢，乃三阳卦，属乎泰。至十岁又长元炁六十四铢，乃四①阳卦，属乎大壮。至十三岁又长元炁六十四铢，乃五阳卦，属乎夬。至十六岁又长元②炁六十四铢，是为六阳，纯阳为乾。补脑全精以完一斤之数，三元既钟，五行全备，倘宿有仙缘，得真口诀，身心泰定，童真内炼，名为直超圆顿，得无上至真之道。但人世茧茧，根多浅薄，爱欲杂授，真实戕灭，阳极一动，卦变为离。故男子二八真精透露。自十六以至二十四，不知保守，又耗真元六十四铢，卦应乎姤。又不知保守，至三十二岁，仍耗真元六十四铢，卦应乎遯。又不保守，至四十岁，又耗真元六十四铢，卦应乎否。又不保守，至四十八岁，又耗真元六十四铢，卦应乎观。又不保守，至五十六岁，仍耗真元六十四铢，卦应乎剥。又不保守，至六十四岁，耗散已尽，复返乎坤。真人于此深体天地补救之法，于是以后天之精炁，补先天之真炁，或用采取，或用交炼，或用服食，种类虽多，大约皆返老还童之一助耳。"

养浩生曰："种类既多，其中千门万户苦无入处，恳乞真师将其下手作用，一一为弟子剖之。"

真人曰："此个功夫皆是有作有为之法。大率以鼎器为主，盖其建功甚速，奏绩颇易。其中法门，有采补法者二，大采补、小采补也。又有进炁补法、进药补法。大采补者一品，小采补者二十四品，进炁者三品，进药者不可胜品也。总而言之，以大采为主，以小采为助，其进炁、进药，又助中之助也。"

养浩生曰："敢问大采补之方，并其中作用，乞一一示之。"

大采补法一品第一

真人曰："其法先要筑基，次要开关，次要铸剑，三者既得，直去横来，任其自便也。"

养浩生曰："敢问筑基之法。"

真人曰："筑基之法与正功同。其法必须拣择清净屋舍、厚褥、高座，先

---

① 上医本原作"五"，墨笔改为"四"。
② 上医本原字不清，墨笔涂改为"元"。

须明我脐里一寸三分去处，乃混元祖气之穴，又名玄牝宫，又名命门，又名黄庭，其形如圈，径一寸三分，两肾之前，脐轮之后，大肠之左，小肠之右。生亦在此，死亦在此，得药结胎，都只在此。此处有一点真精气，人能于此二六时中，回光返①照，则真炁自充，真精自长，返老还童，端不离此个中也。"

养浩生曰："祖穴既识，不知如何下手，乞明示。"

真人曰："先须学调息，使眼观鼻，以鼻观心，以心对脐里②一寸三分去处。经云'天关在手'，谓左手统有十二支也。'地轴由心'，谓以神驭气，数其息也。当数息时，以左手掐子位③，复卦主④事。用鼻微吸天之清气，入于玄关，而至尾闾，为⑤一吸。尾闾之气，穿夹脊而上泥丸，为一呼⑥。一呼一吸为一息，如环无端，周而复始。十八文十八武，呼吸三十六息，送玉露一口入玄宫，浇灌灵根，得药一两。又移指掐丑位，临卦主事。再行十八文十八武，呼吸三十六息，送玉露一口入玄宫，得药二两。又移指掐寅位，泰卦主事。行文武⑦火三十六息，送玉露一口入玄宫，得药三两。又移指掐卯位，壮卦主事。行文火呼吸十八息，送玉露一口入玄宫，得药四两⑧。木液旺在卯，洗心涤虑，注意中宫，名曰沐浴。今人以两手摩身为沐浴者，盖以外言之也。又行文火十八息，送玉露一口入玄宫，得药五两。又移指辰位，夬卦用事。行十八文十八武三十六息，送玉露一口入玄宫，得药六两。又移指掐巳位，乾卦主事。首行武呼吸十二息，送玉露一口入玄宫，得药七两；再行文呼吸十二息，送玉露一口入玄宫，得阳铅八两；又行武呼吸十二息，名曰首尾武中间文。⑨此乃周天之数，自子至午为六阳数，即进阳火也。"

养浩生曰："退阴符果又何法？"

真人曰："又移指午位，姤卦主事。行十二武十二文，共呼吸二十四息，

---

① 上医本原作"迈"，当为"返"之讹。
② 上医本原为"衷"，墨笔改为"里"。
③ 上医本原作"子文"。依上下文改为"子位"。
④ 上医本原作"用"字，墨笔删去。
⑤ 上医本原有"一呼"二字，墨笔删去。
⑥ 上医本为"吸"，墨笔改为"呼"。
⑦ 上医本原无"武"字，墨笔添加。
⑧ 上医本原无"得药四两"，系墨笔添加。
⑨ 上医本此原有"至"字，墨笔删去。

吞玉露一口入玄宫，得药一两。又移指掐未上，遯卦主事。行十二武十二文，共呼吸二十四息，送玉露一口入玄宫，得药二两。又移指掐申位，否卦主事。乃西南之乡，行文火八息武火八息，末再行文火八息，送玉露一口入玄宫，得药三刃。① 又移指掐酉位，观卦主事。行文火十二息，送玉露一口入玄宫，得药四两。金精旺在酉，宜于沐浴，防危虑险，洗心涤虑，一意规中。又行文火十二息，送玉露一口入玄宫，得药五两。又移指掐戌位，剥卦主事。十二武十二文，共二十四息，送玉露一口入玄宫，得药六两。又移指掐亥位，坤卦主事。行文火八息，送玉露一口入玄宫，得药七两。中行武火八息，送玉露一口入玄宫，得阴汞半斤。又行文火八息，一意规中，名曰两头文中间武。此乃周天之数，自午至亥为六阴数，即退阴符也。子其识之。"

养浩生曰："其间必须卦爻者，果何说也？"

真人曰："卦爻不过假名取义，盖以其难驯人烦燥之性，非真有所谓卦爻也。设无卦爻，则泛滥无归，则人浮游之想，何由得摄？粗疏之气，何由得敛？必假此卦爻，以为收拾之一助也。"

养浩生曰："文火、武火果何别乎？"

真人曰："文火者，呼吸柔缓，精神亦柔缓。武火者，呼吸紧切，精神亦紧切。盖主人炼药，止此神气，为平日间放逸此神，洩露此气，故致中央之火候不真。今于下手日，必先调停神气。正如炼兵，欲缓则缓，欲速则速，然后操纵由我，起伏任意，此所以别文武也。"

养浩生曰："此法果行持多少时候？"

真人曰："此法无甚定期，但行得气纯神熟，或二十日，或一个月，方才住手。"

养浩生曰："此法行后，又有何法可行？"

真人曰："此法过后，便当住息积气，使通关窍。"

养浩生曰："敢问住息之方。"

真人曰："当令学者于深静屋舍，叠褥高坐，饥饱得宜，双手握固，舌抵上腭，勿令口鼻之气稍有出入。驻神于脐内一寸三分，使神投炁，使炁投神，必须默记住息数目。初下手时不能久住，或十，或廿，顺其自然。倘气

---

① 疑此"三刃"，当作"三两"。

少急，便引其气下透尾闾，冲夹脊，升玉枕，达泥丸，入口化为甘津，以意咽下中宫，此为一遍。仍如前，以数珠默记遍数，或十遍，或二十遍，日如此行四五次，气自增益。"

养浩生曰①："敢问积气之法有分两否？"

真人曰："大约以一息为一累，十累为一铢（十息），二十四铢为一两（二百四十息），十六两为一斤（三千八百四十息），②一斤数完，通关指日矣。"

养浩生曰："增息有法乎？"

真人曰："有。假如文息能积气一两于住意中宫时，便③当用武火④驯炼。亦欲握固，舌抵上腭，勿令口鼻之气少有出入，使神投⑤炁，使炁投神，犹必默记息数。既添息后，亦难久住。真能到得一两，方行文火，渐增至二两。此增息至一两法也。"

养浩生曰："二两又当何如？"

真人曰："假如文火能积炁二两⑥于住意中宫，当用武火驯炼，亦必握固，舌抵上腭，勿令口鼻之气微有出入，使神投炁，使炁投神。既添息后，犹难久住，真能到得二两，方行文火，渐增至三两。此增息至二两法也。"

养浩生曰："三两又当何如？"

真人曰："假如文火能积炁三两于住意中宫，便当武火驯炼。亦必握固，舌抵上腭，勿令口鼻之气，少有出入，使神投炁，使炁投神。微觉气急，亦神运其气，自尾闾、夹脊上升泥丸，下降甘露入中宫，以意养之，亦记遍数。既增息后，犹难久住。真能到得三两，方行文火，渐增至四两。此增息至三两法也"

养浩生曰："四两又当何如？"

真人曰："假如文火能积炁四两于住意中宫，便当用武火驯炼。亦必握固，舌抵上腭，勿令口鼻之气微有出入，使神投气，使气投神。微觉气急，

---

① 上医本原无"曰"字，墨笔添加。
② 此段括号内息数，均为上医本墨笔注出。
③ 上医本原为"使"，墨笔改为"便"。
④ 上医本原为"大"，墨笔改为"火"。
⑤ 上医本原字不清，墨笔涂改为"投"。
⑥ 上医本原无"二两"，墨笔添加。

亦神运其气于住意处，自尾闾、夹脊上升泥丸，下降甘露入中宫，以意养之，亦记遍数。既增息后，犹难久住，真能到得四两，方行文火，渐增至五两。此增息至四两法也。"

养浩生曰："五两又当何如？"

真人曰："假如文火能积炁五两于住意中宫，便当用武火驯炼。亦①必握固，舌抵上腭，勿令口鼻之气微有出入，使神投气，使气投神。微觉气急，亦神运其气，自尾闾、夹脊上升泥丸，下降甘露入中宫，以意养之，亦默记遍数。息初增后，犹难久住，真能武火到得②五两，方行文火，渐增至六两。此增息至五两法也。"

养浩生曰："六两又当何如？"

真人曰："假如文火能积炁六两于住意中宫，便当用武火驯炼。亦必握固，舌抵上腭，勿令口鼻之气微有出入，使神投炁，使炁投神③。微觉气④急，亦神运其气，自尾闾、夹脊上升泥丸，下降甘露入中宫⑤，以意养之，亦默记遍数。息初增后，犹难久住，真能武火到得六两，方行⑥文火，渐增至七两。此增息至六两法也。"

养浩生曰："七两又当何如？"

真人曰："假如文火能积炁七两于住意中宫，便当武火驯炼。亦必握固，舌抵上腭，勿令口鼻之气微有出入，使神投炁，使炁投神。微觉气急，亦神运其气，自尾闾、夹脊上升泥丸，下降甘露入中宫，以意养之，亦须默记遍数。息初增后，犹难久住，真能武火到得七两，方行文火，渐增至八两。此增息七两法也。"

养浩生曰："八两又当何如？"

真人曰："假如文火能积至八⑦两于注意中宫，便当用武火驯炼。亦必握固，舌抵上腭，勿令口鼻之气微有出入，使神投炁，使炁投神。气微觉急，

---

① 上医本原无"亦"字，墨笔添加。
② 上医本原无"得"字，墨笔添加。
③ 上医本原有"气"字，墨笔删去。
④ 上医本原无"气"字，墨笔添加。
⑤ 上医本原无"入中宫"，墨笔添加。
⑥ "行"字依上下文补出。
⑦ 上医本原作"九"，墨笔改为"八"。

亦神运其气，自尾闾、夹脊上升泥丸，下降甘露入中宫，以意养之，亦须默记遍数。息初增后，犹①难久住，真能武火到得八两，方行文火渐增至九两。此增息至八两法也。"

养浩生曰："九两又当何如？"

真人曰："假如文火能积炁九两于住意中宫，便当用武火驯炼。亦必握固，舌抵上腭，勿令口鼻之气②微有出入，使神投炁，使炁投神。气微急促，亦神运其气，自尾闾、夹脊上升泥丸，下降甘露入中宫，以意养之，亦须默记遍数。息初增时，犹难久住，真能武火到得九两，方行文火，渐增至十两。此增息至九两法也。"

养浩生曰："十两又当何如？"

真人曰："假如文火积气至十两于住意中宫，便当武火驯炼。亦必握固，舌抵上腭，勿令口鼻之气微有出入，使神投炁，使炁投神。气微觉急，亦神运其气，自尾闾、夹脊上升泥丸，下降甘露入中宫，以意养之，亦须默记遍数。息初增时，犹难久住，真能武火到得十两，方行文火，渐增至十一两，此增息至十两法也。"

养浩生曰："十一两又当何如？"

真人曰："假如文火能积气十一两于住意中宫，便当用武火驯炼。亦必握固，舌抵上腭，勿令口鼻之气微有出入，使神投炁，使炁投神。气微觉急，亦神运其气，自尾闾、夹脊上升泥丸，下降甘露入中宫，以意养之，须默记遍数，息初增后，犹难久住，真能用武火到得十一两，方再行文火，渐增十二两。此增息至③十一两法也。"

养浩生曰："十二两又当何如？"

真人曰："假如文火能积气十二两于住意中宫，便当用武火驯炼。亦必握固，舌抵上腭，勿令口鼻之气微有出入，使神投炁，使炁投神。气微觉④急，亦神运其气，自尾闾、夹脊上升泥丸，下降甘露入中宫，以意养之，亦须默

---

① 上医本原作"扰"，依上下文，当为"犹"之讹。
② 上医本原无"之气"，墨笔添加。
③ 上医本原无"至"字，墨笔添加。
④ 上医本墨笔于此补一"气"字，未安，不从。

记遍数。息初增后，犹难久住，真能武火到得十二两，方行文火，渐增至①十三两。此增息至②十二两法也。"

养浩生曰："十三两又当何如？"

真人曰："假如文火真能积炁十三两于住意中宫，便当用武火驯炼。亦必握固，舌抵上腭，勿令口鼻微有出入之气，使神投炁，使炁投神。气微觉急，亦神运其气，自尾闾、夹脊上升泥丸，下降甘露入中宫，以意养之，亦须默记遍数。息初增后，犹难久住，真能武火到得③十三两，方行文火，渐增至十四两。此增息至十三两法也。"

养浩生曰："十四两又当何如？"

真人曰："假如文火能增气至十四两于住意中宫，便当用武火驯炼。亦必握固，舌抵上腭，勿令口鼻之气微有出入，使神投炁，使炁投神。气微觉急，亦神运其气，自尾闾、夹脊上升泥丸，下降甘露入中宫，以意养之，亦须默记遍数。息初增后，犹难久住，真能武火到得十四两，方再行文火，渐增至十五两，此增息至④十四两法也。"

养浩生曰："十五两又当何如？"

真人曰："假如文火能积炁十五两于住意中宫，便当用武火驯炼。亦必握固，舌抵上腭，勿令口鼻之气微有出入，使神投炁，使炁投神。气微觉急，亦神运其气，自尾闾、夹脊上升泥丸，下降甘露入于中宫，以意养之，亦须默记遍数。息初增后，犹难久住，真能武火到得十五两，方再行文火，渐增至十六两，此增息至十五两法也。"

养浩生曰："十六两又当何如？"

真人曰："假如文火能积炁十六两于住意中宫，便当用武火驯炼。亦必握固，舌抵上腭，勿令口鼻之气微有出入，使神投炁，使炁投神。气微觉急，亦神运其气，自尾闾、夹脊上升泥丸，下降甘露入于中宫，以意养之，亦须默记遍数。息初增后，犹难久住，真能武火到得十六两，方再行文火，更图上进。此增息至十六两法也。"

---

① 上医本原无"至"字，墨笔添加。
② 上医本原无"至"字，墨笔添加。
③ 上医本原无"得"字，墨笔添加。
④ 上医本原无"至"字，墨笔添加。

养浩生曰："十六两共住有多少息数？"

真人曰："一息当一累，十累为一铢，二十四铢为一两，十六两为一斤。一斤之数，共该住有三千八百四十息也。"

养浩生曰："其间有何效验？"

真人曰："诸关百脉俱开通也。"

养浩生曰："先开何脉？"

真人曰："先开督脉。"

养浩生曰："督脉在于何处？"

真人曰："在于阴俞后第二骨节。此脉上至夹脊、玉枕、风府，以至泥丸下鼻柱，皆督脉也。"

养浩生曰："将开时有何证验？"

真人曰："此脉将开，则外阳①于静坐时，必耸然而举。急须用意引上夹脊，自有热气一道，骎骎而上。此督脉初开，通透之验也。"

养浩生曰："倘不得过此，更有何法过之？"

真人曰："宜令学者于静室中，仍前住息，使极武火烹炼，用意接引数十次，行十数遍后，方用右手食指掩住督脉，又以左手大指掩住玉枕，提气三十六口。或并足而端然立定，双手握固成拳，躬身，于前如揖状，后若游鱼摆尾三十六次。日行数次，自能通透。"

养浩生曰："督脉初开，开后又有何脉？"

真人曰："夹脊关也。"

养浩生曰："夹脊关在于何处？"

真人曰："此关在脊后第十八骨节，为夹脊中关也。"

养浩生曰："将开时有何证验？"

真人曰："此脉当将开难通之际，必其处如火之热，如蚁之缘，气至此处即止，此夹脊将开之验也。"

养浩生曰："倘不过此，更有何法过之？"

真人曰："宜令学者于深静室中，仍前住息，使②极武火驯炼，用意接引

---

① 上医本原为"阴"，墨笔改为"阳"。
② 上医本原为"便"，墨笔改为"使"。

数十次，行十数遍，后方令他人以手心擦热熨之。或更难通，躬身，左拳直出，右手叉腰，两足丁字立定，如勇士开弓状，往来摇动三十六次，自然通透。"

养浩生曰："夫脊开后，又有何关？"

真人曰："玉枕关也。"

养浩生曰："玉枕关端在何处？"

真人曰："在夹脊后第二十四节，为玉枕上关也。"

养浩生曰："将开时有何证验？"

真人曰："此脉将开未通之际，必于行功时，耳中闻松涛奔沸及骤雨之声，自下而上直抵玉枕。始无声，其气勃然若触，此玉枕关将开之验也。"

养浩生曰："倘不过此，更有何法过之？"

真人曰："宜令学者于深静室中仍前住息，使极武火驯炼，用意接引数十次，行数十遍后，方用双手相叉以覆顶，将脚踏实，以脚根徐徐捣之，仍闭息意领此气三四十次，自然通透。"

养浩生曰："玉枕开后，又有何关？"

真人曰："泥丸也。泥丸中为髓海，内有九宫，气到于此，为之补脑还精。倘玉枕关开后，气得到此，如雷轰上灌于耳。"

养浩生曰："倘不过此，更有何法过之？"

真人曰："宜令学者于深静室中仍前住息，使极武火驯炼，更以意领此气，循序渐渐降下，方得氤归元海也。"

养浩生曰："泥丸开后，又有何关？"

真人曰："任脉关也。"

养浩生曰："任脉在于何处？"

真人曰："任脉起于发际咽喉，属阴脉之海，下通丹田者也。"

养浩生曰："又有何诀引之？"

真人曰："宜令学者于深静室中仍前住息，使极武火驯炼，更以意领此气，下坠于元海中宫。倘气噎不下，是任脉尚未通透。急于行功时，运气至口成甘液时，分三口，用力以意坠下，如海中坠巨石一般。腹内自然辘辘然响声，是任脉开通之验也。"

养浩生曰："任脉开后，又有何关？"

真人曰："此关开后，已是氤归元海，周流不息。盖由尾闾上升泥丸，谓之'肘后飞金晶'。由泥丸而下降中宫，谓之'真炁归元海'。所谓归根窍、复命关、贯①尾闾、通泥丸也。此关开后，更无别关也，所谓小歇肩也。而不得歇肩者，始基于此焉。"

养浩生曰："何谓不得歇肩者始基于此？"

真人曰："盖前此碌碌岁月，孜孜关窍者，盖为采取大药而设也。今既前后开通，正宜铸真剑，使元气不失，方能摄彼真阳，延我促景。"

养浩生曰："敢问铸剑果是何剑？"

真人曰："此剑非同金铁，在人身中，能变能化。常人以之戕生，至人以之固命。且法名延年必得延年之药。既有延年之药，倘无摄药之具，药自不得，年何得延？夫人一身，耳目口鼻于采药时俱不能用，必借此以为采取之门。名此为剑者，剑盖能斩截。又剑者，兵象也，凶器也。善用，则我能覆彼之阵，兼能制彼之势；不善用者，则覆彼者，彼反覆我也，制人者，我反见制也。故谓之剑也。"

养浩生曰："果以何法铸之？"

真人曰："须于此剑挺生时，用左手握定，撮紧谷道，用鼻极力提之，每次提百数，方前作静功。"

养浩生曰："必至何时方为灵验？"

真人曰："初则刚时展出如常，柔则缩入无迹，斯为小验。后则不止缩入，且于刚时而能吸酒，此为大验。"

养浩生曰："此后又当何如？"

真人曰："自此以后，又当用药水洗沐，使其雄健刚猛。"

养浩生曰："洗用何药？"

真人曰："宜用甘草、当归、官桂、地骨皮、大茴香、木通、露蜂房、蛇床子八味各五钱，莲衣、瓦松、砖末、青核桃皮、秋皮五味各一刃，蟾酥一钱。共为粗末，用水六碗，煎至五碗。热洗一钟茶时，日洗三次，每洗后行气三十余次。行气时须要运所积之气直至剑首，如此三十余遍。将剑举发，用左手紧握剑根，右手打左右腿各八十八。又将剑顶用手抚摩，不计其数。如此月馀，其剑自然灵异，方为有用。"

---

① 上医本原作"头"，墨笔改为"贯"。

养浩生曰："剑既灵异，又当何施？"

真人曰："当选鼎器也。"

养浩生曰："鼎以何者为佳，方能入选？"

真人曰："鼎以蜀土为上品，燕魏之分为中品，西洛长安为下品。余浮淫之地更宜择之，仍以红线九寸度过鼎颈，其线满必剪去余者。将此线折停中心，自左耳或有量过鼻尖者，可以采三峰之药，未及者灵药未成，契合者乃金丹之鼎。凡眉目清秀，骨肉匀称，语言条畅，切忌淫恶、粗糙、枯稿，尤忌十病。"

养浩生曰："十病为何？"

真人曰："一黄发蝇面，二身黄口臭，三腋气粟质，四雄声恶气，五鬓发无功，六眼精邪视，七肌体黑暗，八口大头高，九颊尖齿露，十努目瓮鼻。凡此十种，皆无真药，自此以外，又忌九漏。"

养浩生曰："何为九漏？"

真人曰："一育子堕胎，二冷露淋漓，三阴隧恶秽，四双行右乳，五柴骨瘤疾，六痔漏肠崩，七阴宫冷气，八青捆瘿瘤，九距足跛腹。凡此九种，皆无真药，自此以外，又有五恶。"

养浩生曰："何为五恶？"

真人曰："其一曰埋，谓牝户如螺纹旋入也。其二曰鼓，谓卷头绷急如鼓也。其三曰孜，即石女也，只能通水不能交合也。其四曰角，卷头尖峭，形似角也。其五曰脉，经未足，或十四先行，或十六七始至，或不调，或全无。此五种亦无真药者也。"

养浩生曰："必何如方为美鼎？"

真人曰："宜选二八二七之鼎，好八字者，又要合五千四十八刻气数。须令黄婆用茄灰或桑灰铺地，令鼎去裈蹲灰上，黄婆用皂角极细末少许，以鹅管吹入鼎鼻内，其鼎必嚏，后视灰窝聚散，如灰不散是真鼎器，如散则破败不中用也。"

养浩生曰："鼎器已备，将何施为？"

真人曰："除先天鼎外，再选后天坤鼎，二十以外未曾孕过者数具。于静深室中，鼓动我剑，敲动彼情，行九浅一深之法。内存住胎息，运动辘轳，令我在下，彼反在上，自己默记遍数。心存'生死'二字，不可纵逸狂猿，倘真阳微有动意，疾便住功，猛提气十数口，咽津三口，呵气三口，又咽津三口。再行辘轳四五百息，仍前又行鼓荡。如此三遍，住功去鼎，当独自调息，内运真功数十遍，方无滞气，不作他患。"

养浩生曰："此功当行多少时候？"

真人曰："无甚时候，直行到夜易千鼎不能走失，吸得入，吐得出，方为神妙。"

养浩生曰："既至妙境，又当何等作为？"

真人曰："便好采药也。"

养浩生曰："采药有限量乎？"

真人曰："有限①量②，大约因人之年以为之限。凡自三十以至四十岁者，六十四日一采，余时养火；自五十以至六十岁者，四十九日一采，余时养火；自七十以至八十岁者，三十六日一采，余时养火。"

养浩生曰："采时有何作用？"

真人曰："凡自三十以至四十岁者，不患后天不足，惟患先天有亏，止宜补亏。预令黄婆选先天鼎，调和纯熟。于深静室中，屏去杂人，两两解衣，以剑徐徐入鼎，慢慢搊动，直俟顶头觉有热气，鼎口冷滑。此为药生之时，须正心诚意，停住身子，下撮谷道，上提鼻息二十余口。随即运动辘轳，俟真炁过尾闾、升泥丸，入口化为甘津。其甘比常时甚异，分三口咽下，送入中宫，推开鼎器，用滋味调理，学者方入室行火功。"

养浩生曰："五十以至六十者有以异乎？"

真人曰："凡自五十以至六十岁者，后天微觉不足，先天则甚不足，不止补亏，亦宜补血。预令黄婆选先天经脉正旺之鼎，调和纯熟。于深静室中，屏去杂人，两两解衣，以剑徐徐入鼎，慢慢搊动，直候剑头觉热，鼎③口冷滑。此为药生之时，须正心诚意，停住身子，下撮谷道，上提鼻息二十余口。觉药过尾闾，方运动辘轳，上升泥丸，入口化为圆珠粒，形如黍子，红若丹色。先须备下热酒一钟，乳香一钱④为末，搅匀酒内，送下真药珠儿，

---

① 上医本原无"限"字，墨笔添加。
② 上医本原有"则"字，墨笔删去。
③ 上医本原为"气"，墨笔改为"鼎"。
④ 上医本原作"一线"，当为"一钱"之讹。

方推开鼎，用滋味调理，学者方入室运火功三日，此为补血也。三日未竟，预令黄婆选先天不该经期之鼎，再如前采一遍，方为补气，再行养火。"

养浩生曰："七十以至八十有以异乎？"

真人曰："凡自七十以至八十者，先后二天固皆不足，然先天则几于涸矣。法宜先补气，中补血，后又补炁。盖老年筋骨枯槁①，关窍阻碍，先使真气冲融关窍，滋润中宫，方随补以至药，又随浇培真炁，如此三补，方为完足。预令黄婆选先天有炁鼎，调和纯熟。入深静室中，屏去杂人，两相解衣，以剑徐徐入鼎搧动，直俟剑头觉有热气，鼎口冷滑，此为药生之时。须正心诚意，停住身子，下撮谷道，上提鼻息二十余度。觉真炁入于剑中，随即运动辘轳，俟药上升泥丸，入口化为甘津，其甘异于常时，分三口咽，送入中宫。方推开鼎身，用滋味调理。学者方入室运火功三日，后又补血；又运火功三日，后又补炁。浇培如前，方静养火候，以成完美。"

养浩生曰："先后二天果有以别乎？"

真人曰："先天者，未赋此形，先禀此气，乃我祖窍中之一点阳。设此气有亏，则耳目不能视听，手足不能运动。后天者，乃既禀此炁，随有此形，乃我肉身中一点阴。设此炁有亏，则血肉消烁，脏腑崩摧。故后天者，血也，液也，补必以类，所以必需先天经旺之鼎也。先天者，非血非液，补亦以类，所以必需先天含炁之鼎也。经旺之旱②，人所易知，至于含炁之鼎，自古及今未有知者，止于补血，罔知补炁，所以后天易补，先天难补，盖不知又有一种先天含炁鼎也。"

养浩生曰："敢问含炁鼎，含者何炁？"

真人曰："此诀祖师今古不传，于今时为尔言。含炁鼎者，于选早中，选鼎之更清秀者，预授以胎息积炁功夫。诱彼行将百日，如饮食倍长，颜色弥倩，是其中积有真炁也。方照前采补，以行养火功夫。"

养浩生曰："敢问养火，有法则否？"

真人曰："有法则，或有单用静功养者，或有静功兼用三田补炁养者，或有行静功时用三峰二十四品洗培养者。总之视人法财多寡，以为增损也。"

---

① 上医本原作"枯槁"，当为"枯槁"之讹。
② 尤需注意，上医本中之"旱"，上图本中多作"旱"，均指鼎而言。整理本暂仍其旧，后类此现象不再出注。

养浩生曰："敢问何为静功养火之法？"

真人曰："首宜减除睡眠。盖睡眠之际，气耗神昏，走失大药。次宜戒绝葱、蒜、韭、薤、姜、葡及一切辛辣动火发气之物。次宜戒言语走动，然后依十二时调养其火。"

养浩生曰："请问十二时火候。"

真人曰："按周天度数，一日有十二时，共一百刻，子午二时各十刻，余十时各八刻。人之一呼一吸为一息，自漏初下至漏终，共该一万三千五百息。一时该一千三百五十息。子午二时每时各十刻，一刻该一百二十五息。余十时每时各八刻，每初刻该一百四十八息，余七刻各该一百四十六息，此十二时火候数也。"

养浩生曰："设子时如何养火？"

真人曰："凡子时起火，宜令学者入深静室中，闭目塞兑，半饥半饱，宜者①香盘果。是子时刻初即便调外息一百数，务令微和柔缓。调毕，即舌抵上腭，勿令口鼻之气微有出入，共一百二十五息，使真胎息之火，自夹脊上泥丸，入口化为甘津，咽下重楼绛宫，以意送入土釜。然后又调外呼吸二十五息，调毕，即舌抵上腭，勿令口鼻微有出入，共一百二十五息。使真胎息之火，自夹脊上升泥丸，入口化为甘津，咽下重楼绛宫，以意送入土釜。然后又调外呼吸二十五息，调毕，舌抵上腭，勿令口鼻之气微有出入，共一百二十五息，使真胎息之火，自夹脊上升泥丸，入口化为甘津，咽下重楼绛宫，以意送入土釜。然后又调息二十五息，调毕，舌抵上腭，勿令口鼻之气微有出入，共一百二十五息。使真胎息之火，自夹脊上升泥丸，入口化为甘津，咽下重楼绛宫，以意送入土釜。又调息二十五息毕，舌抵上腭，勿令口鼻微有出入之气，共一百二十五息，使真胎息之火，自夹脊上升泥丸，入口化为甘津，咽下重楼绛宫，以意送入土釜。又调息二十五息毕，舌抵上腭，勿令口鼻之气微有出入，共一百二十五息，使真胎息之火，自夹脊上升泥丸，入口化为甘津，咽下重楼绛宫，以意送入土釜。又调二十五息毕，不必舌抵上腭，住一百息，方行丑时初刻火也。"

养浩生曰："丑时又当如何行火？"

---

① 此字原疑为"采"，墨笔删改为"者"。

真人曰："凡丑时火候，于子时住息一完，即便调息十九息。调毕，舌①抵上腭，勿令口鼻之气微有出入，共一百四十八息，使真胎息之火，自夹脊上升泥丸，入口化为甘津，咽下重楼绛宫，以意送入土釜。又调十九息，调毕，舌抵上腭，勿令口鼻之气微有出入，共一百四十六息，使真胎息之火，自夹脊上升泥丸，入口化为甘津，咽下重楼绛宫，以意送入土釜。又调十八息，调毕，舌抵上腭，勿令口鼻微有出入，共一百四十六息，使真胎息之火，自夹脊上升泥丸，入口化为甘津，咽下重楼绛宫，以意送入土釜。又调十八息，调毕，舌抵上腭，勿令口鼻微有出入，共一百四十六息，使真胎息之火，自夹脊上升泥丸，入口化为甘津，咽下重楼绛宫，以意送入土釜。又调十八息，毕，舌抵上腭，勿令口鼻微有出入，共一百四十六息，使真胎息之火，自夹脊上升泥丸，入口化为甘津，下重楼绛宫，以意送入土釜。又调十八息，调毕，舌抵上腭，勿令口鼻微有出入，共一百四十六息，使真胎之火，自夹脊上升泥丸，入口化为甘津，咽下重楼绛宫，以意送入土釜。又调十八息，调毕，不必舌抵上腭，单行住息一百四十六息，方行寅时初刻火也。"

养浩生曰："寅时又当如何行火候？"

真人曰："凡寅时火候，于丑时住息一完，即便调息十九息。调毕，舌抵上腭，勿令口鼻微有出入，共一百四十八息，使真胎息之火，自夹脊上升泥丸，入口化为甘津，下重楼绛宫，以意送入土釜。又调息十九息，调毕，舌抵上腭，勿令口鼻微有出入，共一百四十六息，使真胎息之火，自夹脊上泥丸，入口化为甘津，咽下重楼绛宫，以意送入土釜。又调十八息，调毕，舌抵上腭，勿令口鼻微有出入，共一百四十六息，使真胎息之火，自夹脊上升泥丸，入口化为甘津，咽下重楼绛宫，以意送入土釜。又调十八息，毕，舌抵上腭，勿令口鼻微有出入，共一百四十八息，使真胎息之火，自夹脊上升泥丸，入口化为甘津，咽下重楼绛宫，以意送入土釜。又调十八息，调毕，舌抵上腭，勿令口鼻微有出入，共一百四十八息，使真胎之火，自夹脊上升泥丸，入口化为甘津，咽下重楼绛宫，以意送入土釜。又调十八息，调毕，不必舌抵上腭，单行住息，勿令口鼻微有出入，共一百四十六息，使

---

① 上医本原作"古"，当为"舌"之讹。

真胎之火，自夹脊上升泥丸，入口化为甘津，咽下重楼绛宫，以意送入土釜。又调十八息，调毕，不必舌抵上腭，单行住息，勿令口鼻微有出入，共一百四十六息完，方行卯时沐浴功夫。"

养浩生曰："卯时沐浴又当如何？"

真人曰："夫昼夜行功，虽饱真炁，然必须后天略加滋培，方无饥馁之患。当使学者于静室功夫一完，即便击小木鱼一下，护关者即办随时，或荤或素，茶饭决不可用辣辛及油腻太甚与太难克化硬物、生冷物与之。学者即启园中隙门接食，决不可食宿物，亦不①可言，虽有大事②、不能得③己事，只可以笔代言。食时当慢慢细嚼，徐徐咽下，念念不可离中央土釜。少吃茶汤以节便溺，盖便溺多亦能走洩真气故也。食毕，即微微呵气，三口一咽，行二三十次。摩腹，左三十六，右三十六。方垂帘塞兑，行辰时火也。"

养浩生曰："辰时火候当如何行？"

真人曰："如卯时沐浴工夫一完，即便调十九息。调毕，舌抵上腭，勿令口鼻微有出入，共一百四十八息。使真胎之火，自夹脊上泥丸，入口化为甘津，咽下重楼绛宫，以意送入土釜。又调十九息，毕，舌抵上腭，勿令口鼻微有出入，共一百四十六息。使真胎息之火，自夹脊上升泥丸，入口化为甘津，咽下重楼绛宫，以意送入土釜。又调十八息，调毕，舌抵上腭，勿令口鼻微有出入，共一百四十六息。使真胎息之火，自夹脊上升泥丸，入口化为甘津，咽下重楼绛宫，以意送入土釜。又调十八息，毕，舌抵上腭，勿令口鼻微有出入，共一百四十六息。使真胎息之火，自夹脊上升泥丸，入口化为甘津，咽下重楼绛宫，以意送入土釜。又调十八息，毕，不必舌抵上腭，单行住息共一百四十六息。使真胎息之火，自夹脊上升泥丸，入口化为甘津，咽下重楼绛宫，以意送入土釜。又调十八息，毕，不必舌抵上腭，单行住息，共一百四十六息，使真胎息之火，自夹脊上升泥丸，入口化为甘津，咽下重楼绛宫，以意送入土釜。又调十八息，调毕，不必舌抵上腭，单行住息，共一百四十六息，使真胎息之火，自夹脊上升泥丸，入口化为甘津，咽下重楼绛宫，以意送入土釜。方行巳时火候也。"

① 上医本此衍一"不"字，删去。
② 上医本原无"事"字，墨笔添加。
③ 上医本原无"得"字，墨笔添加。

养浩生曰："巳时火候，又当何如行？"

真人曰："凡巳时火候，于辰时火功一完，即便调息十九息，调毕，舌抵上腭，勿令口鼻微有出入，共一百四十八息。使真胎息之火，自夹脊上升泥丸，入口化为甘津，咽下重楼绛宫，以意送入土釜。又调息十九，调毕，舌抵上腭，勿令口鼻微有出入，共一百四十六息。使真胎息之火，自夹脊上升泥丸，入口化为甘津，咽下重楼绛宫，以意送入土釜。又调十八息，毕，舌抵上腭，勿令口鼻微有出入，共一百四十六息。使真胎息之火，自夹脊上升泥丸，入口化为甘津，咽下重楼绛宫，以意送入土釜。又调十八息，调毕，不必舌抵上腭，单行住息一百四十六息。使胎息之火，自夹脊上升泥丸，入口化为甘津，咽下重楼绛宫，以意送入土釜。又调十八息，毕，单行住息一百四十六息。使真胎息之火，自夹脊上升泥丸，入口化为甘津，咽下重楼绛宫，以意送入土釜。又调十八息，毕，单行住息一百四十六息。使真胎息之火，自夹脊上升泥丸，入口化为甘津，咽下重楼绛宫，以意送入土釜。又调十八息，调毕，单行住息一百四十六息。使真胎息之火，自夹脊上升泥丸，入口化为甘津，咽下重楼绛宫，以意送入土釜。方行午时火也。"

丹亭卢真人广胎息经卷之六

延年部二　大采补

火功

养浩生曰："午时又当如何行火？"

真人曰："凡午时火候，于巳时火候一完，即便一百息。调毕，舌抵上腭，勿令口鼻微有出入，共一百二十五息。使真胎息之火，自夹脊上升泥丸，入口化为甘津，咽下重楼绛宫，以意送入土釜。又调二十五息，毕，不必舌抵上腭，单行住息一百二十五息。使真胎息之火，自夹脊上升泥丸，入口化为甘津，咽下重楼绛宫，以意送入土釜。又调一十五息，毕，即舌抵上腭，勿令口鼻微有出入，共一百二十五息。使真胎息之火，自夹脊上升泥丸，入口化为甘津，咽下重楼绛宫，以意送入土釜。又调二十五息，调毕，不必舌抵上腭，单行住息一百二十五息。使真胎息之火，自夹脊上升泥丸，入口化为甘津，咽下重楼绛宫，以意送入土釜。又调二十五息，毕，即舌抵上腭，勿令口鼻微有出入，共一百二十五息。使真胎息之火，自夹脊上升泥丸，入口化为甘津，咽下重楼绛宫，以意送入土釜。又调二十五息，调毕，不必舌抵上腭，单行住息一百二十五息。使真胎息之火，自夹脊上升泥丸，入口化为甘津，咽下重楼绛宫，以意送入土釜。又调二十五息，毕，即舌抵上腭，勿令口鼻微有出入，共一百三十五息，使其胎息之火，自夹脊上升泥丸，入口化为甘津，咽下重楼绛宫，以意送入土釜。又调二十五息，毕，单行住息共一百二十五息，使真胎息之火，自夹脊上升泥丸，咽下重楼绛宫，以意送入土釜。又调二十五息，毕，舌抵上腭，勿令口鼻微有出入，共一百息，使真胎息之火，自夹脊上升泥丸，入口化为甘津，咽下重楼绛宫，以意送入土釜。然后方调未时火也。"

养浩生曰："未时火候又当何如？"

真人曰："凡未时火候，于午时火候一完，即调十九息。毕，舌抵上腭，勿令口鼻微有出入，共一百四十八息。使真胎息之火，自夹脊上升泥丸，入口化为甘津，咽下重楼绛宫，以意送入土釜。又调十九息，毕，舌抵上腭，勿令口鼻微有出入，共一百四十六息。使真①胎息之火，自夹脊上升泥丸，入口化为甘津，咽下重楼绛宫，以意送入土釜。又调十八息，毕，不必舌抵上腭，单行住息共一百四十六息。使真胎息之火，自夹脊上升泥丸，入口化为甘津，咽下重楼绛宫，以意送入土釜。又调十八息，毕，单行住息共一百四十六息。使真胎息之火，自夹脊上升泥丸，入口化为甘津，咽下重楼绛宫，以意送入土釜②。又调十八息，毕，单行住息共一百四十六息。使真胎息之火，自夹脊上升泥丸，入口化为甘津，咽下重楼绛宫，以意送入土釜。又调十八息，毕，单行住息共一百四十六息，使真胎息之火，自夹背上升泥丸，入口化为甘津，咽下重楼绛宫，以意送入土釜。又调十八息毕，单行住息共一百四十六息。使真胎息之火酝酿中宫，方行申时火候也。"

养浩生曰："申时又当何如行火？"

真人曰："凡行申时火候，于未时火候一完，即便调息十九。调毕，舌抵上腭，勿令口鼻微有出入，共③一百四十八息。使真胎息之火，自夹脊上升泥丸，入口化为甘津，咽下重楼绛宫，以意入土釜。又调十九息，毕，不必舌抵上腭，单行住息一百四十六息，真胎息之火，自夹脊上升泥丸，入口化为甘津，咽下重楼绛宫，以意送入土釜。又调十八息，毕，不必舌抵上腭，单行住息共一百四十六息。使真胎息之火，自夹脊上升泥丸，入口化为甘津，咽下重楼绛宫，以意送入土釜。又调十八息，毕，不必舌抵上腭，单行住息共一百四十六息。自夹脊上升泥丸，入口化为甘津，咽下重楼绛宫，以意送入土釜。又调十八息，毕，舌不抵上腭，单行住息共一百四十六息。使

---

① 上医本原作"其"，当为"真"之讹。
② 上医本原作"上釜"，当为"土釜"之讹。
③ 上医本原作"其"，墨笔改为"共"。

真胎息之火,自夹脊上升泥丸,入口化为甘津,咽下重楼绛宫,以意送入土釜。又调十八息,单行住息共一百四十六息。使真胎息之火,自夹脊上升泥丸,入口化为甘津,下重楼绛宫,以意送入土釜。又调十八息,毕,单行住息共一百四十六息。使真胎息之火,自夹脊上升泥丸,入口化为甘津,咽下重楼宫,以意送入土釜。方行酉时沐浴火候也。"

养浩生曰:"酉时沐浴火候又当何如?"

真人曰:"夫昼夜行功,虽饱真炁,亦须后天滋培,方无饥馁之患。功夫一完,即便击小木鱼子,护关者即办,或荤或素。茶饭决不可辛辣及油腻太甚与太难①克化硬物、生冷物。学者即启寰中隙门接食,与同卯时一样,但此时食完,须于寰中徐行百步,后端坐,略瞑目一歇,候行戌时火也。"

养浩生曰:"戌时火功又当如何?"

真人曰:"凡行戌时火功,如酉时沐浴功夫一完,即便调息十九。调息毕,舌抵上腭,勿令口鼻微有出入,共一百四十八息。使真胎息之火,自夹脊上升泥丸,入口化为甘津,下重楼绛宫,以意送入土釜。又调十九息,毕,不必舌抵上腭,单行住息共一百四十六息。使真胎息之火,自夹脊上升泥丸,入口化为甘津,咽下重楼绛宫,以意送入土釜。又调十八息,毕,单行住息一百四十六息。使真胎息之火,自夹脊上升泥丸,入口化为甘津,咽下重楼绛宫,以意送入土釜。又调十八息,毕,单行住息共一百四十六息。使真胎息之火,自夹脊上升泥丸,入口化为甘津,咽下重楼绛宫,以意送入土釜。又调十八息,毕,单行住息共一百四十九息。使真胎息之火,自夹脊上升泥丸,入口化为甘津,咽下重楼绛宫,以意送入土釜。又调十八息,毕,单行住息共一百四十六息。使真胎息之火,自夹脊上升泥丸,入口化为甘津,咽下重楼绛官,以意送入土釜。又调十八息,毕,单行住息共一百四十六息。方行亥时火也。"

养浩生曰:"亥时火候又当何如?"

真人曰:"凡行亥时火功②,于戌时火候一完,即便调十息。调毕,不必舌抵上腭,单行住息共一百三十息。使真胎息之火,自夹脊上升泥丸,入

---

① 上医本原作"太极",当为"太难"之讹。
② 上医本原作"火工",依上下文例改为"火功"。

口化为甘津，咽下重楼绛宫，以意送入土釜。又调十息，毕，单行住息共一百四十息。使真胎息之火，自夹脊上升泥丸，入口化为甘津，咽下重楼绛宫，以意送入土釜。又调十息，毕，单行住息共一百五十息。使真胎息之火，自夹脊上升泥丸，入口化为甘津，咽下重楼绛宫，以意送入土釜。又调十息，毕，单行住息共一百六十息。使真胎息之火，自夹脊上升泥丸，入口化为甘津，咽下重楼绛宫，以意送入土釜。又调十息，毕，单行住息共一百七十息。使真胎息之火，自夹脊上升泥丸，入口化为甘津，咽下重楼绛宫，以意送入土釜。又调十息，毕，单行住息一百八十息。使真胎息之火，自夹脊上升泥丸，入口化为甘津，咽下重楼绛宫，以意送入土釜。又调十息，毕，单行住息共一百九十息。使真胎息之火，自夹脊上升泥丸，入口化为甘津，咽下重楼绛宫，以意送入土釜。又调十息，毕，单行住息共二百息。使真胎息之火，自夹脊上升泥丸，入口化为甘津，咽下重楼绛宫，以意送入土釜。方从新行子时火候也。"

养浩生曰："各时火候不同何也？"

真人曰："自子时至巳时为六阳时，故用舌抵上腭，使真液上行，以结阳丹也。然而历一个时辰，则增一分阳炁，故采六阳时各自不同也。自午至亥为六阴时，阴气旺则当养阴，故不用舌抵上腭，单使真炁上行，以养阴丹也。然而历一时辰，则增一分阴气，故养阴六时，亦有不同也。"

养浩生曰："阳炁，谓之养火，此理固明也。然采阳时，入口化为甘津，亦谓之火，此理果何说也？"

真人曰："津固是水，然因一点真息方有此津。真息是火，津自息中而有，是火向水中而生也。且药寄土釜，本是一点纯阳所结。当六阳时，阳炁充盛，设无此点真息阳水灌溉，则其火太旺，故又必借真液之水也。其实水亦火也，无分别见。"

养浩生曰："如此功夫当行多少日程？"

真人曰："当依前法，凡自三十岁以至四十岁者，当养火六十四日。自五十以至六十岁者，当养火四十九日。自七十以至八十岁者，当养火三十六日。盖少年火多至旺，使养火不久，则恐真药难伏；老年药衰而火戢，倘养火太久，又耽采药，日程所以各有多寡也。"

养浩生曰："既得真炁足以补益，而又如是运火何也？"

真人曰："真炁难得，然止一点，且补有血气之殊，设无火功，必不运化，必无灵验，所以必需火功也。"

养浩生曰："火候有图验乎？"

真人曰："有。有《周天火候之图》。"

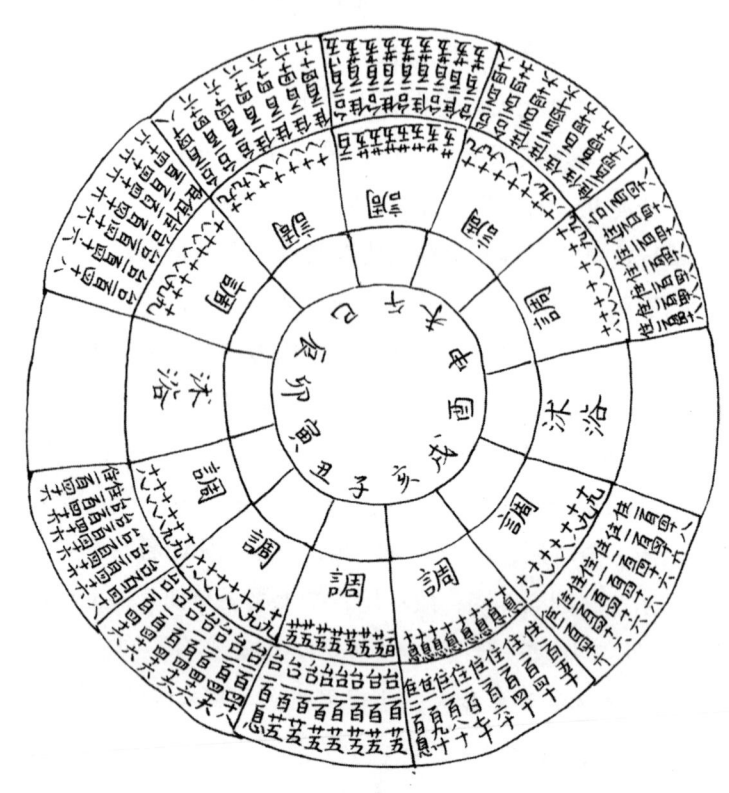

周天火候之图

延年部三　小采补养火

总论

养浩生曰："静功兼用补炁养火者，果何等法也？"

真人曰："补养有三等，上补自鼻，中补自脐，下补自灵柯。"

养浩生曰："请问补当何先？"

真人曰："先补下田。盖下田乃生育之根，阴阳造化之所。门通九窍，位统八极，又谓之命门，又谓之玄门，又谓之昆仑顶，异名甚多，未可悉纪。盖此内炁满，自然呼吸顺序，荣卫流通，三焦快利，体健①神灵，遇寒暑而可耐，于疾病不生。一有亏损，反是也。故修行之士，既得真药，欲行补炁之功以养火候，先须补此下田。古云：'固脐灵根精不洩，自然衰老反童颜。'且人之一生一死，一出一入，皆由此径。一出则气散，气散则死；一入则气聚，气聚则生。故补炁养火之法，自下田始。下田补气之功，必造橐籥，然后行功。此橐籥以白金打造，须令良匠制造如法，上节稍厚，下节微薄，状如牛角，但小头细处随玄门大小造之，要不过五寸为则，造毕收藏听用。"

养浩生曰："次当补何田？"

真人曰："次当补中田。盖中田者，中部脐轮也，乃生身受炁之门。脉络贯通之府，内蕴三百八十四铢之真精，中藏一百八十丈之元气。呼则接天根，吸则接地户，昼夜有一万三千五百息于此往来。一名生门，一名炁海，实胎元受炁之根蒂也。若人之此气无亏，则五脏调和，四肢舒畅，纵有小疾，不疗自愈。一或有亏，则反是也。所以补炁养火之功，亦要补其中田。古云：'脐轮炁满无亏损，神住长生命不倾。'又曰：'炁补丹田三百日，管教不死寿彭年。'盖脐轮煖则无病，寒则疾生。且世以附子为膏，封脐，则小水能使不频。以冰片作饼围脐，则死亡可以立至。以外之寒热相攻，则内之消息自应。且艾火熨脐，尚获补益，况阴阳同类进炁者乎？况丹田原有真炁，因外之真炁透入，内外交感，其气烘然化生，如火逢火，则其焰愈炽。故中田补炁，橐籥亦用白金制造，形如小鼓，两头平正，其中空虚，须是造作如法，方为妙合。"

养浩生曰："次当补何田？"

真人曰："次当补上田。盖上田者，上部脑宫也。一身之灵宗，百神之命窟，津液之川源，精魄之大海，故名曰混元。泥丸宫，乃人之神宅也。若人脑炁不亏，则丰姿鲜采，耳目聪明，鬓发黑润，神炁完全，或冒风寒，亦

---

① 上医本原作"键"，当为"健"之讹。

无脑痛。或脑气一亏，则反是也。故人之修生，亦要补脑，古云：'若要长生不老，除非还精补脑。'且补脑之法，原自不一，有习静搬精上升而补脑者；有如前御女采阴，逆水上流亦曰补脑者；有取男女精血而补者；有取首经头乳而补者。凡此之法，如用得其法，皆可延年。至若上田补炁，乃使龙虎递相传度，是以炁补炁，自然津液日生，精魂日旺。此橐籥亦用白金制造，形如新月，中间空虚，两头中间俱要留孔，造毕收用。"

养浩生曰："请问进炁养火之方。"

真人曰："亦照前。自三十以至四十岁，于养火六十四日之中，每三日一进。每日于子、午、卯、酉四时中进，余时温养火候。通共该进炁二十次，除二日不进，后二日不进。凡自三十以至四十者，于该进炁第一次子时，披混元衣，坐逍遥椅上时，下田橐籥，在手温熨，将帐幕放下，侣伴击木鱼三下，呼青龙鼎三具入。主者为内，坐于床幕之东。又击木鱼四下，唤白虎鼎三具坐于床幕之西。使龙不见虎，虎不见龙。六人各与数珠九枚，持龙虎，气息平和。侣伴击木鱼五下，令主者知之。将下橐籥，送入玄关可一寸许，但客进深入，亦可将橐籥放于木擎上，不高不低。先唤一龙至帐前，就地铺坐下。次令主者，将下田橐籥，隔帐透出，即令青龙口噙其橐，徐徐呵气一口，投数珠一枚于铜器内。主者听响，急撮谷道，用力提气上升。候第二口、三口，皆同。每龙呵三口毕，遂退去，却唤白虎三具，亦如前呵气。毕退去，俱着闭目养气。主者遂逍遥椅平卧床铺上，将双膝竖起，后①将中田橐籥安于脐上。令龙虎呵气，次第亦与下田一般，但不用力提气，唯默调呼吸而已。中田呵毕，主者起身，仍归逍遥椅，将帐放下。又补上田法，皆同功。完方击木鱼一下，令龙虎各回本房。主者依静养火工调火，此第一日火候进气法也。"

养浩生曰："第二次又用何法进气？"

真人曰："第二次亦用青龙鼎三具，白虎鼎三具，但每鼎各与数珠十五枚，每田每人各进气五口，其他法种种皆同。"

养浩生曰："第三次又用何法进气？"

---

① 上医本原作"右"，当为"后"之讹。

真人曰："第三次亦用龙虎鼎各三具，但每鼎①各与数珠二十一枚，每人各②进炁七口，其他种种皆同。"

养浩生曰："第四次又用何法进气？"

真人曰："第四次亦用龙虎鼎各三具，但③每鼎各与数珠二十七枚，每人进气九口，其他种种皆同。"

养浩生曰："第五次用何法进？"

真人曰："第五次亦用龙虎鼎各三具，但每田每人各进炁十一口，各与数珠三十三枚，其他种种皆同。"

养浩生曰："第六次用何法进？"

真人曰："第六次亦用龙虎鼎各三具，但每鼎各与数珠三十九枚，每田每人进炁十三口，其他种种皆同。"

养浩生曰："第七次如何进？"

真人曰："第七次亦用龙虎鼎各三具，但每鼎各与数珠四十枚，每田每人进炁十五口，其他种种皆同。"

养浩生曰："第八次如何进？"

真人曰："第八次亦用龙虎鼎各三具，但每鼎各与数珠炁④十一枚，每田每人进气十六口，其他种种皆同。"

养浩生曰："第九次如何进？"

真人曰："第九次亦用龙虎鼎各三具，但每鼎各与数珠五十七枚，每田每人进气十九口，其他法亦同。"

养浩生曰："第十次如何进？"

真人曰："第十次亦用龙虎鼎各三具，但每鼎各与数珠六十三枚，每田每人进炁二十二口，其他法亦同。"

养浩生曰："第十一次进炁又将何如？"

真人曰："第十一次进炁亦用龙虎鼎三具，每鼎各与数珠六十三枚，每田每人进炁二十一口，其他法种种皆同。"

---

① 上医本原无"鼎"字，墨笔添加。
② 上医本原无"各"字，墨笔添加。
③ 上医本原无"但"字，墨笔添加。
④ 疑此"炁"当为某数字（四或五）之讹。

养浩生曰:"第十二次进炁如何?"

真人曰:"第十二次亦用龙虎鼎三具,每鼎各与数珠五十七枚,每田每人进炁十九口,其他种种皆同。"

养浩生曰:"第十三次进炁如何?"

真人曰:"第十三次亦用龙虎鼎各三具,每鼎各与数珠五十一枚,每田每人进炁十七口,其他种种同。"

养浩生曰:"第十四次进炁如何?"

真人曰:"第十四次亦用龙虎鼎各三具,每鼎各与数珠四十五枚,每田每人进炁十五口,其他法种种同。"

养浩生曰:"第十五次进炁如何?"

真人曰:"第十五次进炁亦用龙虎鼎各三具,每鼎各与数珠三十九枚,每田每人进炁十三口,其他法种种同。"

养浩生曰:"第十六次进炁如何?"

真人曰:"第十六次进炁亦用龙虎鼎各三具,每鼎各与数珠三十三枚,每田每人进炁十一口,其他法种种同。"

养浩生曰:"第十七次进炁如何?"

真人曰:"第十七次进炁亦用龙虎鼎各三具,每鼎各与数珠[①]二十七枚,每田每人进炁九口,其他法种种同。"

养浩生曰:"第十八次进炁如何?"

真人曰:"第十八次进炁亦用龙虎鼎各三具,每鼎各与数珠二十一枚,每田每人进炁七口,其他种种同。"

养浩生曰:"第十九次进炁如何?"

真人曰:"第十九次亦用龙虎鼎各三具,但每鼎各与数珠十九枚,每田每人进炁五口,其他法种种同。"

养浩生曰:"第二十次进炁如何?"

真人曰:"第二十次亦用龙虎鼎各三具,每鼎各与数珠九枚,每田每人进炁三口,其他法种种同。"

养浩生曰:"其午卯酉三时又当如何?"

---

① 上医本原作"教珠",当为"数珠"之讹。

真人曰："倘进三田皆补，止于子时一进足矣。如单进中田，则于午、卯、酉三时，如前进炁，是三田工夫，俱尽在一田中用也。余法皆同。"

养浩生曰："自五十岁以至六十岁者，又当如何进炁？"

真人曰："凡自五十岁以至六十，于养火四十九日数中亦每三日一进，共十进。先十九日饮无根酒，每日三四瓯。至第一次亦用龙虎鼎各三具，每鼎各与数珠二十七枚，每田每人进炁九口。第二次与数珠三十六枚，每田每人进炁十二口。第三次与数珠四十五枚，每田每人进炁十五口。第四次与数珠五十四枚，每田每人进炁十八口。第五次与数珠六十三枚①，每田每人进炁二十一口。第六次与数珠六十三枚，每田每人进炁二十一口。第七次与数珠五十四枚，每田进炁十八口。第八次与数珠四十五枚，每田进气十五口。第九次与数珠三十六枚，每田进炁十二口。第十次与数珠二十七枚，每田进炁九口。其余工夫同。"

养浩生曰："自七十以至八十岁者，又当如何进？"

真人曰："凡自七十以至八十岁者，于养火三十六日数中亦每三日一进，共十进。其先三日饮无根酒，不行进炁功夫，后三日同。中三十日，每遇进炁日期，亦先饮无根酒方进气。自第一次以至第十次，与五十以至六十岁者同法。"

养浩生曰："三进之中以何为最？"

真人曰："三进之中，以中进为最。盖上进自鼻通之于脑，恐进药不辨呵呼，寒气袭脑，误入实甚。下进自灵柯，柯内通五脏，亦透诸经络，恐学者关窍未至灵通，其气一进，盗骨肉间，致生气包，陷人不浅。惟兹中田其入也甚易，其进也无虞。盖此处本聚气之所，倘药真，亦易招摄；倘药不真，则彼中原有真气，亦不太累于人。所以中进之法，妙于他进多也。"

养浩生曰："倘有学者遇诸病魔，此法能活否乎？"

真人曰："一切病魔皆以中进炁治之，兼用静功，不百日自皆痊愈。此皆中上下三田进炁养火之诀，全备于此也，子其勉之。"

---

① 上医本原作"数"，依上下文例改为"枚"。

延年部四　小采补二十四品

总论

养浩生曰："敢问小采补养火，果何诀也？"

真人曰："小采补者，盖三峰二十四品法也。夫蓬莱仙境，有上中下三峰，各产灵药，能益遐龄。上峰产昆仑芝草五品，中峰有白玉芝草五品，下峰有铅池芝草一十四品。此二十四品神药，乃真仙驻命延生之妙药。人身四大中亦有三峰妙药，奈其藏而不露，故上古至人，独创玄微，各以同类之药摄取吞饵，续已残之躯，跻神圣之域。其法品固各异，药亦不同，乃至神至圣之宝，与草木金石不同类者，大不相侔也。"

上峰五品

养浩生曰："请问上峰五品，果有何名？"

真人曰："上峰至药居于混元昆仑之中，取法当择年纪清秀，口鼻端正，鬓黑体腻，言语清润者为先。一名天庭至宝，二曰鹊桥仙丹，三曰白鹤灵芝，四曰寒林玉树，五曰双琼液。各有取法，各有招摄。"

第一品天庭至宝

养浩生曰："敢问上峰第一品天庭至宝，果用何法招摄？"

真人曰："天庭至宝者，乃纯阳之药，其色紫红，形如绿豆粒，在鼎天庭眉间，其中有一物如钱大，红斑紫色。以乳香一钱试之，置于天庭上一时久，取于水中，见一半熟红，乃有丹也。如未则不可取，强则非止于身无益，必损鼎也。其丹若青色、黄色、黑色者，不可服，服之杀人。法以鸿鹤等翎，于夏至交节分气之时，先于未交节时，袋缚了鼎，候至正时，以鹤剑吹气于鼻中三次，其丹自降。如未，再用脑沙少许，剑尖吹之，须臾随喷而降，左右共得九粒。自己先嚼乳香一块，作津液将入口吞之，不得便咽。想天门开地户闭半时，嚼乳香，细漱八十一口，分九口咽下，以无灰好酒送之。次运静功，存神合炁，照前静功火养服此丹，则精神壮，气液全，坚骨髓，悦容色，生异骨，去风气。"

第二品鹊桥仙丹

养浩生曰："敢问上峰第二品鹊桥仙丹，果何法招摄？"

真人曰："此丹乃铅汞轻清之气凝结不住，飞于脑上，乃纯阳之极处。不能见于面，在天庭之上，天中之际。形如凤雏，色如皂①角子大。取下，其色紫，势欲飞去，便当服之。得者长生，留形住世，无寒暑，驱百病，令人神清气爽，意欲凌空，可得长生，寿七百岁。取法：当取寅年寅月寅日寅时之鼎，乃五虎团会之时。先用子丑时贴火龙膏，须令鼎心净，方可贴。至寅时初，便睡其处。如邜②转转红高是丹。朝也以温水洗去药痕，候正当时以九光剑逆之，以角瓶子吸出，溞入鸡子壳内。用鸡子清室纸封固，以自身抱满四十九日，足面东南，开之。先嚼乳香一块，作津与丹一同服。后用无灰酒送下，行前静功火候。"

火龙膏：

用阳起石、全蝎等分为末，加巴豆油、龟精，知③为粳稀，摊绢为膏贴。

九光剑：

用竹削成剑，如韭叶状，涂乳香，火上炙九次。用右法，如贴火龙膏不睡，即非此丹，乃天庭至宝也。候再取。

第三品白鹤灵芝

养浩生曰："敢问上峰第三品白鹤灵芝，果何法招摄？"

真人曰："此丹乃纯阳之药飞鼎中经藏久者，取出如弹丸大，外白而内班

---

① 上医本原作"龟"，似当为"皂"之讹，径改。
② 疑当为"卯"。
③ 疑"知"字有误，此句意当为调制如米粥状。

红，头内外如飞鹤之项[1]。人服之不死，去多年痼疾，壮元阳，益精炁，若取之得服，可寿八百岁。取法：当于夏至日，先缚了青龙，令酢以青凤剑刺其鼻，弹之，遂出其宝。入酒一合许或一盏搅匀，微微饮之。先嚼乳香一块，同饮，次以无灰酒送下，照前火功静养。"

青凤剑：

用青竹一片，好酒，同当归一分，细辛一钱，川芎[2]一钱，酒一升，入大器内煮之，取出焙干，勿令焦了。去根留两边留中心，露杆子剪成形长六寸，入鼻中二寸七分，其丹自落。女人服之，延年益寿。

真人曰："又一法，用好鼎二七，相期首轻初降之后，两弦之间，令鼎先服缚龙索一服，与之调戏，待其情动，即将宝剑插入炉中，连吸数次，徐徐从左送下。但觉丹田极热，将剑取出，运辘轳三口，复以剑插入。交股而卧，常常吸之。将鼎睡觉，或战不战任人，决不可洩阳。得此炁者，老容复少，衰体坚刚。每用三鼎，替换行持，则不失火候也。"

缚龙索：

用胡茄花（即天茄）、蓣苍、天仙子（一方有红娘子）等分为末，每服一钱，温酒送下。服之，良久不醒，任行采取。此一法下部工夫，似非上峰也。录以备采。

第四品寒林玉树

养浩生曰："敢问上峰第四品寒林玉树，果何法招摄？"

真人曰："此丹乃精髓之秀物，铅汞二炁方生此宝。出于泥丸，其色青白，淡光净洁，形如唾沫，甘美可爱。生元神，壮元阳，坚筋骨，目秀神清，若服此丹，寿五百岁。取法：春三月皆可取。其鼎亦额有碧落紫纹分明横竖者，是其验也。取十八九、二十两者，于寅时，缚了。惟卯者，将芦管吹青凤剑一字吹左鼻中，须臾流出其宝于清泪出中[3]。先嚼乳香一块，同此药

---

[1] 疑"项"为"顶"之讹。
[2] 疑当作"川芎"。
[3] 疑"出中"为"中出"的倒错。

漱八十一口，咽下，方行静功火候。"

剑药：

用蔓陀子、天仙腾子、火精草、苦瓜蒂，各等分为细末，每服一字。

第五品双环① 琼液

养浩生曰："敢问上峰第五品双环琼液，果用何法招摄？"

真人曰："此丹乃五谷之精化而成药，二炁循环于身中，生于舌下二窍，穿头五脏百骸。味甘，色青，白如泉水，吸而饮之，终身不渴，光润肌肤，不生痈疖，久久服之，寿六百岁。取法：先于子时前，用涌泉汤令鼎服之，其鼎浓睡与戏，方取其舌下之精津，满口漱咽，分四十九口，更于伊鼻中吸取清气四十九口，方照前行静功火候。"

涌泉汤：

用百药煎二两，人参四两，生姜半斤，焙干为末，白梅同生姜捣为膏子。取时用末一钱，同膏半匙，水一盏，银铫化服。

真人曰："一法又云，液者，华池之神水，铅池之玉液也。如欲采真铅，先择无丑恶之鼎，必于两弦之间，待其浊脉将尽，清气始生之时，将鼎抱于怀中，调戏情动，乃哄说'与你一丸香药噙着，待交战极美，还吐于我'。即将丁香丸用口度入鼎口内，却与交战，行存缩拍吸闭之法，即三五七九法是也。勿令走洩精炁。但觉鼎声娇颤，舌冷面赤，津液流荡之时，抱住鼎颈，口鼻相对，彼呼我吸。即教吐还前药，就连鼎口内津液并吞入腹。下用龟头频频吸之，上吸鼻气，中吸铅池，觉畅美便即休歇，方行前静功火候。"

丁香丸：

用丁香、缩砂、苓陵香、茴香、甘草、人参各等分，面糊为丸，如丁香大，每用一丸噙之。

养浩生曰："此上峰五品中，以何者为最？"

---

① 上医本原无"环"字，依上下文补出。

真人曰："皆为最，但双环琼为易取，且令①时人用之者多。彼四为难，不若就易而去难，又不可不知也。"

中峰五品

养浩生曰："请问中峰五品，果有何名？"

真人曰："中峰至药，居于绛宫，出自有时。出则为后天，藏则为先天。欲得先天之妙，必需外药酝酿，真炁逆上中峰，变成至宝，补延甚多。其名一②曰白虎丹头，二曰伏虎真精，三曰金粟仙丹，四曰蟠桃仙酒，五曰美金花丹，各有取法，各有招摄。"

第一品白虎丹头

养浩生曰："敢问中峰第一品白虎丹头，果何法招摄？"

真人曰："此丹妊而初生，铅汞已结，首生所出之物。感十月胎气，色白，上有金线千条，味甚甜美，服之坚经络，驻颜色，固气壮神，久服换骨作金，寿七百岁。取法：用首生儿乳汁和捻出得一升许，以无灰酒半钟，沙蜜三两，乳香半两，同入银铫内，热至三分剩一取出。入脑射三钱，研烂搅匀，分作四分，于四正时微微咽下，各行前静功火候，方煮糯米粥补之。又一法，用十六至十八未曾经产之鼎，待其红雪之后，三十时中求之。临睡用好酒调药一钱，先与鼎服，待子时方与鼎交战。乐极畅美之时，两手于乳上揣着，有两饼子大，如铜钱硬手者即药。先以手频频摸弄，后以药故自己口中，如取蟠桃一般迎乳吮之。形如玉色，又与豆粉相似，其味甘美。或鼎不肯服药，只说解上焦热药。倘服之，便教他睡，若彼不睡，自己决不可睡，只用手于乳上频频弄之，审看至子时前后，觉早有乳香方可与战。两手紧提两乳，手勿放下，倘铅池神水先降，就以口向乳猛咂一口，闭息咽下，送归丹釜，行前静功火候，此又名曰白虎中丹。临采时先与催丹药服之，口中噙蟠桃酒之药。战时须谨慎，勿令走泄。内运真火制之，得此药入腹，其汞自

---

① 疑"令"当作"今"。
② 上医本此字原为"二"，墨笔改为"一"。

干不洩，永保长生。"

催丹药：

用朱砂、丁香、桂心、蝎稍等分为末，每服一钱，食后临睡热调服。

又方二味散：用朱砂、人参各五钱，共为末，闭息咽下，遂行久。

第二品伏火真精

养浩生曰："敢问中峰第二品伏火金精，果用如何招摄？"

真人曰："此丹乃男子精气之华，女人魂魄之本。凡丹砂结不住，则真水流注，溢入中峰，其色深红，而微带金星浮上如银。味甘，服之，无寒暑，去痼疾，不饥渴，壮神炁。得而服之，寿可千岁。取法：用八月十五日戌时缚了虎，至亥时涂灵龟膏子于上峰上如手火①许，以酒调玄霜解一服与吃。至子时以温水洗净二峰，以口哂之，饱食为度。行前静二②火候。此法十八、九两鼎皆可用。"

灵龟膏：

用首生初尿，以银器盛一升许，入重汤，煮成膏子，以银器盛了，后用时涂豆许。

玄霜散：

用桑上眼芽子燃晒干一合许，漏多甘草各一两，兔蹄子一双，八月采，烧灰存性，共为细末。每服二钱，煎射香调下。其丹主降，此法须择十五至十八之鼎，其间变化不一，或如弹子者，或如饼子者，或散而无形，或聚而有体，此乃丹砂之妙用也。若结而有形，取之有状，鼎器完全者，用手按中峰，如两球子或与鸡子相似，要在红信之后，三十时外，用催药一钱与鼎之。更以好酒饮焉，令其大醉，将手时常弄乳，乳觉软，方与之战。常以巳口温鼎口，觉有冷意，即下手。若如火热，乃是双峰之气相朝，急

---

① 疑此"火"为"大"之讹。
② "静二"，疑为"静功"之讹。

使机巧哄诱，用口就乳猛吸之。如得其物，遂用酒半盏，闭息咽下。方照前行静功火候。

第三品金粒仙丹

养浩生曰："敢问中峰第三品金粒仙丹，果如何招摄？"

真人曰："此丹乃虎心欲动，未曾正配，朝夕思念，而生此丹。凝结中峰，重重如聚米大，金色，味甘，服之寿五百岁。取法：用十六七两鼎，二峰光洁，上有紫色，又揣二峰有隐隐核。以七八月间择三合日戌时与迎金散一服，亥时涂灵龟霞子于二峰上，须臾如糊垂下。至子时以温水洗之，以口呡焉，左右有八粒如草裹金沙子。先嚼乳香一块，同药嗽咽，以无灰酒少许送下，方行静功火候。"

迎全散：

用兔粪一两，车前子、甘草、千针草等分半两，焙干为末，每服一钱，射香酒调下。

灵龟霞子：

中秋用蟾五个，先于地上开坑养蟾三日，令净拭之，入盘。以苦竹叶盖头，以针刺其眉，凡四十九次止。刺毕，去蟾，取竹叶上酥，以银盒盛之，听用。

又法：

取金粟大丹，用怀孕四五月者，先以安胎药与鼎服之，后方采，但恐欲火逼胎，子母或有伤损，医书载有明禁。欲修真仙，损人利已，太不可也。

第四品蟠桃仙酒

养浩生曰："敢问中峰第四品蟠桃仙酒，果用如何招摄？"

真人曰："此丹必择十四五两真正无瑕女子，不肥不瘦，唇红齿白，发黑肉腻，聪俊美巧。先用黄婆调理三月，早晚服调经药各一服。如果经调，各与回经返乳汤服之，夜间着黄婆不可令其伸脚睡，或铺或床脚头安一物阻之。黄婆夜间频频唤其名，不可容鼎熟睡，恐梦寐中洩其药也。伸脚睡，恐药随意散。早晚中三时教鼎行坐功法，令其蟠脚坐定，闭目存神，提气二百二十口，着力往上提吸，如忍大小便状①，每日三次不可间断。至半月或二十日，看女子眉心有红影，两乳肿胀，即其效验，乃药生之时，即与催乳药服之，不三四日即有酒也。当用纸帐剪一孔间断女子颜色，就树饮之。②服此一次，延年一纪，服十次，永保长生。但初服时，第一二口切宜吐而勿咽，药力太峻，恐难承当，第三四口徐徐咽下，不可太急，服后酣醉，昏睡一昼夜，藏于密室避风去处。其体出汗如涎，此万病皆从毛孔中随汗而出也。凡有男子妇人，不论老幼诸疾，或痨瘵、瘫痪不能动止，或沉疴痼瘵、肿毒、痔漏久不愈者，或筋骨痿解不能起床，或寒食、疝气，头风、口眼㖞邪，半身不遂及夜出盗汗、遗精、梦遗、吐血、咳嗽、痰火、三十六种风、十膈五噎、七情六欲、女子血气不调、不能孕育、崩漏带下，一切万病无不可治。未服蟠桃酒，当先寻下首生男子一女乳妇。倘服此渴甚，不可饮汤水，止服此妇乳，过二三日，药力过渴，即止也。"

调经药：

用人参四两，抚芎四两，净熟地黄四两，酒浸七日，捣成膏，瓦上晒干为末。秦当归四两，酒浸七日。去头尾白芍药四两，米泔水浸。香附米二两，米泔水浸一日后，用好醋又浸二日，为末。右俱为细末，用无灰酒、飞罗面为丸桐子大，空心酒下五十丸。如女子不饮酒，白滚汤下，后服酒半钟为妙。忌鱼、牛肉、羊肉并蒜辛辣之物。试鼎颜色可美，经水可准，定要调准，乃为大事。

回经返乳方：

用熟地黄四两，制法如前。王不留行，酒浸晒干。川山甲二十二片，用灰火炮过为末。白茯苓五分，去皮大粟子一两，净捣膏射香二钱。共为细末，酒糊丸桐子大，每空心酒服三十丸，食后三十丸，晚三十丸。

---

① 上医本原作"壮"，墨笔改为"状"。
② 此句原文如是，文意不甚畅通，似有讹误。

催乳方：

用通草二两，川山甲六片，炮猪悬蹄七个，炮苦葫芦二两为末。当归二两，白芍二两，人参五钱，王不留行五钱，用磁罐煎浓汁，入酒少许，方与女子一盏催之。

又一法，凡采蟠桃酒，于二八月两弦之间，天癸月满之中取之。先于临卧，饱食后须以好酒调追风散一钱，与早服后，更以好酒饮之，务要大醉为妙。即与同睡，用手频于乳上摸着，其中硬块散。不散自己口中先吮药一钱，与早先战，急以口就着乳着力吮之，即时取下，鲜红如烂桃相似，遂用己口中之药，随液闭息咽下，行前静功火候。

追风散：

用甘草、磁石、桑铅、花大力子、兔丝子等分为末，每服一钱，温酒下。

噙药：

用枯白、礬柳、木虫、朱砂、薄荷、甘草、漏芦、丁香、药铅、花白头翁、兔前蹄烧灰等分为末，炼蜜丸樱桃大，每噙一丸，同蟠桃酒咽下。

又方追蟠桃酒诀：

用天冬三钱，王不留行六钱，川山甲三钱，面炒黄为末，蚂蚁子二钱，鹅管石三钱，共末。经前三日与服，每二三钱，先饮酒一钟，猪蹄送下，一日三服。又方：单用鹅管石末一钱，猪蹄汤肉送下。

又一方，用川山甲二钱，王不留行鲜者，阴干为末，黄蚁邜[①]三钱，用猪牙蹄食之。连食六日后，用酒调药一钱五分为率，好酒送下，常用梳刮四十九下，一日二次或五七次，自有酒也。

又一方，穿山甲夹酥黄为末，兔前蹄一双，酥炙为末，王不留行、龙退炒为末，车前子、大力子、腊月兔粪、江猪后蹄一双，合为细末，造羹与鼎服之。三日、七日用梳刮乳上，不拘早晚，每梳四十九下，日久有乳，用口咂之，咂出肉珠儿，如烂桃相似，勿吐出，随口中津液咽下。

---

① 疑"邜"当为"卵"。

第五品美金花丹

养浩生曰："敢问中峰第五品美金花丹，果何如招摄？"

真人曰："此丹亦中峰至药，降于信后三十时中，天癸丹满之际，察其面色，须要如法，方有此金花。用前蟠桃酒法取之，随行静功火候。

"或有谓首生儿第二乳五升，入童便及好酒各一钱，一处搅匀，于日晒干，金花凝结，片片如花，其色海红，为美金花者，或亦有理。"

养浩生曰："中峰五品，当以何者为最？"

真人曰："当以蟠桃仙酒为最。其他非不妙，但或取之甚难，或取而碍鼎害理，似于①修真家相反。不若蟠桃酒，直率简易，且不大悖理，似可取用，以为清修一助云。"

广胎息经卷之六终。

---

① 上医本原作"似乎"，疑为"似于"之讹，径改。

丹亭卢真人广胎息经卷之七

延年部五

下峰一十四品补炁养火

养浩生曰:"敢问下峰一十四品,果有何名?"

真人曰:"下峰元府至药,其鼎须龙虎炁全,无有少漏者,乃用心依法采取,方为至妙。其名一曰首经至宝,二曰先天真炁,三曰刀圭玄珠,四曰水中银丹,五曰浮信真精,六曰金砂至宝,七曰红雪灵液,八曰水中金丹,九曰玄霜降酒,十曰龙精凤髓,十一曰水乡金铅,十二曰火珠大丹,十三曰混元大丹,十四曰碧王仙桃。各有取法,各有招摄。"

第一品首经至宝

养浩生曰:"敢问下峰第一品首经至宝,果何如招摄?"

真人曰:"此丹乃下峰之宝药也,为诸药之祖。识之者能返老还童,有至灵至圣之异。人多嫌为污秽之物乃素[①]之,殊不知有归根复命之功。且人元气失调,五脏亏损,倘服草根木叶,间亦能功效,何况自本自根之气血乎?《悟真篇》曰:'竹破还将竹补宜,药逢气类方成象。'又曰:'白虎首经为至宝。'夫气血至衰,必须补以血气之药,终能返老还童。取法:须择五千四十八数端正完好之早,要在红黑初降之初,乃为首经之宝。若在两弦

---

① 疑"素"当作"弃"。

之中而降者则可也，过月圆降者尤妙。须预备新瓦盆一个，以丝绵一叶铺于盆上，盆再铺松花五寸厚，取接初降真金，以茶匙拣去松花，以仙酒闭息咽下，不可言语。更莫疑难，但服一次，延年一纪，实为接命之至宝也。方行前静①功火候。"

第二品先天真炁

养浩生曰："敢问下峰第二品先天真炁，果何招摄？"

真人曰："此丹乃阴中至阳之药，点化阳中之阴，纯阳不死，夺五千正气出于琴弦之上，形如枸杞，色甚鲜红，味甘而滑，表里透澈。服之精不泄，气自固，神自安，颜如童子，形若飞禽，饮酒不醉，能御十女不倦，乃大丹之苗，仙圣之种也。取法：候早天癸初来之夜，其丹自降。第一夜丑时降于牝户一寸三分，名曰琴弦。天癸初来一日上旬同第二夜天癸来时来。第三夜子时，现出其丹，如赤豆大。第四夜丑时现，第五夜亥时现，第六夜子时现。取之者，舍此已往，即无丹也。采取须于成时，复遣仙酒一钟。至时先嚼乳香一块，作津液，手扪牝户之上，令清水流液，可以手抚拍之。先选鼎二八以上十八以下，未经漏者与之交合，行九浅一深之法，候十分有六分情动即端坐，吞下丹砂入元海中，令气自然出一时②，候气匀，闭息行功。"

又一方，用五千四百八数完，早行其天癸天际，面赤耳热，四肢沉困，脐服渐痛，此形乃癸降时也。急须下手，取剑插入炉中三寸许，缓缓良久，待其阳气升时，急急吸之，嗽津咽下。如此三次，即时丹田火发，升上泥丸，咽下重楼，香如甘露，美赛酸醐，入聚中宫，结为至宝。按二法以后者为简妙可行。"

第三品刀圭玄珠

养浩生曰："敢问下峰第三品刀圭玄珠？"

真人曰："此丹亦名碧玉仙桃。乃因铅汞交感而成胞胎，其子在母腹，呼吸元精之气，结成至宝，色紫红，若弹，味甘，类桃仁。得九粒服之，不饥

---

① 上医本原作"净"，依上下文例改为"静"。
② "一时"二字文意似有不畅。

渴，无寒暑，令人不死，久视长生，为陆地仙。取法：乃孩儿口中可含血片，又而不食，往往有之。以乳香吞服，子午时服，后行净①功火候。又见今人以手摘妇人阴中血为刀圭玄珠，恐伤人，决不可行。"

第四品水中银丹

养浩生曰："敢问下峰第四品水中银丹，果何法招摄？"

真人曰："此丹又名华池神水，男鼎女鼎俱有之。女鼎乃逐潮而降，落华池牝户之内，金色，味甘。若人服之，返老还童。取法：用童女或已经匹配者，皆可采。经行后过三日至第四日，其水黄色，以桃花剑吸之，以酒送下，方行净功火候。"

桃花剑：

用上色金二两，打成筒子，长七寸，圆头，头上七孔。

男早：

用青酒一斤者与开锁一中②，令其服。须更加童便一钟，降此宝。澄去清水，于灰池内，以纸吸干。用射香一块，细嚼，用药服下，方行功。

开锁酒：

用甘遂、小茴香、赤茯苓、葱白、白牵牛、木香共合一处，每味药五钱，槌细，温酒一升，煎至一钟，温服。

又法，名白虎真精，乃铅华之宝，生于中秋，淡黄如金色，味甘。取色味千八两③，早末④经洩漏者，以情引之，令情水涌渤，则用桃花剑刺入牝户四寸，吸之，以尽为度，用温酒漱咽下。

第五品浮信真精

养浩生曰："敢问第五品浮信真精，如何招摄？"

---

① 上医本原作"净"，依上下文例改为"静"。后依改，不烦出注。
② "一中"疑为"一钟"之讹。
③ "千八两"一语甚不可解，似有讹误。
④ "末"似当作"未"。

真人曰："此丹乃月华圣水，其色深红，取片片服之，益精血，壮炁神。取用首经第二次后，月月来者，以绵子收之，取片片酒化，先嚼乳香一块同服，后行功运火。"

第六品金砂至宝

养浩生曰："敢问第六品金砂至宝，果何法招摄？"

真人曰："此丹出在首经未及之时，亦名秋石。先以米饭开同后叶与服。服毕，用新瓦盆一个，盆底炙火，用硼砂半两，醋半斤，调涂盆底，以炭火炙，令尽择完早，早晚收之。临时盆底，绵绵十叶。如得叶，提起绵来看，上有红物，即以绢袋盛之。于密处沥去水，用白茯苓为末，和为丸，朱砂为衣，分为数服之。空心以壶中地酒服之，可致长生。"

服药，用缩砂、丁香、川椒、海带、大力子等分为末，令鼎每服五分。

又一法，用鼎天癸初来第二日与之交合，漏者以帛子缠之，取酒洗下，澄清下有形如金屑者，以乳香一块细嚼，以酒送下，行静火候。一法名王乳金砂。

第七品绛雪灵液

养浩生曰："敢问第七品绛雪灵液，果何法招摄？"

真人曰："用未经匹配之鼎，先令交合数次，候天癸一来，尽化石榴子状。持一粒搅酒令匀，同乳香细嚼服之，久久颜色如童。"

第八品水中金丹

养浩生曰："敢问下峰第八品水中金丹，果何法招摄？"

真人曰："此丹乃真阴至精之药，信后初降一二次者佳，信退而取者非也。又名火结金丹，又非[①]信中大丹。是首经初成，刀圭之气，清浊未分之时，乃与交战。用言语巧哄，待其情动，黑气初退降红之时取。形如豆大，红色。即以龟吸之，后用地酒和朱砂闭息吸之，方行净功火候。"

第九品玄霜绛酒

养浩生曰："敢问下峰第九品玄霜降酒，何法招摄？"

[①] "非"字文意不通，似当为"曰""名"之类。

真人曰："此丹乃月华气降，二炁朝合变化而有此药，形如骨髓，色如朱砂、桃花之叶，味甘。服之能去诸病，壮血益气，添精补神，服长生，为陆地仙。取法：未经匹配者，浮信来时，与之交合。又用帛承接，以酒洗下，用乳汁半盏，同搅令匀，煖服。其色散如桃花，片片泛转于酒上，方行净火。"

第十品龙精凤髓

养浩生曰："敢问下峰第十品龙精凤髓，何法招摄？"

真人曰："此丹乃真阴真阳之大药，金丹之苗裔也。用一片之鼎，天癸发行之后三十时中，用意交战。先要温存情顺，暗将灵药丸随龟送下。先着一妇人于交处，预备一盏，以油纸一张，涂酥在上，急将二炁收入盏内，连将油纸盖之，勿令泄气。闭息三咽，送入丹府，方行净火。此药虽微，亦乃难得，全用调和，攻战得法，一能采得，亦长生之助也。"

灵丸药：

用朱砂、雄黄、乳香等分为末。白茯苓面为丸，临时暗送交处。

第十一品水乡真铅

养浩生曰："敢问下峰第十一品水乡真铅，果何法招摄？"

真人曰："此药乃三十时后铅池之真精也。战而凝出，用地酒和而饮之，亦名火后红铅，乃刀圭之佐药也。内有两窍，因刀圭气散，随圭丹气出，务在三十时中求之。如太过不及，则失节也。其形如豆大，其色如圭丹。取法[1]：用两指插入牝户，左右隐隐搅，其有形，即用指甲取之，得之粘手，即是药也。急吞下，以神水沃之，更加地酒半盏，用朱砂五钱，闭息咽之。此为刀圭之余气，得饵之后，改形换骨，亦延年大药也。"

第十二品火珠大丹

养浩生曰："敢问下峰第十二品火珠大丹，果何如招摄？"

真人曰："此丹乃阴阳交合造化之物也。与混元之气不同。人者弃而不

---

[1] "法"字依上下文例补出。

用，不知其妙也。宜择完全之早，于信后三十时调合情动。先用新瓦盆底，上用硼砂、雄黄等分为细末，以好酒调涂，下用炭火炙之。散尽，用乳香汤半盏，投入人参、白头翁、覆盆子末于其上。与早战，极情收意美之时，汞降铅地，结成珠子，即令早蹲坐盆，用力一努，其物即下，凝于①盆中，形如鸡卵，粉红色，名曰火珠大丹，与草木之药不同。急吞之腹，加以地酒，和而饮之，方行静功火候。倘其盆不见所坠之物，止有如桃花片者，为神白雪也，即以朱砂、松香为丸，空心好酒送下，此养精养炁之药也。"

第十三品混元大丹

养浩生曰："敢问下峰第十三品混元大丹，果何用如招摄？"

真人曰："此丹乃还元复命之药。门户多端，经书总不言细微，是以行之少效，取笑旁观。今乃开洩天机。大丹者，元精也，元祖也，始胎也，为圭丹之总要。须择十九以下、十四以上血炁完全之鼎，取之冬至后寅时为正丹，取之正月上寅日为碧王仙桃。凡种丹时，先要与早情浓意切，尽意交欢，使铅汞滋育，混合成胎，攒于绛宫，以三元九候共合四十五日。临睡用熟酒调催药一钱，与早服之。至子时，令早蹲坐，以磁盆择之，用力一努，其丹即降，形如鸡子，粉红色，名为混元大丹。可急取以好酒吞之，或用地酒、朱砂吞下，闭息送归丹府，方行净火功候。"

催丹至药：

用桑根皮、磁器、棘针叶、铅花、阳起石，各等分为末，每服一钱，空心热酒调下。

一方用头生胎衣，其色青紫，或纯白尤佳。取向长流水洗净，入大器或瓦瓶内。用酒好②二升，人参、白茯苓、木香、金花、胭脂等分，脑射各一钱，右同入前瓶内，重蜡纸封口，干乾惨③地上深掘三尺五寸，埋之八十一日，取出开饮，馨香无比，人间未有。服之百日，返老还童。此名混元大丹。

---

① 上医本原作"子"，当为"于"之讹，径改。
② "酒好"，似为"好酒"倒错。
③ 上医本原文作"干乾惨"，当有讹误，疑为"于乾位"。

第十四品青龙真精

养浩生曰："敢问下峰第十四品青龙真精，果用何法招摄？"

真人曰："此乃紫府丹头，乃混元大丹也。用青龙十六两者，与白虎相近，不可令交，令人引戏其阴阳，右手接青龙玉茎进退，须臾其丹即降一粒。以银器盛之，如豆大，光明可爱。以乳香一块先嚼，同药酒送下，方行静火。此下峰第十四品。大药全具于此也。"

养浩生曰："此十四品中以何者为最？"

真人曰："首经者为最，余次之。大抵此十四品中有不能行者，又有不可行者，须于用时斟酌，不可强行。"

养浩生曰："此法可常行否？"

真人曰："大约此《延年》三卷经书，譬之兵图阵诸，虽能复人巨敌，然终属不得已而用之之凶器。倘恃此而常行，终非要道，为何也？盖内存胎息，此无二至真之道矣。或衰年残质，气功难进，必用大采补以为添油助焰之法。或恐此点真炁寒销，故外用三日小补以温暖之，内用二十四品助药以灌溉之，皆道中之助也。如或身旺炁健，又何用此？倘有一等邪淫俗汉为泥夫，夫此是地狱种类，不能上进。譬之自恃能兵善战，日寻干戈，未有不自覆[①]自杀者也！子其识之。"

延年部六

今时同类外药开后

养浩生曰："间有同类外药者能奏效者，何也？"

真人曰："外药之妙，亦有奇功。大略以同类为上法，制草木为中，金石为下。其方散轶人间，宜一一采其验者录之。倘后世子孙有觅得一秘方者，算其一功。"

---

① 上医本原作"自复"，当为"自覆"之误，径改。

一混元神丹：

用紫河车一具，用头生男胎者，将竹刀刮去血丝，东流水浸洗，血尽为度，不可用手挠拓以损精神。将好酒一斤，白蜜四两，入磁器煮烂，去筋膜，听用。石莲子去心二两，芡实二两，仙灵脾二两，射香二钱五分，乳香二两，二味另研，右共为细末。用河车伴内，杵千余下，如桐子大。空心望东，瞑目叩齿四十九通，以温酒吞五十丸，静坐中时，咽津四十九口，双摩丹田，以热为度，愈久愈妙。此乃大筑基之药，学道之士，年老身衰，元阳耗散，真炁不生，服此三料，可以返老还少，颜如童子，入室下工矣。

一彭祖回阳固蒂归根延生法（并论）：

夫人禀阴阳而生天地之间，赖父精母血，两精相会，两炁相投，始结成胎。混沌犹如太极未分之初，然一炁杳然而分两穴，两穴之中分表里而产众穴。凡在母腹中四门俱闭，七孔不开，惟有脐带通于母之真炁，与母相连，犹如果寄枝生，接于母之真炁，母呼亦呼，吸之亦吸。此脐带乃人一身之根本也。十月气周，真炁满足，乃生产为婴儿，落地之时，剪断脐蒂，又恐脐门不闭感风，脐受患有伤婴儿真炁，遂以艾火熏蒸数次，外固脐蒂，内保真元。三年五载，渐长成人，四门俱开，七窍不闭，因七情六欲，五味、五音、五色将真性逃之于外，而真精至于逃散也。为人寄世，早年血气方刚，精神茂盛，初不自觉有疾病；及至四五六九之间，外被生冷煎炒之物，一切不正之炁伤于五脏六腑，乃或下元虚冷，或小肠疝气，或肚腹诸疾，以至五劳七伤，一切等疾，久而不愈，日久日深，以至于死。且一切草木，尚禀阴阳而生，故根壮则壮，根浮则烂，以至根叶干枯，其树乃死，再以土培水滋，其根复生。人生在世，最灵最贵，乃反不如草木之根犹回生。盖人受气之初，十月满足，降生之时，剪脐落地，就以艾火熏蒸，通于九孔八窍，保婴无患，及至年深岁久衰残精血，四肢受患，便有诸疾，反不知培根，乃忘本逐末，岂能保其长生？予今哀悯众生，广垂延生之法，其中药饼数味，按阴阳之配合，表君臣之运用，能培根固蒂，熏蒸四肢，滋润五脏，通达四肢，流行百脉，生精神，补血气，顺脉和中，安魂定魄，其中立妙祛邪补正之功，回生济死之力。若学者得此方，能依一年四季熏蒸①，久而行之，自能寒暑不侵，四肢轻快，身体坚牢，处世无疾。其中用药法度，乳香五分，没药五分，食盐一钱，五灵芝五分，夜明砂七分，射香一钱，右为细末，用射五分，装入脐内。次将射五分入众药内研匀，放脐上，用面作圈周围围定，将药放圈之内，槐皮盖之，将蕲艾作剂如弹大，放槐皮上火炙，一岁一丸，将药徐徐添上，四季熏蒸。日程春分、夏至、秋分、冬至。

一金锁思仙丹：

此铸剑固精之妙药。用莲花蕊十二两，净石莲子十二两，鸡头粉十二两为末，金樱子十二两，共捣碎煎膏为丸桐子大，每空心盐汤服三十三丸，服至一月，即不洩。纵交采，亦是清水。忌食车前子、葵菜、猪肉、羊肉。

一兴阳变化丹：

此铸剑刚坚卧炉取悦之法。用白头蚓十条，去土阴干，肉苁蓉五钱，猪龙十条，人龙十条，金葡萄子十个，雌雄石燕一对，火煅酒淬土猪三对，去翅足，右为细末，白芨水丸如桐子大，阴干。凡遇酒筵，香炉上烧一丸，满座老幼闻之，阳各兴举如铁，无所取用，聊助一笑。

一展缩方：

用龟头十对，猴骨五钱，入阴阳瓦内，桑柴、煅母、丁香三钱，紫霄花三钱，皮硝一两，木鳖子三钱，木香三钱，乳香三钱，蛇床子三钱，没药三钱，共末。煎滚热洗后净坐，提气并使阳举，提气一百余口。每日三洗三提，至半月其阳自缩入，再至半月自能吸酒，伸缩如意。此亦展缩之助药也。珍重。

一红铅接命方：

用无病室女月潮首行者为最，二次三次者为中，四次五次者为下，然亦可用。先以黑铅打作一器，如偃月冠样，俟月信来时，即以此具令老妪置阴

---

① 上医本原作"燕"，显为"蒸"之讹。

上，以绢帕兜住，接具起取，顷磁器内。再取，约有二三钟许，取沉底、红如朱砂者，此乃母氕，真铅也。其面有黄色浮起，此为癸水，即以棉纸轻轻拖去。却用极细白净好茯苓为末，用热水浮去木扎①，取沉底者，晒干，捣入红铅中。如和面，能多寡软硬，以意消息，打作薄薄饼子，阴干听用，不可犯铁器。干研成细末，以麻黄一大把，锉煎成极浓膏子，用棉然扭滤去楂②，入前末中，以成丸为度，丸录豆③大，外用。老坑辰砂极细末为衣，用银药罐盛之，黄蜡封口，每服五十丸，或七八十丸。服后，静坐无风处，略有微汗，是药性流行。倘服后发热作渴，此元氕处药性到也，须服乳汁数盏以止之。三日内，蔬食不可吃，油腻不可吃④，此药一年进二三次始妙。

一紫霞杯：

捡明净硫黄，不拘多少，打碎米粒大块，入小铜锅内，用好醋，徐徐添煮，文武三炷香。次又用豆浆水徐徐煮三香，待干取出，研成细末。入井花净水淘过，汗水听用。每碗三两，入乳香一钱，没药一钱，血蝎一钱，孩儿茶一钱，射香少许，先以制硫入锅溶化成汁。将起火时，入后药末略搅匀，倾入大酒杯内，一荡成酒杯样，待冷取出。此丹专治男子下元虚损，遗精白浊，阳痿不举，举而不振。妇人赤白带下，子宫虚冷，不受胎元及受而不实者，一切虚症并治。服此杯时，用小盒一个，盛粗糠在内，遇脱杯糠中入酒杯内，九分一盒，盖盖之。⑤次早空心，若杯破为末，每服一分，调酒下。倘年壮有虚火者，不宜服，服即死矣。

一接命丹：

治男妇血气衰弱，痰火上升，虚损之症。若左瘫右痪，中风不语，手足臂体疼痛，动履不便，饮食少进。甚用人乳二小钟，香甜白者为佳。再以好梨捣汁一酒钟，倾入银镞或锡器内，入汤锅，顿滚有黄沫起开青路为度，每

---

① "扎"，当即"渣"。
② "楂"，当即"渣"。
③ "录豆"，当即"绿豆"。
④ 疑此句抄文有遗漏，似当作"三日内蔬食，不可吃油腻，不可吃……"。
⑤ 此句上医本原文如是，似有讹误。句读皆权宜。

日五更后一服，大能消痰，补诸虚，生血延年。

一神雄丹：

先用糯米一斗蒸成饭，用神曲二十四块为细末，和匀入缸，发出酢酒，澄清听用。

每雄要明净鸡冠一斤四两，破为三四大块，用水淘去雄末，如此三次，晒干听用。

次用竹长一官尺，径粗一虎口，外去青皮，内去竹瓤，刮透止留竹标。将前雄块入筒内，或葛或绢帛，封扎筒口。再用锡作筒底，高三五寸，将锡口箱住严密，锡筒周围留针眼数个透气。悬胎倒安帛入锅内，徐徐添前酒煮之，酒尽成糠膏子。取出筒，冷定，取出雄，晒干，研极细末，听配。

次用飞面，不拘多少，入锅慢火炒黄色，听用。

次用真正生漆二斤，入铜锅内慢火熬去，用水画提锡，冷定。次将酒膏子雄漆三件共合一处，拌和揣成剂子丸，作桐子大，收讫。至月朔清辰，空心服一丸，一日三服；二日二丸，亦三服；三日三丸，四日四丸，五日五丸，俱早午晚三服，共十五丸，再不必添。初时上半月加至五丸，服到十五日止。至十六日加一丸，一服六丸，每日三服。十七日，再扣一丸，一服七丸，每日三服。下半月止服七丸，服三十日。至第二个月上半月上服七丸，日进三次，下半月九丸，日进三服。第三个月上半月，一服九丸，三服；下半月同，不须加也。至七日浑身脱皮一层，大者钱厚；一百日面若童颜，目如点漆，行走如飞；二百日鬓发黑，齿落生，目有夜光，明视数里，三年形神俱妙，与道合真。

一返魂浆：

歌云：返魂浆兮返魂浆，出在阴山与阳山。震地盖房前后隔，中央地内埋一缸。童男童女如数对，不多不少不令偏。新新粗竹用一节，雨头留节去皮光。一头红铅三十两，无铅之头立在缸。童男童女大小便，昼夜出入各一旁。男左女右分方位，缸口上面隔一墙。男女出入分内外，务要合式依仙言。童男十六身未破，女要十四合先天。调理饮食方为妙，腥膻葱蒜莫令尝。破气之物须谨忌，勿令萝蔔到口边。早晚米粥各一顿，午间内食正相当。男女务令出它外，恐有疏虞药不全。臭秽之中出香物，闻之味若意与兰。不多不少三百六，取出长流水内藏。水冲七月并七庭，房后阴吊悬皮干①。有铅之头莫摇动，无铅顶上竹钉锥。锥透一孔如豆大，倾出筒内返魂浆。瘫痨气蛊并噎疾，浆用一匙滴喉间。百病红炉火化雪，诸般虚损日消霜。假如老少初断气，喉间入点返魂浆。顶门上面拍一下，三魂归窍目生光。脐中再进先天炁，再饮一杯返魂浆。行住坐卧仍依旧，接命之法此为先。信受奉行休毁谤，妄言诳语堕无间。

一阴炼秋石：

用十三四岁童女，不食葱蒜秽物、牛狗胡椒之类，取便一担，分作七大缸，加井水一半，河水一半，注②满缸。外加草鞋煎水，每缸加五大碗，各缸用竹枝一把，至晚以竹枝如打靛相似，打得花开花谢方止。过一夜，早饭后，将缸内清水倾出，留浊者。七缸又并作六缸，如前打水花法，又并作五缸。直至并作一缸时，倾出清水，中有精液，如白脂相似，取出。以草鞋灰一堆平铺，上放棉纸十余张，将缸中白脂放纸上，自然拨干。其色白，其味淡，乃质存而味去，曰阴石。

一阳炼秋石：

十四五岁童子，亦如前忌物，取便一担入大锅，内加杏仁四两，桑皮半斤，大火熬至一桶，内放大灰烈山，下放大柴火。上下二火，煅得通红，全无烟起方止。去火冷定，取出锅内枯灰，为末听用。

将罩篱一个，上放薄绵纸十余张，放灰末填满，再加极滚水淋下，以瓦钵盛之，不可动，直淋得水淡方止。将小广锅一口，以砖石磨得如镜面。方用砖支定，下加火，慢慢徐徐入淋出清。一碗熬至干，方又加半碗，随熬随加，成白块，粘在铅上，略冷划下，研末如前。淋水又炼，总炼三次，其色洁白，取下听用。

将新瓦罐一个固济，将炼出白块入内，固济，入百眼炉，打火七香，

---

① 上医本原作"于"，据文意改为"干"。
② 上医本原作"主"，依文意改为"注"。

冷①定开取，成一块饼，白如蜡，坚如石，乃味存而质去②，名曰阳炼秋石。凡童男女，取便须与原味精制饮食月余，令其气血满溢，方有取用，如饮食淡薄，则取秋石不多。

一取无为油：

用蚌一个，至阴生时晴明夜，将蚌以磁碟盛之。又以大盆一个，碟放当中，看取天然真水满盆。其蚌预先漂尽，去其食汗泥方可取水，其水曰无为油，以新磁罐盛之，固口。

配药晒法，用阴秋石二两，阳秋石二两，研成末，入红铅一钱，再研一家，各不见形，加先天或后天乳汁四两，无为油二两，以大新磁盆盛之，用银匙搅极匀，以丝帛盖之，蜜置于高架，三五尺余。将盆放稳，以夏至日晒起，至中秋日夜止，逐月加铅一钱，乳汁四两，油二两。如加时取秋石研末，方入三味搅匀，仍前丝帛盖密，晒露日足，其秋石色如桃花，坚硬如石，其味甘美。研盒盛之，每服五钱，清晨滚水送下，久服延年，诸疾不作，效验非常。此乃神仙梯航，受之宜珍重。忌煎炒、鱼腥、油腻、火酒、椒姜辛辣之物；并鸡蛋③、栗子、芋头滞气之物，不利脾胃，使津液不能运化，凝结成痰，止宜淡味清心之物。

一太上接命丹：

用好早待经至，用白布或绢接便洗下，在磁器内预用。乌梅者，即乌梅④作浓汁，点之，其物自分，黄水浮上，去之不用。先用绿豆粉一升放碗内，盖帛纸三四层，倾红铅敢上，阳肝如墨，⑤收下听用，秋石取法前有。

每红铅一两，秋石一两，射脑各三分，同研一处，炼蜜丸，绿豆大。每服一丸，乳香酒下。欲服此药，先服锁金丹二十日，其精固而不洩，一度仍服固精药后丹服此药，为长生之诀。

---

① 上医本写作"令"，当为"冷"。
② 上医本原文如此，当为"质存而味去"之讹。
③ 上医本作"蚕"，当为"蛋"。
④ 上医本此作"鸟梅"，当为"乌梅"之误。
⑤ "倾红铅敢上，阳肝如墨"一句上医本原文如是，似有讹误。

一锁金丹：

用莲蕊四两，白龙骨四两，飞过复盆子一升，拣净鸡头子三升，去皮压作饼二枚，阴干。白蒺藜二斤，以水七升入银器内，煮之成水。去渣再煎，锡冷，炼白蜜二两，后入前药捣入，如桐子大。每服三十丸，空心酒下，兴阳固精，行功不失，每日每三次。又服太上丹，口渴不可饮茶，止饮蟠桃酒解之。

一解药鸡酥：

凡剑刚无任者，以此解之。用龙脑薄荷五斤，绿豆二升，滑石二升，水飞寒水石二升，火煅松香二斤，右用乌盆一个盖覆。将薄荷捣碎放盆底，周围盆口用布塞住，又用鸡子清调绿豆粉，封口置阳内，慢火熬一日，冷定取出，去热薄荷。照前，薄荷铺底，药放荷上，仍封固。蒸五次，每次用薄荷一斤，蒸毕，取出薄荷不用。将药加甘草一两，茸松、三奈、苓陵香各三两，与前药和匀，炼蜜丸，芡实大，每服一丸，嚼化凉水送下，神效。

一天魂月魄丹：

取天魂法，每母八两，入灰池，加铅八两，尽金生，盖住不可洩氖，冷定取出丹。用铅八两，将前母入罐化清，倾成饼，分作四半。先用小粗碗一个，用盐泥固外干。用灰盆一个，中先放砖一块，将碗安于砖四围，用砖作一圆炉样。放炭火在周围，正放天井中间，又要对太阳真火，坐守在旁，将前银母四两，仍合放碗内。常要吹火筒，如看银铅要化，急吹之，不要化，只要凝其药，自生如前。对日坐守七日，药有二两，上下听配。

取月魄法：

母八两，铅八两，先入灰池，煎铅吞金，浮一阳初生，盖住听冷。先用紫玉作大小盒[①]二个，外大盒先用火煅过，内小盒不煅，以干为度，将前银饼悬空放住，上盖盒封固，外将大盒盛小盒，仍封固。将灰缸一只放天井居

---

① 上医本原作"大小合"，径改为"大小盒"。

中，将盒放缸中，缸口上盖定，盖上留一孔，对月。以二家相吞无炁①，如此七夜。日间将缸藏阴处，不可见日。阳两不用，只待明星月下，如前用火取之，七日取出。其母身上如绿毛相似，用鹅毛扫下，听配。

乳香酒浸头生男胎。乳五盏，内红纱盖罩，日晒干。珍珠一钱，在豆腐上蒸，三香琥珀末一钱，白茯苓水飞过，日晒干为末一钱，淮熟地酒浸晒干一钱，犀角末一钱，焙黄真牛黄一钱，合前二末，分作八十一丸。每日更用返魂浆送下，九丸九口。一服此药，不但延年，服之左瘫右痪，一切诸病皆愈。久久服之，不避寒暑，发白返黑，齿落更生，延寿一纪。一纪之外，再修服之，虽不比大还丹之功，也有添年之妙。外用朱砂三钱，金箔三十张为衣服，后不可见风，且在帐内，吃过粥食再睡。一时令元炁相合者，可梳洗。返魂浆即蟠桃酒，方已见前。

一服苍术：

五斤捣烂，用布绞汁去渣，择好茯苓雪白者为极细末二斤，和前汁如芡实大丸，早晚各添三丸，不饥不老。（按此脾胃家有寒湿滞者，服之朱砂。）

一天门冬膏：

选白洁净天门冬十斤，先以水浸②之，去泥。次用温汤泡去皮心，然后用井水五斗，桑柴文武火煮至一斗，取起滤净渣，另贮一器。又以水二斗浆渣，再煮至五升去渣，将二次药汁并熬至如饴糖为止。用磁罐封贮，悬井中三日取起。每服半酒中③淡姜汤调下，蜜汤亦可。此道家服食之一方，专治痰火，最验。昔人单服此膏，生三十子，寿百岁。

丹亭真人卢祖师广胎息经卷之七终。

---

① 疑"无炁"当为"元炁"之讹。
② 上医本原有"去"字，墨笔删去。
③ "半酒中"疑为"伴酒中"或"半酒盅"之讹。

丹亭卢真人广胎息经卷之八

成真部第一

总论

养浩生曰："延年妙法弟子既得闻教矣。尝闻上古真师云：'铅汞不结，虽延年千祀，终属窑头土坯。'未知何者为铅？何者为汞？又有何法铅汞方能得结？哀叩真师不厌琐琐，再将至大法细相垂示，则顽铁成金，凡鸟化凤，端赖之于兹矣。"

真人曰："此际功大，非同小术，乃脱假成真，无极大道也。故得此道者，非旁门可入，非杂类可成，惟此一神一炁而已。盖炁即铅也，神即汞也。欲死此汞，先死此铅，铅死则汞死，铅汞皆死，则炼作一团，方臻妙境。譬之外丹然，初须采得铅中一点真炁，日养月炼，铅炁既足，汞神立见①。今须与子剖破藩篱。人自肇形以来，本是一点真炁。而炁之妙用不穷、变化不测处，即神也。知生此形者是炁，则化此形者亦②炁也。凡③躯畏此炁死，真修恶此炁生，炁④死则有形者不能运转，炁生则无形者不能运化，所以必先死此炁。此炁既死，则炁之妙用不穷，变化莫测者，亦因之而死也。神炁死作一团，则此身一太虚也。此身既太虚，则四大皆我形，六虚皆我

---

① 《养》作"汞见立乾"。
② 上医本原无"亦"字，墨笔添加。
③ 上医本原无"凡"字，墨笔添加。
④ "炁"字依《养》补。

体①，所以圣人曰与天地参也，成真所以然之妙，毕之矣②。"

养浩生曰："成真之道，功在于炁，明矣。然下手处端在何处？"

真人曰："此炁所以难得死者，以有呼吸之炁泄之也。下手处必须数此呼吸之数，既知数息，便要调息；既知调息，便要闭息；既知闭息，便要住息；以至踵③息、胎息，方求入无胎息的境地，以跻圣域。"

养浩生曰："敢求诸息功夫，有何分别？"

真人曰："安得无别？数息者，数此出入息，不过鼻头上功夫也；调息者，调此气息以出入于藏息之处也，工渐加于内也；闭息虽亦内观妙谛，然不无④持守之迹；住息则觉有安之意焉；踵息则不止安闲⑤，其中若有物焉，其时若有精焉，故曰'真人之息以踵'者，此也；胎息则息若成胎，不出不入，神守炁住矣；必至无胎息，则不知有炁，安知有神，混然中处而神通变化，肇于此矣。"

数息第一

总论

养浩生曰："敢问数息之时，有何作用？"

真人曰："此处要知周天息数卦爻，方辨⑥呼吸之理，更宜知呼吸中有点真炁，呼吸之处外郭⑦内脏，一一详明，方为真之下手。"

周天数息卦爻法

养浩生曰："敢问数息之方？"

---

① 上医本原作"四大皆虚（虚为墨笔补出），我形亦虚，虚（虚为墨笔补出）皆我体"，文意不甚畅通，似有错讹。依《养》改为"四大皆我形，六虚皆我体"。显然，上医本"亦"当为"六"之讹，抄本拥有者不识，又妄补两"虚"字以贯通之。

② 上医本原为"期矣"，墨笔删"斯"字。

③ 上医本原有"胎"字，墨笔删去。《养》亦作"踵胎息"。

④ 上医本原为"无不"，墨笔改为"不无"。《养》作"无不"。

⑤ 上医本原为"间"，墨笔改为"闲"。《养》作"闲"。

⑥ 上医本原作"方辩"，径改为"方辨"。

⑦ 上医本原作"外郛"；《养》作"外郭"，依改。

真人曰："谨按上古真师周天息数，每月除乾坤为鼎器，坎离为药物外，六十卦每日二卦，子后一卦，午后一卦，每阳爻三十六息，阴爻二十四息，依此爻数息，不可一毫逾越，则一气不致猖獗。每数一爻毕，则内想此气自尾闾、夹脊上升玉枕、泥丸，入口化为甘津，咽下重楼，送入中宫，略抑一、二息，再数二爻，余爻皆同。今将逐日卦爻息数开后。

子后

初一　复

二十四息　廿四息　廿四息　廿四息　廿四息　三十六息

姤

三十六息　三十六息　三十六息　三十六息　三十六息　二十四息

初二　颐

三十六息　廿四息　廿四息　廿四息　廿四息　三十六息

大过

二十四息　三十六息　三十六息　三十六息　三十六息　二十四息

初三　屯

二十四息　三十六息①　二十四息　二十四息　二十四息　三十六息

鼎

三十六息　二十四息　三十六息　三十六息　三十六息　二十四息

初四　益

三十六息　三十六息　二十四息　二十四息　二十四息　三十六息

恒

二十四息　二十四息　三十六息　三十六息　三十六息　二十四息

初五　震

廿四息　廿四息　卅六息　廿四息　廿四息　卅六息

巽

卅息　卅息②　廿四息　卅六息　卅六息　廿四息

---

① 《养》作"三十四息"。
② 《养》作"三十六息，三十六息"。

初六　噬嗑

卅息① 　廿四息　卅六息　廿四息　廿四息　卅六息

井

二十四息　卅六息　廿四息　卅六息　卅六息　廿四息

初七　随

廿四息　卅六息　卅六息　廿四息　廿四息　卅六息

蛊

卅六息　廿四息　卅四息②　卅六息　卅六息　廿四息

初八　无妄

卅六息　卅六息　卅六息　廿四息　廿四息　卅六息

升

廿四息　廿四息　廿四息　卅六息　卅六息　廿四息

初九　明夷

廿四息　廿四息　廿四息　卅六息　廿四息　卅六息

讼

廿四息③　卅六息　卅六息　卅六息④　廿四息⑤　廿四息

初十　贲

廿六息⑥　廿四息　廿四息　卅六息　廿四息　卅六息

困　廿四息　卅六息　廿四息⑦　廿四息　卅六息　廿四息

十一　既济

廿四息　卅六息　廿四息　廿四息　廿四息　卅六息

未济

卅六息　廿四息　卅六息　廿四息　卅六息　廿四息

十二　家人

---

① 《养》作"三十六息"。
② 《养》作"二十四息"。
③ 《养》作"三十六息"。
④ 《养》作"二十四息"。
⑤ 《养》作"三十六息"。
⑥ 《养》作"三十六息"。
⑦ 《养》作"三十六息"。

卅八息[1]　卅六息　廿四息　卅六息　廿四息　卅六息
解
廿四息　廿四息　卅六息　廿四息　卅六息　廿四息
十三　丰
廿四息　廿四息　卅六息　卅六息　廿四息　卅六息
涣
卅六息　卅四息[2]　廿四息　廿四息　卅六息　廿四息
十四　革
廿四息　卅六息　卅六息　卅六息　廿四息　卅六息
蒙　卅六息　廿四息　廿四息　廿四息　卅六息　廿四息
十五　同人[3]
卅六息　卅六息　卅六息　卅六息　廿四息　卅六息
师
廿四息　廿四息　廿四息　廿四息　卅六息　廿四息
十六　临
廿四息　廿四息　廿四息　廿四息　卅六息　卅六息
遁
卅六息　卅六息　卅六息　卅六息　廿四息　廿四息
十七　损
卅六息　廿四息　廿四息　廿四息　卅六息　卅六息
咸
廿四息　卅六息　卅六息　卅六息　廿四息　廿四息
十八　节
廿四息　卅六息　廿四息　廿四息　卅六息　卅六息
旅
卅六息　廿四息　卅六息　卅六息　廿四息　廿四息
十九　中孚

---

[1]《养》作"三十六息"。
[2]《养》作"三十六息"。
[3] 上医本作"周人"，依《养》改为"同人"。

卅六息　卅六息　廿四息　廿四息　卅六息　卅六息
小过　廿四息　廿四息　卅六息　卅六息　廿四息　廿四息
二十　归妹
廿四息　廿四息　卅六息　廿四息　卅六息　卅六息
渐
卅六息　卅六息　廿四息　卅六息　廿四息　廿四息
廿一　暌
卅六息　廿四息　卅六息　廿四息　卅六息　卅六息
蹇
廿四息　卅六息　廿四息　卅六息　廿四息　廿四息
廿二　兑
廿四息　卅六息　卅六息　廿四息　卅六息　卅六息
艮
卅六息　廿四息　廿四息　卅六息　廿四息　廿四息
廿三　履
卅六息　卅六息　卅六息　廿四息　卅六息　卅六息
谦
廿四息　廿四息　廿四息　卅六息　廿四息　廿四息
廿四　泰
廿四息　廿四息　廿四息　卅六息　卅六息　卅六息①
否
卅六息　卅六息　卅六息　廿四息　廿四息　廿四息
廿五　大畜②
卅六息　卅六息③　廿四息　卅六息　卅六息　卅六息
萃
廿四息　卅六息　卅六息　廿四息　廿四息　廿四息

---

① 上医本原缺一"息"字，依《养》补出。
② 上医本原作"犬畜"，当为"大畜"。
③ 《养》作"二十四息"。

廿六　需

廿四息　卅六息　廿四息　卅六息　卅六息　卅六息

晋

三十六息　二十四息　三十六息　二十四息　二十四息　二十四息①

廿七　小畜

廿六息　卅六息　廿四息　卅六息　卅六息　卅六息

豫

廿四息　廿四息　卅六息　廿四息　廿四息　廿四息②

廿八　大壮

廿四息　廿四息　卅六息　卅六息　卅六息　卅六息

观

卅六息　卅六息　廿四息　二廿四息　廿四息　廿四息

廿九　大有

廿四息③　二十四息　卅六息　卅六息　三十六息　三十六息④

比

廿四息　卅六息　廿四息　廿四息　廿四息　廿四息

三十　夬

廿四息　卅六息　卅六息　卅六息　卅六息　卅六息

剥

廿四息⑤　廿四息　廿四息　廿四息　廿四息　廿四息

右六十卦共三十日，倘遇月小之日，则以夬继初一辰、巳、午、未四时，余八时行本日卦，剥卦继十五辰、巳、午、未四时，余八时行本日卦。

养浩生曰："如此数息，多少日程？"

---

① 上医本原缺此段，据《养》补出。
② 上医本此段所有"息"字皆略去，然《养》有"息"字。为行文统一，此均补出，后不赘出注。
③ 《养》作"三十六息"。
④ 上医本此处缺一息，依《养》补出"三十六息"。
⑤ 《养》作"三十六息"。

真人曰："无甚日程，直①要此呼吸之气出入不爽，进退不急，大约亦须一月，方为绝妙。"

呼吸论

养浩生曰："此呼吸之炁果何妙，而愿数之？"

真人曰："夫呼吸者，一出一入之息也，即一升一降之气也。在外为出入，在内为升降。一吸为进为升，一呼为出为降。人自漏初下至漏终，共一万三千五百息，一呼脉行三寸，一吸脉行三寸，一日气脉共行一百八十丈。所以医家察人寒热，亦以息数多寡辨之。故调此呼吸，则六腑可以宣通，百脉可以顺邕。虽是后天，然先天之真炁，亦在于兹而寄之焉。《黄庭经》云：'呼②吸庐外，出入丹田。'此外呼吸也。古师云：'③真人呼吸处，姹女往来飞。'此内呼吸也。盖外呼吸为入道之基，内呼吸为修道之本；外呼吸不可废之于初，内呼吸不可缺之于后。故无此外呼吸，则升不能升，降不能降，既无升降，则无运用，何从下手？故呼吸之际，为入道者第一关也。子其辨之。"

真炁辨

养浩生曰："呼吸既属后天，则先天之真炁岂又有一种乎？"

真人曰："然。呼吸虽属修行第一关，使修行者止于鼻头作功夫，则又拙也。要知未有此身之先，而我之身且无所着，何况呼吸？此无所着处，正是真我。人要究此真我寄于何所，来自何方，不过杳冥一炁而已。此杳冥一炁，即道之精也，故曰：'至道之精，杳杳冥冥。'夫杳冥之炁，方是真炁。无此真炁，虽能运动，止是凡躯，不名圣体，子其辨之。"

所以呼吸之处论

养浩生曰："此呼吸之处④，虽出入于鼻，然所以呼吸之处，端在何处？"

---

① 上医本原作"真"，墨笔改为"直"。《养》作"直"。
② 上医本原无"呼"字，墨笔添加。《养》作"吸庐外出入丹田"。
③ 上医本原有"真就"，墨笔删去。《养》有"真就"二字。
④ 《养》无"之处"二字。

真人曰："所以呼吸之处，中宫也。此处原法象天地。天①之至极处，抵地之至极处，共八万四千里，而人物之生育则八万四千里之一万二千里焉。人身之形体亦复如是。心若天也，肾若地也，自心之至极处，以至肾之至极处，共八寸四分，而神炁之盘结则在八寸四分中之一寸二分焉。此个去处，在心之下、肾之上、肝之右、肺之左，中有一窍，其色甚黄，外分八窍，故吾旌阳老祖曰'中黄八柱'是也。前后二窍，以象乾坤。上者自心以通泥丸，下者自肾以彻涌泉，旁六窍以象坎、离、震、兑、巽、艮，通于六腑，一身之炁，皆萃于此，如水之朝东焉。人之积炁必积于此。盖炁于此积，胎于此结，真长胎住息之真去处也。"

外郭②论

养浩生曰："何谓外郭？"

真人曰："外郭者，人之凡躯也。此身支节虽多，原系一道血脉包络，节节相通。脉之蒂虽内通脏腑，要知脉之经由处，方知炁脉之全，乃可以称道。不然，徒盲生耳。于坐时自大指、次指端上阳溪两筋，至督大椎，行颈入齿缝、夹口吻，交人中、夹鼻孔，诸脉③跳动，乃中宫炁由大肠肺经而出。于坐时，自鼻两旁上左右，交额绕唇，交承浆，过督下膝，入足中指，诸脉跳动者，乃中宫炁由胃经而出。于坐时自足大指，上股入腹，至中下腕，历胸挟咽、连舌，诸脉跳动，乃中宫炁由脾经而出。于坐时自小指端出腕与踝，出肘循肩④，会督大椎，分左右下腋，过上腕、中腕，循颈至目角入耳，诸脉跳动者，乃中宫炁由小肠而出。于坐时起于目内眦，过督分左右，一支由玉枕下顶抵大椎而下，一支由腰贯臀背⑤至足小指，诸脉跳动者，乃中宫炁由膀胱而出。于坐时自足小指下涌泉至督，注肓俞下任，复上喉，又腹下绕心，诸脉跳动者，乃中宫炁由肾经而出。于坐时自胸下膈出胁，降腋循臂入掌中，后循小指、次指，诸脉跳动者，乃中宫炁由心包络而出。于坐时自

---

① "天"字依《养》补出。
② 上医本原作"外郛"，《养》作"外郭"。后统改，不赘。
③ 上医本于缺一"脉"字，依上下文补出。
④ 上医本原作"有"，依《养》改为"肩"。
⑤ 上医本原作"皆"，依《养》改为"背"。

小指出次指循臂外，贯肘至肩①，交膻中，绕下膈，挟耳过督大椎，诸脉跳动者，乃中宫炁由三焦而出。于坐时自目外眦抵头，循发际外折下耳后，循颈出督大椎以至膝，抵足小指，诸脉跳动者，乃中宫炁由胆经而出。于坐时自足大指循足跗，贯膝绕阴器，会任循喉②连目，系下颊交唇，诸脉跳动者，乃中宫炁由肝经而出。此际皆由中宫炁满，传达各经，各经气足，流通各脉，一脉流动，则是本经气足。倘于坐时有不跳动之脉，必其本经气不足也。子其识之。"

内脏郭解

养浩生曰："敢问何谓内郭？"

真人曰："夫内脏郭者，盖以五脏为中空之郭也。人身脏腑内景各有区别，参稽古论，述此详解。凡人咽喉二窍，同出一腕，异途施化。喉在前，主出纳；咽在后，主吞咽。喉系坚空，连接肺，本为气息之路，呼吸出入，下通心肝之窍，以激诸脉之行气之巨海。咽系柔空，下接胃，本为饮食同路，水食同下，并归胃中，乃水谷之海也。二道并行，各不相犯。盖饮食必历气口而下，气口有形，谓之会厌。凡饮食当咽，会厌即垂，厥口乃闭。故水谷下咽，了不相犯。语言呼吸，则会厌开张。当食言语，则水谷乘③气送下喉腕，遂刺而咳也。喉之下有肺，两叶白莹，谓之华盖，以覆诸脏，虚如蜂窠，下无透窍，故吸之则满，呼之则虚。一呼一吸，消息自然，无有穷已。乃清浊之交运，人身之橐籥也。肺之下有心，心有系络，上属于肺，肺受清气，下乃灌注。外有包络，裹赤黄脂，其象尖长圆扁，其色黑赤黄青，其中窍数多寡各异。上通于舌，旁有系一脉，下连于肾，而注气焉。心之下有膈膜，与脊胁周回相着，遮蔽浊气，使不得上熏心肺，所谓膻中也。膈膜之下有肝，肝有独叶者，有二三叶者，其亦上络心肺，为血之海，上通于目，下亦无窍。肝短叶下有胆，胆有汁，藏而不泻。此喉之一窍，施厥运化，流行熏蒸，以成脉络者。如此咽至④胃，长一尺六寸，通谓之咽门。咽

---

① 上医本原作"至扇"，《养》作"上肩"，则上医本之"至扇"当为"至肩"之讹。
② "喉"字依《养》补出。
③ 上医本原作"秉"，依《养》改为"乘"。
④ 上医本原作"主"，依《养》改为"至"。

下有膈膜，膈之下有胃，盛饮食而腐热之。则左有脾，与胃同膜而附其上，其色如马肝赤紫，形如刀镰，闻声则动，动则磨胃，食乃消化。胃之下，左有小肠，后附脊膂，左还回周迭积。其注于回肠者，外附脐上，共十六曲。右有大肠，即回肠。当肠左环回周，迭积而下，亦盘十六曲。广肠附脊，以受回肠，左环迭积，下辟乃出滓秽之路。广肠左侧有膀胱，乃津液之府。五味入胃，其津液上升，化为血脉，以成骨髓。精液之余溜下，下部得气之气①，施化小肠，渗入膀胱，而溲便注泄矣。凡胃中腐热水谷，其精气自胃之上口曰贲门，传于肺，肺播于诸脉。其滓秽自胃之下口曰幽门，传于小肠。至小肠下口，曰阑门，泌别其汁，清者渗出小肠，以入膀胱。滓秽之浊，则转入大肠。膀胱赤白莹净，外无所入之窍，全假气化施行。气不能化，则闭隔不通，而为病矣。三焦有名无形，主持诸气，以象三才。故呼吸升降，水谷往来，皆赖此通达。上焦出于胃上口，并咽以贯膈，而布胸中走腋，循太阴之分②而行，传胃中谷味之精气于肺，播于诸脉。中焦在胃中腕，不上不下，主腐熟水谷，泌糟粕，蒸津液，化其精微。上注于肺脉，乃化而为血，以润身体。生育之机，莫贵于此，故独得于径，遂命曰营气。下焦如渎，其气起于胃下腕，别附回肠，注于膀胱，主出而不纳。此脾胃、大肠、小肠、三焦，乃咽之一窍，资生血气，转化糟粕而出入如此。肾有二，乃精所舍也。生于脊膂第十四③椎下两旁各一寸五分，形如虹豆相并，而曲附于脊外。有黄脂包裹，内白外黑，各有带二条。上条系于心，下条过屏翳穴，从趋脊骨，下有大骨，在脊骨之端，如半手许，中有两穴，是肾带经过。上行夹脊至脑中，是为髓海。五脏之真，惟肾为根。肾上下有窍，谷味之液化而为精，人乃久生，肾虚精绝，其生乃灭。凡人④肾虚，水⑤不足也。往往见人补以燥药，以火炼水，其精愈烁。摄生者观于肾之神里，则咽津纳液，正所以滋培肾蒂也。夭寿之消息，不端系之于肾乎？此诸脏郛窍⑥穴如此。知此窍，

---

① 此句原文如是，似有错讹。
② 上医本作"大降之火"，《养》作"大降之分"。一般当作"太阴之分"，依理改之。
③ 上医本原为"回"，墨笔改为"四"。《养》作"四"。
④ 上医本原作"人人"，衍一"人"字。《养》作"凡人"。
⑤ 上医本作"外"，依《养》改为"水"。
⑥ "窍"字依《养》补出。

则知世人身躯莫非真炁之布濩，故流通则命固，滞塞则疾生。况内结夫胎息，神与炁并者乎！"

附脏郛图于后：

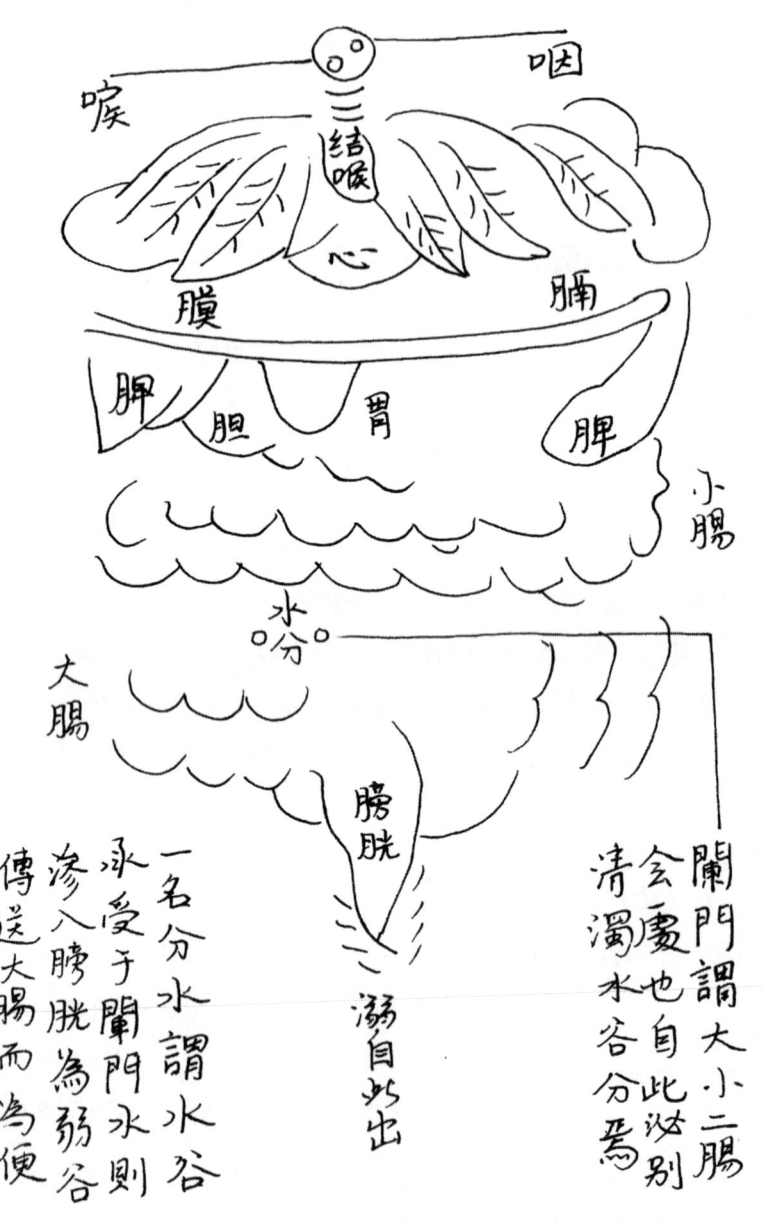

喉　咽　结喉　心　膈　脘　脾　胆　胃　脾　小肠　水分　大肠　膀胱　溺自此出

阑门谓大小二肠会处也自此泌别清浊水谷分焉

一名分水谓水谷承受于阑门水则渗入膀胱为溺谷传送大肠而为便

正人臟图

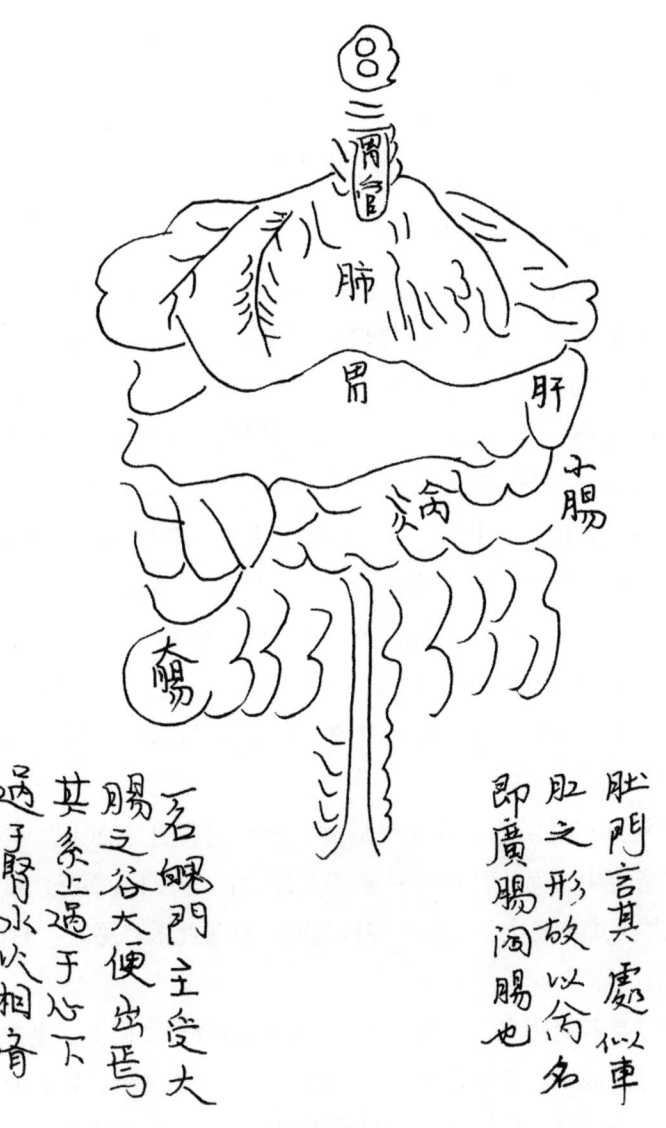

伏人臟图

肛門言真處似車
肚之形故以命名
即廣腸洞腸也

君䐡門主受大
腸之谷大便出焉
其系上通于心下
過于腎水火相㴉

调息第二

总论

养浩生曰："敢问调息之时，有何作用？"

真人曰："当调息时，念最惧乱，故有止念法；神最惧昏，故有却昏法；

炁最①恶急，故有缓气法；径路恶不明，所以又有辨咽喉法，以明径路。知此数法，则调息之功思过半矣。"

调息法

养浩生曰："敢问调息之方？"

真人曰："调息与数息不同。数息者，数此息也；调息者，调刚而使之柔，调猛而使之缓，调急而使之徐。皆涉于有为也。其法一依前卦爻调之。凡调一爻毕，即抑息十数，想此气自尾闾、夹脊上升泥丸，入口咽下②，送入中宫。如调复卦一爻阳息，先吸后呼，吸则自肾升之而上，至中宫而止；呼则自心降之而下，至中宫而止。一呼一吸，一上一下，皆自心而下，自肾而上，谓之小周天法。三十六息毕，即抑息十数。抑息者，谓口鼻之间无出入也。当抑息时，默想此炁自尾闾、夹脊上升泥丸，送入中宫。

如调复卦二爻阴息，先吸后呼，吸则自肾升之而上，亦至中宫而止；呼则自心降之而下，亦至中宫而止。一呼一吸，一上一下，皆自心而下，自肾而上，调二十四息毕，即抑息十二数。当抑息时，默想此炁自尾闾、夹脊上升泥丸，咽下送入中宫。

如调复卦三爻阴息，亦先吸后呼，吸则自肾升之而上，呼则自心降之而下，亦皆至中宫而止。一呼一吸，一上一下，皆自心而下，自肾而上，调二十四息毕，即抑息十一③数。当抑息时，默想此炁自尾闾、夹脊上升泥丸，咽下送入中宫。

如调复卦四爻阴息，亦先吸后呼，吸则自肾升之而上，至中宫而止；呼则自心④降之而下，至中宫而止。一呼一吸，一上一下，皆自心而下，自肾而上，调二十四息，即抑息十四数。当抑息时，默想此炁自尾闾、夹脊上升泥丸，咽下送入中宫。

如调复卦五爻阴息，亦先吸后呼，吸则自肾升之而上，呼则自心降之而

---

① 上医本于有一"惧"字，《养》无此字。"惧""恶"意类，删去一字语言更为畅，故从《养》而改。
② 上医本原作"不"，墨笔改为"下"。《养》作"下"。
③ 《养》作"十二"。
④ 上医本原作"中宫"，墨笔改为"心"。

下，皆至中宫而止。一呼一吸，一上一下，调二十四息毕，即抑息十六数。当抑息时，默想炁自尾闾、夹脊而上升泥丸，咽下降入中宫。余卦皆仿此，俱增息数。"

止念法

养浩生曰："敢问止念之法？"

真人曰："夫念不止者，首起于不能忘物，次起于不能忘己。未作功时，即当捐除一切。今日捐一分，明日捐二分，日复一日，自然此念不致外驰。再于坐[①]时念头纷乱，即觉心照之。如恐觉心亦是乱心，便当用大虚观法，藏炁穴，闭息，想此身与虚空一般大，包罗天地一切世界，皆藏于吾中宫，不可着一物，杂念自然消散。如此四五次，自然行正景功夫而无杂想，此止念第一义也。"

却昏法

养浩生曰："敢问却昏之方？"

真人曰："昏倦皆由神不清，神清则昏自却、倦自忘。设当坐时，神忽昏倦，便当住功，离蒲团，立身行熊经鸟伸，[②]学诸动功。或于坐时限定规程，今日一香，明日香半，后一香半，渐渐加功，自然忘倦。大抵食多，亦多能致昏。盖脏腑之内，饮食充实，则真炁不能运转，炁停则神滞。倘荤酒过多，亦能致昏，不可不知也。"

气急使缓法

养浩生曰："敢问缓气之方？"

真人曰："气本柔缓，多由其人平日行路迅速，或气质卤莽，饮食甚多，以致呼吸失调，出多入少，故坐时多有调息不准者。倘有此弊，即宜令其静坐半月，于调息时作意，入多出少。于行步时，每二三步一息，久久行之，自然安详。此际[③]尤宜减饮食，盖食多则气促也。"

---

① 上医本原作"生"，依《养》改为"坐"。
② 上医本原无"伸"字，墨笔添加。《养》作"鸟举"。
③ 上医本原作"此降"，依《养》改为"此际"。

辨咽喉明经路法

养浩生曰："敢问辨咽喉法？"

真人曰："按人咽喉二窍，同出一脘，异途施化。喉在前，主出纳；咽在后，主吞咽。喉系坚空，连肺，本为炁息之路，呼吸出入，下通心肝之窍，以激诸脉之行气之巨海也。咽系柔空，下接胃，本为饮食之路，水食同下，并归于胃，乃水谷之海也。二道虽并行不犯。然咽通于胃，所纳皆有形有质之物，夫物属有形则终有尽；喉通心肺，深入肾，皆无形无质之物，夫无形者炁则灌不穷。凡学者于咽气时，便宜想此气从喉而下十二重楼，历肺至中黄。此要诀也。倘不知此，则传送不清，从咽而下，致令①真炁杂于便溺，虽有圣功，兀作千祀，而真炁不结，圣胎难就，子其辨之。"

成真部第二

闭息第三

总论

养浩生曰："敢问闭息之时，有何功用？"

真人曰："闭息者，谓闭此息之出入之路也。夫闭此息之出入路，盖欲归此息之凝结根也。故此息有根，方有此息。此意既闭，息息归根，此修行入门法也。无此法门，则息不能住。设就此法，则不能灵，故必先闭息。当闭息时，设不知枢纽，则止能归根，不能上达。枢纽者，舌也，故又有抵腭法。既上达，多不知增炁，则真炁不常。炁既长矣，倘中杂火，必②上逆作膈，故有化浮火法。此火不上逆，则下行，故浮火虽化则火亦能下泄，故有

---

① 上医本原作"合"，依《养》改为"令"。
② 上医本作"心"，依《养》改为"必"。

化民火法。上下之火虽不行矣，强壅此中，久[1]必作毒以透出四肢，故有化邪火法。三火俱灭，独存真炁，熏蒸四肢，清明在躬，精华外溢，当此之时，亦移行貌之小验者也。"

闭息法

养浩生曰："敢问闭息之方？"

真人曰："闭息与抑息少异。闭息则能二三百息，抑息不过二三十息耳。一依前卦爻调之。凡调一爻毕，即闭息，谨缄口鼻，以心默约息数，以记多寡，不可太猛。设能至百息，便于七八十息，即神引此炁自尾闾、夹脊上升泥丸，入口咽下，送入中宫。

"此处如闭复卦一爻阳息，便以目光下垂中旱[2]一寸三分去处，用心默数，从一至十，从十至百，从一百至二百。如能至五十，便于四十息时，即目光下透尾闾，历夹脊、玉枕升泥丸，入口咽下，以目送旧处。

"如闭复卦二爻阴息，仍以目光下垂中旱一寸三分去处，用心默数，从一至十息处，即移目光下透尾闾，历夹脊、玉枕、泥丸，入口咽下，以目送旧处。

"如闭复卦三爻阴息，仍以目光下垂中旱一寸三分去处，用心默数，从一至十，从十至百、至二百，如能至一百五十息，便于一百三十息处，即移目光下透尾闾，历夹脊、玉枕升泥丸，入口咽下，以目送归旧处。

"如闭复卦四爻阴息，仍以目光下垂中旱一寸三分去处，用心默数，从一至十，从十至百，从一百至二百，如能至二百息，于一百八十息时，即移目光下透尾闾，历夹脊、玉枕上升泥丸，入口咽下，以目送归旧处。

"如闭复卦五爻阴息，仍以目光垂下中旱一寸三[3]分去处，用心默数，从一至十，从十至百，从一百至二百，如能二百五十息，便于二百三十息，即移目光下透尾闾，历夹脊、升泥丸，入口咽下，以目送归旧处。

"如闭复卦六爻阴息，仍以目光下垂中旱一寸三分去处，用心默数，从一

---

[1] 上医本作"火"，《养》作"久"，改形近而讹。二字均通，而"久"文意更畅。

[2] 上医本之"中旱"，《养》多作"中旱"，二字形近。旱，意为空，似当更恰。后统改，不赘出注。

[3] 上医本原作"五"，墨笔改为"三"。《养》作"三"。

至十，从十至百，从一百至二百，如能至三百息，便于二百六十息，即移目光下透尾闾，历夹脊，升上泥丸，入口咽下，以目送归旧处。余卦依此而行。"

养浩生曰："其中皆用作为涉存此想，何也？"

真人曰："作为存想，初入门者断不可无。设无存想，是兀然枯坐，与顽禅无二。且此存想作为之法，真然到得胎息地位，方可言无此。故曰'过河虽用筏，到岸不须舟'也。"

用舌抵腭法

养浩生曰："所谓枢纽在舌者，何也？"

真人曰："按人之舌，为内脉之枢纽。知此枢纽，则内脉俱开，真气方能上升。盖舌者，心之苗也，其脉下通于心。盖心有二系：一系上与肺通，一系入肺两大叶，由肺而下，曲折向后，并连于脊。其余细络贯脊髓而与肾通，则舌又为二系之总纽也，明矣。故于坐时，令此舌上抵，则心肺二窍俱噏然开张。肺为藏炁之腑，肺窍既开，则炁自下降，以通于肾。肾又藏精之舍也。精炁原属有情，一见自能合体。况舌既抵其正脉，可已开心、肺、肾三者之窍，其连余络通于脊者，亦可通尾闾①、夹脊诸窍。所以亦用意引，则真炁如水之朝东，俱必源源而上升也。舌初抵时，其下有筋，必微有痛意，已渐上抵，方为妙谛。自此以下，抵腭法皆不可少也，宜志之。"

增息法

养浩生曰："敢问增息之方？"

真人曰："增息之法，不过文火、武火。驯致之如诱小儿步然，初能数步，后至百十，竟且腾跃矣。此非一朝一夕所就，皆渐积渐累之功。如本分所得之息，自然而然，谓之文火。设文火到得百息，欲增至百一十二息者，便将舌极力抵腭，紧闭口齿，奋鼓精神。如闭前百息，觉有余闲，即依旧安闲，增至百一二十息。此增息②法也，宜类推之也。此法自闭息，以至胎息，

---

① 上医本缺"闾"字，依《养》补出。
② 上医本原倒错为"息增"，依《养》改正。

他不得,不然,则真息不能长进也,此成始成终之要诀也。"

化浮火使真气不上逆法

养浩生曰:"敢问化浮火法,果何等法?"

真人曰:"浮火乃人平日上逆之余气。未行功则谓之气,既行功则谓之火。缘人素常思虑过多,愤怒逾节,致使此气上冲。凡人头眩目昏,以至瘿瘤、耳闭、膈噎、吐血,皆此气之所为也。凡行功时,觉胸前微有隔塞意,即便住功,神运此气从喉而降,随咽气以佐之,直降至肾。如此行数十次,自然浮火下降,注入中宫,随真气俱化而为一。如小人之顺君子,自然化邪入正。行之久久,觉胸臆之间,空空洞洞,是无浮火之验也。"

化民火使真气不下行法

养浩生曰:"敢问化民火妙法?"

真人曰:"民火者,乃脏腑恶浊之气,以其质浊,故易于趋下而凑氛即屁,往往真炁从兹而泄。凡人坠疝痔癖,皆此火之根酝酿使然也。凡行一竟,自宜提气百数。此气上入中旱,化为真气,久久行之,自无前患,庶积①炁之时,无所渗漏,不致下行,而中黄之位,方日积日暖,可计程期。"

化邪火使真气不作毒法

养浩生曰:"敢问化邪火法?"

真人曰:"邪火者,乃人胎元邪淫之火,藏于脏腑。不用功时,及无所犯时,隐而不发。至真炁一鼓,则周身炁脉则为之运动,或透于皮肤,或急于肢节,误遭其对,皆能化为毒。凡行功,宜戒远行。盖行动之时,肢体运动,如两木相荡,多能生火。次于用功完时,便想此气不止存于中旱,身外皆有,从十万八千之毛孔中而入,归于中宫。毕,便将四大尽无所有。此皆闭息行之,俟气稍息,仍调息,又行如此十数次。久久行之,一切邪火皆消化乌有②矣。"

---

① 上医本原作"精",依《养》改为"积"。
② 上医本原作"消化为有",未安,依《养》改为"消化乌有"。

熏蒸四肢法

养浩生曰："敢问熏蒸之法？"

真人曰："熏蒸法①者，凡一切功完时，沐浴法也。此法盖恐行功炁有不到之处，故令炼士于功一完时闭息，不必舌抵腭，想此身不见四肢，惟有真炁充周盈溢，无所不有，则中宫所积之炁，必旁透四肢，浸润百骸，古语所谓'无所到处无所不到'也。此功彻始彻终，皆不可少，真至胎息，方可弃他。"

住息第四

总论

养浩生曰："敢问住息有何作用？"

真人曰："住息者，谓此息已②住也。此息已住，则此胎将长也。住息之时，于中黄时俨若有物，常如火暖，不甚作饥。此住息之真光景也。息既住矣，则关窍自开。但虞所禀气弱，于③诸关窍不能竟过，故有诸开关窍法。诸关既开，犹虞四肢百窍不相连络，故有四肢引气法。关窍脉络俱相连通，则此炁直宜收拾，尽入本原，以息息归根，故有留气法。气虽留矣，倘阴阳来杂，则胎炁不纯，故有进神火消阴法。但此阳气赖阴而住，阴既消镕，恐阳不独存，故有护阳不散法。至于便溺皆减，则又封固之④一助耳。"

住息法

养浩生曰："敢问住息之法？"

真人曰："住息与闭息不同。盖闭息者，仅仅能闭⑤之而已；住息，则此息知有住处，不甚费气力，已能千息也。到此地位，开关期近，宜于住息一

---

① 上医本原为"法法"，墨笔删一衍字。
② 上医本作"以"，依《养》改为"已"。
③ 上医本原作"子"，依《养》改为"于"。
④ 上医本原作"封之固"，墨笔改为"封固之"。《养》作"封之固"。
⑤ 上医本原作"用"，未安，依《养》改为"闭"。

将完时，不使炁急，便神驭此炁下尾闾关，往来十度，方上夹脊、泥丸，放下舌来，漱口中津作液咽下，送下中宫。

住息二周将完时，不使炁急，便神驭此炁下尾闾关，往来二十度，上夹脊、泥丸，放下舌来，漱口中津作液咽下，送入中宫。

住息三周将完成时，不使炁急，便神驭此炁下尾闾关，往来三十度，上夹脊、泥丸，放下舌来，漱口中津作液咽下，送入中宫。

住息四周将完成时，不使炁急，便神驭此炁下尾闾关，往来四十度，上夹脊、泥丸，放下舌来，漱口中津作液咽下，送入中宫。

住息五周将完成时，不使炁急，便神驭此炁下尾闾关，往来五十度，上夹脊、泥丸，放下舌来，漱口中津作液咽[1]下，送入中宫。

住息六周将完成时，不使炁急，便神驭此炁下尾闾关，往来六十度，上夹脊、泥丸，放下舌来，漱口中津液作液咽下，送入中宫。

凡行功或一次行三十[2]周，便留六周，以行此法，以臻开关境地。"

开任督诸关法

养浩生曰："敢问开关诸法？"

真人曰："语云'积炁开关'，盖真炁内积，自然关窍日开。盖开关者，通吾身之橐籥也。通吾身之橐籥者，所以招摄大药也。人生以中黄为炁海，以脊后诸关为黄河，自夹脊以至中黄，犹自黄河以入大海也，所谓'逆挽黄河'者此也。炁厚则关窍不开，此无所虑。虑者或于将开未开之际，生意外之变。故古之真师，一一皆有补救，设无补救，则前功尽弃，可不哀哉！"

开督脉法

养浩生曰："敢问先开何脉？"

真人曰："先开督脉。督脉在脊，起尾闾，历夹脊、玉枕，分两边上风府，入泥丸，循两目，下鼻两边，而终于人中，皆脊之督也。此脉在脊骨外两傍边，左右各有脉。未用功前，为后天精髓所壅塞。一加真息通透，则壅

---

[1] 上医本原缺"咽"字，《养》亦无"咽"字，依上下文补出。
[2] 《养》作"二十"。

塞自开，关窍自辟。故左脉开则左耳先有响声，右脉开则右耳先有响声。此脉先开尾闾，开时其下甚热，玉柄崛起，急须着意引上此关。倘禀来气弱，不得上者，于一用功时，淫水即泄，可用大拇指掩住督脉，以右食指掩住玉枕，提气三十六口，再用意导引三四十遍，自然得升。如再不过去，即离[①]座起身，两足并立，双手握固，躬身[②]挽手如揖状，轻轻摆尾三十六数，摇动其气，虽七十不老翁，亦能通透。"

开夹脊关法

养浩生曰："敢问次开何关？"

真人曰："次开夹脊关。此关在脊第十八椎骨，开时下有热气，浙浙声急，宜用意导引以度此关。倘禀本来气弱，不得上者，此处疼痛，如打伤状，可闭息用息三上一上引之，自然过去。再如不过去，便离座，丁字立[③]定，左拳直举出，恭身，右手叉腰如武士挽弓，往来摇动三十六数，不二三日，自然过去。"

开玉枕关法

养浩生曰："敢问次开何关？"

真人曰："次开玉枕关，背后第一大椎，开时不觉，热气滚滚而上，始而茶[④]鸣，再[⑤]如松涛，久则雷吼，急宜用意导引，以渡此关。倘禀来气弱，不能过此者，响声至此，即住，可闭息用意引上，随吸鼻微俯首以提之，自然过去。炁既能过，是谓补脑还精。此小还丹法门。"

养浩生曰："何谓大还丹法门？"

真人曰："大还丹法门者，乃炁归元海也。炁归元海者，是为归根窍，复命关，贯尾闾，通泥丸，故谓之大还丹也。"

养浩生曰："何方方能大还丹？"

---

① 上医本原作"杂"，墨笔改为"离"。《养》作"离"。
② 上医本及《养》均作"自"，然结合本书文例，此当为"身"。
③ 上医本原作"主"，依《养》改为"立"。
④ 上医本原作"茶"，墨笔改为"耳"。《养》亦作"茶"。"茶鸣"更佳。
⑤ 上医本原作"耳"字，墨笔删去。《养》于此有一"再"字，则上医之"耳"当为"再"之讹，故补回"再"字。

真人曰："若要大还丹，除非通任脉关。此关固易于开，然此点①真气氤氲之体，本易消化，倘一咽迟，则口中空有津液。夫津液属阴，阴质不能②结阳丹，虽累千日，终属无用。"

养浩生曰："然则为之奈何？"

真人曰："急须通透任脉。于咽津之先，用意从喉坠下③中宫，如大石坠海一般，竟坠至底。行持④数日，觉腹中辘辘然、腾腾然热，方是任脉通透之验。"

养浩生曰："任脉不知宜开何处？"

真人曰："任脉自十二重楼，肺腧旱口⑤，皆宜开之。"

养浩生曰："十二重楼若何？"

真人曰："十二重楼前有辨咽喉法，今只用意坠之数十，自然真炁能认正路，不趋旁径⑥，方中归可定。"

养浩生曰："肺俞若何？"

真人曰："肺俞在重楼下，此乃藏炁之海，炁固易归，所虑者，炁一入此，不能即下，故须用意坠下数番，方得真炁下行。如送炁时，膈不作噎，不必拘泥。"

养浩生曰："旱口若何？"

真人曰："在心系下，其窍甚微，倘咽送之时，不知斟酌，惟求急送，止如瓶口，不能多受，势必旁溢。法宜于开十二重楼时，细细咽津，微微纳炁。习演久久，至开旱口，自免旁溢，点点皆入中宫也。此开任脉、督脉法，更无余蕴矣。但开关后，最忌者远行劳碌，一犯此弊，炁上下时必差三、四百息，则耗无数真炁。此其验也，子其戒之。"

引炁入四肢法

养浩生曰："敢问引炁入四肢法？"

---

① 上医本原有"点"字，墨笔删去。然《养》亦有"点"，文意恰当，故补出。
② 上医本原作"不必"，墨笔改为"不能"。《养》作"不必"。
③ 上医本于此衍一"下"字，删去。
④ 上医本原作"椅"，墨笔改为"持"。《养》作"持"。
⑤ 上医本"旱口"，《养》作"旱口"。后者似更为恰当，统改，后不赘出注。
⑥ 上医本原作"但"，不安，依《养》改为"径"。

真人曰："此炁既透任督二脉，如水能入海，虽沟渠溟涧，亦必灌溉之，所以必引入四肢百脉也。"

养浩生曰："先当引何脉？"

真人曰："先须引四肢。用两拳各分左右，下垂如揖，直至脚面，徐徐引起，如提重物。存此炁自足底涌泉穴，渐渐随手提起，以至平身，以两拳直[①]伸至顶上，使手足三阴之炁从足走胸、从胸走手，将手一放，又意手足三阳之炁，从手走头、从头走手、从手又[②]至足。如此三十六数完，则手足三阴三阳之炁自然彻上彻下。初虽不觉，后自真炁滚滚也，所谓'四肢如车轮'者，臻之于此。"

养浩生曰："次宜引何脉？"

真人曰："次宜引委中、承山、三里三穴。委中穴在膝后弯纹中，承山穴在足根上八寸，三里穴在膝下三寸。欲引此脉，先将左膝抵住右之委中，则右之承山自然压住右之三里，用意从此气踵而复起，三十六数毕，又以右膝更作。盖委中能管肚腹之患，承山能坚筋骨，使脉络通流，遍身轻健，不徒引之而已。"

养浩生曰："次宜引何脉？"

真人曰："次宜引曲池、肩井二穴。曲池在肘[③]后尖纹尽处，肩井即顶中也。互以手臂弯转，以左右手交相互抵曲池，意领此炁，平平着力，左右往来牵动，手亦随之，更作三十六次数。盖曲池通手之三阳处，总交会也。"

养浩生曰："次引何脉？"

真人曰："次宜引风府、风池二穴。脑后发际之下陷处为之风府，两关高肉为之风池。必以两手交叉接实风池，若首从右侧，将右之鱼际重[④]风池一按，右亦更作如左。往来转转摇动天柱三十六，自然亦能去风痰也。"

养浩生曰："次宜引何脉？"

真人曰："次宜引攒竹、听会二穴。攒竹穴在眉尖陷中，听会穴在耳珠陷中。以两食指按定攒竹，以两大指按定听会，意引此炁上下往来三十六数。

---

① 上医本作"宜"，依《养》改为"直"。
② 上医本原作"人"。《养》"又"，依改。
③ 上医本作"脉"，依《养》改为"肘"。
④ 疑"重"为衍文。

此引四肢百脉之法，全备于此矣。但此数段功，俱属正功中旁功，自与诸开关法不同，可于功暇时行之。"

留炁法

养浩生曰："敢问留炁之法？"

真人曰："留炁者，留此先天至真之炁。此炁上与天通，未有此形，即有此炁。关未开时，则此炁莫能得入中旱；关既开时，则此炁自有入路。如野禽山兽虽入笼中，必不安服。法宜于采药后工夫一完，随闭塞口鼻，如中旱一寸三分，便宜于一寸四五分外用意旋绕二三十①度，气急又调息，为之再加。不行远路，不言不酒，如护花蕊，行、住、坐、卧，念兹在兹，其中自有一团温热之气，蕴结于中，久久之后，自然结像也。"

消阴还阳进神火法

养浩生曰："敢问消阴还阳进神火法？"

真人曰："消阴者，非消阴中之阴也，乃消阳中之阴也。盖此先天真炁于采咽时，内杂灵液，虽灵矣，杂收入旱，终属有形，久必消耗，安能成胎？法宜于采药时，初则咽津一遍，于虚咽后，住息凝神，尽忘四大，内存此炁，温然如火，结于中宫，后咽津一遍，虚咽二遍，后咽津一遍，虚咽三遍，自然液少炁多，胎炁不杂。此诀上古真师不肯轻露，子其秘之。"

护阳不散法

养浩生曰："敢问护阳不散法？"

真人曰："此功于进火一月，方行一次。又谓小封固法。凡进火一月，便不必采药，减食少食，不接人事，兀坐如愚，默然若痴，心要柔和，气要安定。不必抵腭，但塞口鼻，外除②四大，止存中旱圆陀陀，光烁烁一物，行之久久自然炁与神住矣，阳自不散，方又来采取，以图真积上进。"

---

① 上医本作"三千"，依《养》改为"三十"。
② 上医本作"阴"，依《养》改为"除"。

减便溺使不泄真法

养浩生曰："敢问减便溺法？"

真人曰："便溺虽属糟粕无用之物，不知多则亦令人真炁从此而泄。但于此时，一日止可饮一二勺水，不饮更妙。然又不可渴而强使之不饮也。但以渐而减，方不害义。至于饮食，虽曰充饥，止可半饱。所以上古祖师云'饥中饱、饱中饥'，正谓此一着也。饮食既节，便溺自减；便溺既减，真炁自无泄处。况此阳炁，无形无质，一身毛孔皆能泄之，便溺之外，虽沐浴流汗，皆①宜谨慎。"

成真部第三

踵息第五

总论

养浩生曰："敢问踵息之时，有何作用？"

真人曰："踵息者，深深之意，谓此息藏之极深处也。又其真炁路熟，能接踵而归之中宫也，盖不止于能住而已。功夫至此，阳炁多而阴质少矣。阳气既多，不有以烹炼之，则丹自不结。故有文烹武炼法，以坚其体。既烹炼矣，设药物不多，则真体枯槁，故有炁炁归根法，所以佐烹炼也。当炁炁归根时，设有不辨水火，则有阴阳差殊之谬，有进水、进火二法。水火进时，不无铢数，若无铢数，有何稽考？故又有交进铢数法，此踵息时之合功也。"

踵息法

养浩生曰："敢问踵息之法？"

真人曰："踵息与住息不同。盖住息也者，炁止知有住处也。至于踵息，

---

① 上医本原作"留"，墨笔改为"皆"。《养》作"皆"。

则所住之气深深然藏，将有成形之意，已能七八千息也。可以一坐半昼，不知饥渴。止宜两日采药一次，每月之中一采二养，是一月采药十次①也。如该采药日期，便先调气息，出入柔缓，调百息外，便舌抵上腭，内不出，外不入，默运此炁自尾闾以至泥丸，入口化液，自能点点②降入中宫。每降一点，则腹中辘辘然鸣，口中香甘无比，腹中温热异常，方养火二日。养火则不必舌抵腭矣。但踵厥息，内照二日，方又采药。自住息至此增息法，皆不可少。"

文烹武炼法

养浩生曰："敢问文烹武炼之法？"

真人曰："夫烹炼者，谓烹我之真炁，使之老炼也。如养火日，先文烹，后③武炼。文烹者，意要安闲，气要柔静，四肢若不胜；武炼者，意要奋扬，气要鼓壮，精神要威武。行之久久，自然神炁相合，结而不散。"

炁炁归根法

养浩生曰："敢问炁炁归根法？"

真人曰："炁炁归根者，盖灌溉法也。夫于烹炼之外，设使无真炁灌溉，则药性太燥而不润。法宜于踵息时，用意此炁循循归中宫。初虽不觉，久则其炁一用意引，自觉暖气下归中极。功夫至此，腹自不饥。此炁炁归根之要诀也。"

进水法

养浩生曰："敢问进水法？"

真人曰："水在人为液。然此液非寻常之液，盖出于用功时，真炁所化液也，乃真水也。此水乃与所留之阳炁原出一本，但阳炁太烈，此水性润，恐阳炁积多，故用此以润之，所以必需之真水也。法宜于用功时，运此炁自尾

---

① 上医本作"七次"，《养》作"十次"。依文意三日一循环，一月当采药十次。上医本之"七"，当为"十"之讹。
② 上医本原作"入"，墨笔改为"点"。《养》作"点"。
③ "后"字依《养》补。

闾升泥丸，入口化液，咽下中宫，次次①同一法。"

进火法

养浩生曰："敢问进火法？"

真人曰："火在人为神也。此神非思虑之神，亦出于行功时，神炁交结之神，乃真火也。此火乃与真水原同一本，但水性虽润，终属阴物，必得此火熏蒸，方能化质成炁，所以必须真火也。法宜于用功时，不宜抵腭，神运此炁，自尾闾升泥丸，干咽此炁，神驭入中宫，次次同一法。"

水火交进铢数法

养浩生曰："敢问水火交进铢数法？"

真人曰："'大药原无斤两，止以炁结为期。'此古师真诀也。但药虽无斤两，然使进水火时不知铢数，则兀坐穷年，何谓底止？故初进水火时，阳气太燥，法宜多进水，次宜水火平进，后则火宜多而水宜少矣。以一息为累，十息为一铢，二十四铢为一两，一十六两为一斤②，如三千八百四十息③为一斤④，三万八千四百息⑤为十斤⑥，一万息则得三斤⑦水火也。如初进时，六停进水，四停进火；中则五停进水，五停进火；后则六停进火，四停进水，方得水火平等。设踵息至一万息，是得三斤⑧水火也。如初进时，止宜三千三百三十息进水，余时养水；俟第二日六千六百六十息进火，余时养火。余仿此而行。"

---

① 上医本作"以次"，依《养》改为"次次"。
② 上医本原作"筋"，墨笔改为"斤"。《养》作"劲"。
③ 上医本原作"三百九十六息"，墨笔改为"三千八百四十息"。《养》作"三千八百四十息"。
④ 上医本原作"筋"，墨笔改为"斤"。《养》作"劲"。
⑤ 上医本原作"三千九百六十息"，墨笔改为"三万八千四百息"。《养》作"三万八千四百息"。
⑥ 上医本原作"筋"，墨笔改为"斤"。《养》作"劲"。
⑦ 上医本原作"三筋余"，墨笔改为"三斤"。《养》作"三劲余"。
⑧ 上医本原作"筋"，墨笔改为"斤"。《养》作"劲"。

胎息第六

总论

养浩生曰："敢问胎息之时，有作用否？"

真人曰："夫胎息谓此息已成胎也，所谓'长胎住息'是也。必住息，然后能长胎。功夫至此，是胎仙已就，所谓'男子怀胎'是也。此时已将身外有身，惟恐真炁不固，胎婴有失，故有护胎封固法；设不离封固，终非自然，故有老炼结丹法；既老炼矣，设不成像，则圣体不坚，故有养丹成像法。然后圣胎日长，气体日固，长年驻世，肇之此也。"

封固法

养浩生曰："敢问封固法？"

真人曰："封固者，谓封固贮药之旱也。此旱既中藏真药，设①不封固，则所得难偿所失，何以结丹？此时既能完是一万三千五百息数，一皆自然而然，毫无勉强。法宜令学者不必抵腭，但一意规中，不出不入，俟此中宫真炁蟠结真神，诸脉余②气上下轮转③，四肢撼动，置之不知之地，久之脉自定，气自停。外使伴侣炷香，初坐三时，便击小铜磬，令学者出静。四时、五时，以至十二时，皆以法渐增，不可逾，则深恐久定之中有所差失，慎之慎之！

老炼结丹法

养浩生曰："敢问老炼结丹法？"

真人曰："老炼结丹者，恐此丹不老，复反阴也。盖此丹全凭神炁交结，方成圣胎。自数息以至踵息，都是炁上的工夫。至胎息方才在'神'字上着脚。如外丹真铅既死，方来点死真汞也。毕竟铅上工夫多也。'神'字既云

---

① 上医本作"诀"，依《养》改为"设"。
② 上医本作"饮"，依《养》改作"余"。
③ 上医本原作"轮轮转"，墨笔改为"轮转"。《养》作"轮转"。

着脚，便不可怠慢。法宜令学者于用功时候，存此身化作一圆光，○① 中有一点，乃平日所积之炁。亦不必抵腭上，宜不出不入，一意规中，行之久久，真炁自老，自然与炁相合为一。不数月，即能识未来，六通圆顿，肇之兹也。六通者，谓神境通、心境通、天眼通、天耳通、他心通、夙信通也。神境通者，谓能变能化也；心境通者，谓灵慧异常，能识去来也；天眼通者，谓睹大地山河，如同一掌也；天耳通者，谓上天下地含蓄② 等音，皆能聆察也；他心通者，谓平日未晓皆能晓，平日未识皆能识，不拘一切文章技巧也；夙信通者，谓知人前后世事也。"

养丹成像法

养浩生曰："敢问养丹成像法？"

真人曰："按古之祖师，有炼五脏神法，不知五脏之炁皆禀中黄，所谓'土旺四季'。今既于中黄用许多功夫，则中黄灵，五脏皆灵也。工夫到此，宜令学者于用功时，内存中央之炁，皎若中秋之月，圆如方旭之日。亦不必抵腭，但不出不入，久久行之，自然涌圆光，目生慧炬，视夜如日。此际但有一分好光景，不可生一欢喜心，一分魔景界，不可生一恐怖见，一意向前，不可退悔，自跻圣域，子其勉之。"

无胎息第七

总论

养浩生曰："敢问无胎息有何作用？"

真人曰："到此地位，不可以作用言也。自此以前，设无作用，则圣胎何以成？自此以后，犹执作用，则圣胎何以灵？所谓无胎息者，不可以胎息言也。既不可以胎息言，则此身乃太虚之身，此炁乃太虚之炁，所谓'圣体'也。此时惟有养大周天火候一着也。盖此丹既能成像，犹恐不灵，故必运此

---

① 《养》作"☉"。
② 《养》作"禽畜"。

大周天火候以温养之，则其体日①灵，而脱凡入圣，肇之此也。设无此着工夫，虽延年千祀，亦是窑头土块，终有败坏之时，子其留心，勉之！"

养大周天火候法

养浩生曰："敢问大周天火候是何法则？"

真人曰："大周天火候者，非寻常坐法也。此际全赖伴侣扶持，方无差失。若无伴侣，实难修为。法宜择幽僻人迹罕到去处，依山临水，相视地形，无凶煞者，创造草屋或瓦屋任意，明窗净几，多栽筠竹，休得栽树，恐雀鸟喧哗。择柔雅勤诚道侣五六人，选谨厚无伪僮仆四五人。凡饮食不可用厚味、大咸大辣之物，饥寒饱暖惟要适中。静室用土②造如混堂样，开左右窗，厚褥高席。学者不必抵腭，惟内养胎息。初坐一日，添至日半，又添至二日，以至三日、四日至于七日，方为一周。皆以渐而进，不可躐等。倘值开静日，伴侣击小铜磬三下，学者耳边轻轻击之，自能醒悟。决不可惊惶叫噪，致令学者真人外逸，为害不浅。此际最要谨慎，不可儿戏，全要同心合志伴侣，方能无失。此坐功一载，自能神通变化，与天地合德，鬼神同体。此成真妙窍，备之于兹也，子其勤而行之。"

附女真丹

养浩生曰："设妇女修真，此法亦宜施之乎？"

真人曰："此法亦宜，但女真之修，犹有闭经血一法。盖此法自吾祖谌母元君递传以后，魏元君传黄花姑，黄花姑传麻姑，麻姑传戚姑；又分一派③，吕祖传何仙姑，又授王重阳度孙仙姑，又授张真奴；又分一派，蓑衣沈真人授金莲女。皆先闭经。盖男精女血，虽属渣滓，然先天之炁，尽隐此中，设后天泄则先天亦泄，所以闭此经路也。"

养浩生曰："敢问闭经④之法？"

真人曰："凡女真修炼者，亦先照前数息炼坐，坐得身中炁候通了，方于

---

① 《养》作"自"。
② 《养》作"用工"。
③ 上医本多将"派"字写为"泒"，统改，不赘。
④ 上医本作"开关"，《养》作"闭经"。依上下文意，后者当是。

经期前一日子午时行功。至半夜子时，披衣盘坐，两手握固抱两胁，候身中升降数次，方用左足跟托住牝户谷道，咬牙、努目、耸肩，着力一提，想赤炁二道自子宫，起尾间，过三关，上泥丸，下舌根，注两乳。如此行之，直候身热方止。后用白熟绢帕纳入牝户，看比前月多少有无，再依前功运用，以散血气，免致病患。不过百日，自断矣。亦看前月是某日来，假如初一日来时，待初三日方斩一次，第二月再斩一次，第三月再斩一次，不过三个月即止矣。先月斩尾，二月斩腰，三月斩头，此之谓'斩赤龙'也，子其识之。"①

广胎息经卷之八终。

---

① 《养》将魂浆、服苍术、天门冬膏方录于本卷结尾。三者于上医本《广胎息经》前文已录。

丹亭卢真人广胎息经卷之九

了道部一

胎息诸真口诀

总论

养浩生曰："成真秘谛，弟子既得闻命矣。但自古祖师了道之后，虽有口诀散在经籍，不无异同，敢乞慈座哀怜，剖示弟子以及后学，则法雨恩波，浸润遐迩。"

真人曰："上古诸真了道口诀，虽云浩繁，然自①有一段至简至妙之言寓诸图册，先宜知其孰为胎息之方，孰为鼎器之所，孰为火，孰为药，以至种种作用，及诸节次辨析明白，则祖师了道之大略，了若睹掌也。"

养浩生曰："敢问诸真胎息之诀。"

真人曰："胎息者，谓胎我之息也。息既成胎，则所谓归根复命之真学术也。"

如《玉皇胎息经》云："胎从伏炁中结，气自有胎中息。气入身中谓之生，神去离形谓之死。知神气可以长生，固守虚无，以养神炁。神行即炁行，神住即炁住，若欲长生，神炁相注，心不动念，无来无去，不出不入，自然常住，勤而行之，是真道路。"

---

① "自"字依上图本补。

真人曰："睹此一经，已尽胎息诀，但固守虚无，乃胎息之下手处，而心不动念，又下手之口诀也。"

《尹真人胎息诀》曰："此诀无他，只是将祖窍中凝聚那点阳神下藏于炁穴之内，谓之送归土釜牢封固，又谓之凝神入炁穴。此穴有内外两窍，外窍喻桃李之核，内窍喻核中之仁。古仙有曰：'混沌初开混沌圈，个中消息不容传，劈开窍内窍中窍。踏破天中天外天。'此窍之窍，世尊标为空不空如来藏。老君云：'玄之又玄，众妙之门。'海蟾亦曰：'无底曰橐，有孔曰籥，中间一窍，无人摸着。'此指窍中之窍而言也。是窍也，为阴阳之源，神炁之宅，胎息之根，呼吸之祖。胎者，藏神之府。息者，化胎之源。胎因息生，息因胎住。而窍中之窍，乃神仙长胎住息之真去处也。然天地虽大，亦一胎也。而日月之往来，斗柄之旋转者，真息也。又不观三代之书乎？《易》曰：'成性存存，道义之门。'《遗教经》云：'制之一处，无事不办。'①皆直指我之真人呼吸处而言之也。然则真人呼吸处果何处耶？吾昔闻之师云：'藏元精之杳冥府②，结胎息之丹元宫，上赤下黑，左青右白，中央黄晕之宫，乃真人之呼吸处。'正当脐轮之后，肾堂之前，黄庭之下，关元之上，即《黄庭经》所谓'上有黄庭，下有关元，前有幽阙，后有命门'是也。廖蟾晖云'前对脐轮后对肾，中间有个黄金鼎'是也。既藏此处，即将向来所凝之神安于窍中之窍，如龟之藏，如蛇之蛰，如蚌之含光，如蟾之纳息，绵绵续续，勿助勿忘，若存而非存，若无而非无，引而牧③之于无何有之乡，运而藏之于能阖辟之处。少焉呼吸相含，神气相抱，结为丹母，镇在下田。外则感召天地灵明④之正炁，内则擒制一身铅汞之英华。如北辰所居，众星皆拱。久则神炁归根，性命合一，而大药孕于其中也。然凝神调息皆有口诀，不然恐思虑之神妄交于呼吸之气，结成幻丹，反害药物。所以仙翁云：'调息要调真息息，炼神须炼不神神。'《阴符经》云：'人知其神之神，不知不神之所以神。'不神者，性也。盖性者，神之根也。神本于性，而性则未始神。神中炯炯而不昧者，乃是真性也。《仙姑大道歌》曰：'我为诸君说端的，命蒂原来在真

---

① 上医本作"辨"，依上图本改为"办"。
② 上医本原作"窗府"，依上图本改为"杳冥府"。
③ 上图本作"收"。
④ 上医本原作"阴"，墨笔改为"明"。上图本作"阳"。

息。'真息者，命也。盖命者，炁之蒂也。炁本于命，而命则未始炁。炁中氤氲而不息者，乃是真命也。这个不神之神，与那个真息之息，他两个是真夫妻、真阴阳、真龙虎、真性命。纽结作一圈，混合作一处，打成作一片，煅炼作一炉，或名之曰牛女相逢，又曰玄牝相从，又曰乌兔同穴，又曰日月同宫，又曰魂魄相投，又曰金火浑融。究而言之，不过凝神合炁之法耳。是以神不离[1]炁，炁不离神，吾身之神炁合，而后吾身之性命见矣。性不离命，命不离性，吾身之性命合，然后吾身未始性之性、未始命之命见矣。《崔公入药镜》云：'是性命，非神炁。'权而言之则二，实而言之则一。神炁固非二物，性命则当双修。然而双修之旨，久失其传，以致玄禅二门，互争高下。刘海蟾云：'真个佛法便是道，一个孩儿两个抱。'清和翁云：'性命双修[2]教外传，其中玄妙妙而玄。簇将元始归无始，逆转先天作后天。'此端奥妙，非师罔通，口诀玄微，详载于后。今姑摭诸仙可证者言之，便于初机而易得悟入也。按白玉蟾云：'昔日遇师真口诀，只要凝神入炁穴。'炁穴者，内窍也。蛰神于中，藏炁于穴，以如来空空之心，含真人深深之息，则心息相依，息调心宁。盖蕴一点真心于炁中，便是凝神入炁穴之法。神既凝定炁穴，常要回光内照。照顾不离，则自然旋转，真息一升一阵，而水火木金相为进退矣。仙谚曰：'欲得长生，先须久视于上丹田，则神长生；久视于中丹田，则炁长生；久视于下丹田，则形长生。'夫日月之照于天地间，螺蚌吸之则生珠，顽石蓄之则产玉，何况人身自有日月，岂不能回光返照，结自己之珠，产自己之美玉哉？然而神即火也，炁即水也。水多则火灭，火多则水干。中年之人，大抵水不胜火者多矣。所以[3]命宜早接，油宜早添。添油之法，不过宝气。今复详言，则天人一炁之旨尽露矣。夫天人之际，惟一炁相为阖辟，相为联属也尔，而非有二也。故我而呼也，则天地之气于焉而发而散。我而吸也，则天地之气于焉而翕而聚。此天人相与之征，一气之感通者然也。故天地所以能长且久者，以其呼吸于内也。人能效呼吸天地于其内，亦可与天地同其长久。曹仙姑云'元和内运即成真，呼吸外施终未了。'以口鼻之气往来者，外呼吸也。乾坤之气阖辟者，内呼吸也。外呼吸乃色身上

---

[1] "离"字依上图本补出。
[2] "修"字依上图本补出。
[3] 上医本原作"可以"，依上图本改为"所以"。

事，接济后天以养形体。内呼吸乃法身上事，栽培先天以养谷神。盖内呼吸之息，原从天命中来，非同类不能相亲，是以圣人用伏炁之法，夺先天地之冲和，逆上双关，前返乎后，以达本根，使母之炁伏子之炁，子母眷恋于其间，则息息归根而为金丹之母矣。前辈云：'伏炁不服气，服气须伏炁。服气不长生，长生须伏炁。'炁之积于下者，无地可透；自然而升之而上至髓海；气之积于上者，无地可奔。自然降之而下至炁海。二气相接，循环无端。古先达人得济长生者，良由有此逆用之法也。此法自始至终丢他不得，起手时有收获①补益之功；第二节有流戊就己之功；第三节有添油接命之功；第四节有助火接金之功；第五节有火炽而有既济之功；第六节有胎成而有沐浴之功；第七节有②温养而有乳哺之功。婴儿救出于苦海，此时到岸不须舟，这着功夫方才无用矣。且人之始生也，一剪肚脐而几希性命，即落在我之真人呼吸处矣。既之而在于天地之间；又既之而在于肉团③之心；又既之而散于耳目口鼻四肢百骸。日复一日，神驰炁散，乃死之徒也。故神仙以归复法度人，必先教之返本。返本者何？以其散之于耳目口鼻者复之于肉团④之心，谓之涵养本原。又将肉团心之所涵养者复返之于天地之间，谓之安神祖窍。又以天地间之可禽聚者而复返之于呼吸处，乃真人呼吸处也，谓之蛰藏炁穴。日复一日，神凝炁聚，乃生之徒也。古仙曰：'屋破修容易，药枯生不难。但知归复法，金宝积如山。'此时补完乾体，接续气数，以全亲之所生，以完天之所赋。真汞才有八两，真铅始足半斤，气若婴儿，心同赤子，阴阳吻合，混沌不分，出息微微，入息绵绵，渐渐入而渐渐柔，渐渐和而渐渐定。久则窍中动息，兀然自在，内气不出，外气返进，此是胎元之初，众妙归根之始也。吕知常曰：'一息暂停，方可夺天地造化。'程子曰：'若非窃造化之机，安能长生？'翁葆光⑤曰：'一刻之工夫，可夺天地一年之气数。'此三老者岂虚语哉？盖胎息妙谛凝结⑥之时，入无积聚，出无分散，体相虚空，

---

① 上图本作"救护"。
② "有"字依上图本补出。
③ 上医本原作"肉围"，依上图本改为"肉团"。
④ 上医本原作"内团"，当为"肉团"之讹。
⑤ 上医本作"翁葆生"，上图本作"翁葆和"，当为翁葆光。
⑥ "结"字依上图本补出。

泯然入定。定久，内外合一，动静俱无，璇玑停轮，日月合璧①，万里阴沉春气合，九霄清微露华凝。妙矣哉！其阴阳交感之真景象欤！斯时也，元精吐华，而乾金出矿矣。此系重开混沌，再入胞胎，开无漏花，结菩提果。非夙有仙骨者，不能知此道之妙也。"

真人曰："此即尹蓬头真人诀也。详而且明，但其中七节工夫，俱系胎息时，行一日功有一日验。火者，意也。金者，性也。谓胎息能助我之意，以定我之性也。故曰：'助火载金也。'火炽谓真意将凝，既济则神炁相合之谓也。馀皆明醒易知。"

《悟玄子胎息诀》曰："二六时中胎息，或坐或卧，冥心闭目，真入清澈境界②，息念俱住。一阳动时，不拘坐卧，身心俱寂，目视身中采铅，觉气息在丹田中往来，自然铅汞相投，名为胎息。"

《刘真人胎息诀》曰："气入脐为胎，神入脐为息。胎息混合，融而为一，然后为胎息。不以口鼻为胎息，但以心静无为，自合正炁。胎息要妙，正是内无妄想，外无虚诞，胎息之质，自混合归一。"

《玄肤子胎息诀》曰："所谓息者有二焉，曰凡息，曰真息。凡息者，呼吸之气也。真息者，胎息也。上下乎本穴之中。晦翁先生所谓'翕然而嘘，如春沼鱼'者是也。凡息既停，则真息自动，橐籥一鼓，炼精化气，熏而上腾，灌注三宫，是谓真橐籥，真鼎炉，真火候也。"

《苏东坡胎息诀》曰："有隐者教予曰：'人能正坐瞑目，调息握固，心定息微，则徐闭之。虽无可念，而卓然精明，毅然刚烈，如火之不可犯。息极则少通之，复则微闭之，为之惟数，以多为贤，以久为功，不过十日，则丹田湿而水上行，愈久愈湿，几至如烹，上行之水，瀹然如云，蒸于③泥丸。'又曰：'方闭息时，常卷舌而上以舐悬雍，虽不能到而意到焉，久则能也。如是不已，则汞自入口。方调息时，则漱而烹之，满口而后咽之，以气送至丹，以意养之，久则化而为铅。此可谓龙从火里出，虎向水中生也。'"

《刘真人胎息诀》曰："知至道者天不杀，伏元炁者地不灭。夫至道不

---

① 上医本作"壁"，依上图本改为"璧"。
② 上医本原作"景界"，依上图本改为"境界"。
③ 上医本原作"如"，依上图本改为"于"。

远①，祇在己身，用心精微，命乃长久。《刘公秘旨》云：'欲得长生，当修所生。始初元本精炁，精炁传而为形，形为受炁之本。炁是有形之根，源炁禀形之由，可察成形之理。'经曰：'人能深根固蒂，长生久视之道也。'又曰：'道有躯而无形，形中子母，何不守之？且形中以元炁为母，以元神为子，初因呼吸之气而成形，故为母也。形气既立，而因有神，故为子也。夫神与气和，但循环于腑脏之内，驭呼吸之气于上下往来。久久习之，则神自明而炁自和，神既内明，照彻五脏六腑，以运用于四肢。故黄帝三月内视，住心凝炁，缠绵五脏，斯言可推而得之也。'又曰：'意中动静，炁得神同，行道自持，神自光明。今世之人神与炁各行，子与母相离。虽呼吸于内，神常逐物于外，故道不离日用间，心要在腔子里。因此之故，遂使炁无主而神不通，神不通而精自散。当以神为主宰，形为宅舍，主人不营于内，日营于外，自然宅舍空虚而气体衰朽。况末世道流不知日用之功，每一昼夜百刻之中，呼吸之气总之一万三千五百息，鼻有二窍，周于百刻，息六千分十二时。盖人之气数，潜通天运，出于自然，皆外投于神，无一息住于形体之中，何能冀②长生久视之道。'经云：'若知神炁之所主，子母之运行，则长生不死之门可见也。不知修省之辈，若炁无主宰，任自呼吸，唯通利五脏，消化五谷而已，不能回阴返阳，填补脑血。'师曰：'吾以神为车，炁为马，终日③御之而不倦。'尹真人曰：'神能御气，则鼻不息。'斯至言也。师云：'炁是添年药，心为使炁神，以神归炁，内丹道自然成。'又曰：'千经万论总玄微，命蒂由来在真息。'"

真人曰："已上五段，悟玄子息念俱住是下手处，盖住念固可以住息，然住息亦可以住念。刘真人炁入脐为胎，神入炁为息，又自心静无为中来。玄肤子之凡息既停，则真息自动，夫真息既定而能动，安有精而不化气之理。东坡之诀全备之矣。刘祖师之以神炁相驭，则又下手之真种子矣。"

《李道垣胎息诀》曰："夫驭气之法，上至泥丸，下至命门，二景相随，可救残老。若呼不得神宰，则一息不全；吸不得神宰，亦一息不全。如能息息归根，使神炁相合，则胎从伏炁中结，炁自有胎中息，胎气内结，永无死

---

① 上医本原作"达"，依上图本改为"远"。
② 上医本原作"异"，依上图本改为"冀"。
③ 上医本原作"目"，依上图本改为"日"。

矣。功成之后，男子聚精，如女子结婴，虽动于欲，不与神争，是真返精为神也。此乃上清真人修息之诀，人能日用行之，日得①其味，渐入大清真道也。"

《海蟾翁胎息诀》曰："夫元炁者，大道之母，大道之根，阴阳之质，在物名亨利，在人名元炁。元炁者，性命也。凡一昼夜一万三千五百息，常于口鼻中泄了真炁，圣人久炼胎息者，常纳于丹田，故微微出入，定息安身，而得长生。长生者，乃神炁相合，与道合真也。"

《袁天罡胎息诀》曰："夫阴阳者，天地之真炁，一阴一阳，生育万物，在人为呼吸之炁，在天为寒暑之炁。"又云："此两者能改移四时之气，乃以己包藏真炁。"又云："春至在巽，能发生万物。夏至在坤，能长养万物。秋至在乾，能②成熟万物。冬至在艮，能含藏万物。此皆阴阳出没升降。故阳气出，水盛木；阴气出，火盛金。阳生于子出于卯，阴生于午入于酉。此四仲之辰，皆天地之门户也。凡学道者必取四时之正炁。故修行人动息为阴，定息为阳，作丹之时，须得心定、身定、意定、神定、息定，方得龙亲虎会，结就圣胎，名曰真人胎息。"

《于真人胎息诀》曰："凡修行者先定心炁，心炁定则神凝，神凝则心安，心安则炁升，炁升则境忘，境忘则清静，清静则无为③，无为则命全，命全则道生，道生则绝相，绝相则觉明，觉明则神通。经云：'心通万法皆通，心灭万法皆灭，乃知如来真定者也。'盖修道者先定心。定心之法既得，还丹不远，金液非遥，仙道得矣。"

《徐神翁胎息诀》曰："夫神者，虚无之用。息者，元炁之用。炼去尘世之境，若无是非、人我、财色、取舍、得失、宽亲，平等如一，自然佑护，道心成矣。经云：'神炁精三者，便是灵台。'修行之人，若是息定，则精炁神三件可常不殆，必为出世之仙。"

《烟萝子胎息诀》曰："夫动者本动，静者本静。古者本无动静，且动静者一源，盖为一切众生妄想。圣人留教，教人定息，神随炁定，炁定则神定。若炁动心动，心动神疲。凡修道之人，不行胎息，则有动静之源，怎入

---

① 上图本作"自得"。
② 上医本原作"妹"，据上图本改为"能"。
③ 上医本原作"境忘则清静无为"，上图本作"境忘则清静，清静则无为"，后者似更为顺畅，依改。

无为之门户，走失了也。"

《达磨祖师胎息诀》曰："夫炼胎息者，炼气定心是也。常息炁于心轮，则不着万物。炁若不定，禅亦空也。炁若定则色身无病，禅道两忘。修行之人，因不守心，元炁失了不收，道难成也。古人云：'炁定心定，炁凝心静。'是大道之要。又云：'还丹道人无所默念，日日如斯，则名真定禅观。'故三世圣贤修行，皆是此诀，名曰禅定双修也。"

真人曰："夫驭气在神，故李道垣所以有'呼吸不得神宰，则息不全'之语也。至于海蟾谓'元炁为性命'，夫真胎内结，毫无出入，非性命而何？定息为阳，此天纲先生直究之于无始之初也。若于真人定心炁之诀，一言以尽之矣。嗟嗟！徐神翁谓'息者，元炁之用。'因其为元炁，所以精气神皆赖之焉。息也，精也、炁也、神也①。宁有二乎？烟萝子谓'神随炁定'，正②与达磨祖师'炼炁定心'之旨合也。"

《李真人胎息诀》曰："夫胎息真气者，入于静室焚香，面东南结跏趺坐，心无挂念，意无所思，澄神定息，常于遍身观之，自然通畅。诸学之人，不得全闭定炁，全闭则伤神。但量自家息之长短，放炁出入，不得自耳闻之，如此则妙也。若常常调息，不出不入，久而在丹田固守之者，名为真胎息，道必成矣。"

《抱朴子胎息诀》："凡修行之人，须要定息。息者，止也，安也，顺也，归也，伏也，宁也，静也。若四威仪中常作如是，决入真道，勿着诸境，虚心实腹，最为妙也。但证息定心则炁寂，炁寂则神安，神安则境空，境空则寂灭，寂灭则无事，无事则清静，清静则道生，道生则自然，自然则逍遥。既入逍遥，则无不自在，得做神仙，自然五行总聚六气和合，八卦配偶，成于内丹，身形永劫不坏也。"

《亢仓子胎息诀》曰："凡炼修入道，息心勿乱，息精勿洩，息神勿惕，息炁勿出，息言勿语，息血勿滞，息唾勿远③，息涕勿弃，息嚏勿恼，息身勿劳，息怨勿念，息我勿争，息害勿记。若人行住坐卧，常持如是，其心自

---

① 上医本原作"精色炁神"，依上图本改为"精也、炁也、神也"。则上医本之"色"，恐为"也"之讹。
② 上医本原作"政"，依常例改为"正"。
③ 上医本原作"速"，依上图本改为"远"。

乐，自然成就。不修此理，枉费其功，终无成法。但日日如是，其丹必就。更若动静两忘，道不求自得也。"

《元宪真人胎息诀》曰："凡学无为胎息者，只是要清静心也，亦名真如。本无药物，有若太虚相似，无去无来，无上无下，非动非静，寂寂寥寥，与真空同体，与大道同源，与本来面目相逢者也。若修大道，心澄境忘，心境相忘，别入无为真道也。学道之人，如是法门，其丹自成，自然气定，而得胎息矣。"

《何仙姑胎息诀》曰："夫炼者，修也。息者，炁也。神者，精也。息炁本源者，清静真炁也。观内丹田，细细出入，如此者龙虎自伏。若心无动，神无思，气无出，精无欲，则名曰大定。真炁存于形质，真仙之位变化无穷，号曰真人也。"

真人曰："夫心意无淆乱，则息自易定，此李真人所以谆谆也。至若息定则炁自知止，止之既久，自是能安，既已安矣，则百脉皆顺而从之矣，百脉既顺，而本本原原之有不归根者乎？归之既久，势必潜伏，其宁静已人真空也。此抱朴子所以成道之旨也。亢仓子所言'息炁勿出'，是紧要言。其息心等诀，又息炁之助也。再若元宪真人所谓胎息者，直是安清静心。夫心能清净，则气住胎长，固无难矣。与何仙姑'息气本源者，清净真炁也'之旨同。"

《铁冠道士胎息诀》曰："夫胎息者，须存心定意，抱守三关，精气神也。每于二六时中，常抱守三关，则自然有宝[1]聚也。国富民安，心王自在，乃神炁和畅，少病患烦恼，身体便利，耳目聪明，是修真径路。如三五年间常行此法，天神护佑，自然得道也。"

《张果老胎息诀》曰："夫胎者，受生也。息气纳于元海，在母[2]脐下一寸三分，名曰丹田。受真精以成形，纳天地之气，一月如珠，二月如露，三月如桃花。子在母胞之时，母呼则呼，母吸则吸，至于十月，炁足而生。六情转于外，岂[3]能返视元初而不能守于内息，则有生有死也。圣人曰：'我不纵三尸六情，常息于丹田，守而无退，则为道子矣。'"

---

① 上医本作"室"，依上图本改为"宝"。
② 上医本原有"母"字，墨笔删去。然上图本亦有"母"字，故补回。
③ 上医本作"室"，依上图本改为"岂"。

《侯真人胎息诀》曰："夫真一法界者，不离于本源，则是一心也。不动不行，心则是源；不停不住，源则是心矣。其心清净，则成大药；其心惑①乱，则成大贼。夺其精，盗其神，败其炉②，失其药，患其身，丧其命也。凡在道之人，必先修心静定之法，但于心静，必得心定，心定则神安，神安则铅汞相投，龙虎相亲也。周天数足，添精、益炁、养神，此三法要全，则万神咸会于丹田，血气周流于遍体，逍遥于长生之道。四威仪中，当证其神，绝其虑，忘其我，灭其境，抱其真，此妙静之道也。"

《鬼谷子胎息诀》曰："凡修道之士，返本还纯，内合真炁，故道还，则三才、四象、五行、六炁、七元、八卦而炼精炁神成其形质，则是虚中取实，无中取有，乃秘真丹也。故炼心为神，炼精为形，炼炁为命，此是阴阳升降之气也。炁源者，命之根也。故修三法者，则大道成矣。"

《轩辕黄帝胎息诀》曰："凡修行者，常行内观，遣去三尸，出于六欲，返内存三，心神守舍，炁闭不散，诸神欲畅。养炁、炼形、存性，此三法不可弃，是真一胎息也。玄关之内，必生大药也。"

《悬壶真人胎息诀》曰："大道以空为本，绝相为妙，洞达本源，静定大素，纳炁于丹田，炼神于金室，定心于觉海。心定则神宁，神宁则炁住，炁住则自然心乐。常于百刻之中，含③守真息。又云：'神息定而金木交，心意宁而龙虎会，此内丹真胎之用也。'"

真人曰："夫存心定意，即抱守三关妙诀也。而抱守三关，非所谓胎息乎？此铁冠道士诚至言哉。若张果老之'息炁纳于元海'，此固要言不繁④，而侯真人'心静铅汞相投'，又直抉大宝藏矣。鬼谷子所谓'炁源为命根'，轩辕氏所谓'炁住为神畅'，与夫悬壶真人之'神息定而金木交，心意宁而龙虎会'同旨也。"

《逍遥子胎息诀》曰："夫修者，志也，养也。养者，伏也，息也。凡欲养息，先须养精；凡欲养精，先须养神；凡欲养神，先须养性；凡欲养性，先须养命。性命者，神炁也，魂魄也，阴阳也，坎离也。久而成之，结成圣

---

① 上医本原误为"或心"字，墨笔删去"心"字。依上图本改为"惑"。
② 上医本此字墨笔涂改为"炉"。上图本作"炉"。
③ 上医本原作"舍"。上图本作"含"，依改。
④ 上医本原作"凡"，依上图本改为"繁"。

胎，乃真胎息也。"

《天师胎息诀》曰："夫元炁无形，真心无法，大道无迹，唯炼息一法，乃含真道。"又云："心定，气定，神定。凡修道家，若令大丹元道清虚寂静，绝虑忘忧，空虚忘物，万物无纵，是真修胎息仙成无疑矣。"

《郭真人胎息诀》曰："夫炼者，修也，养也，虚也。耳不听也，眼不见也，鼻不闻也，舌不味也，息炁定心也。此法从不有中有，不无中无，非色为色，非空为空，①此乃真胎息养气调神之法。又云：'视不见我，听不得闻，离种种边，名为上道，此法最为上也。'"

《黄老君胎息诀》曰："夫本立天地，生于阴阳，清炁为天，浊炁为地，清炁为心，浊气为肾，被世牵惹，引动人心，故清浊不分也。怎晓此理哉？每动作经行处，眼见耳闻，五贼送了真元，眼送于心，心着声音，神劳以烦，真元坏了。大凡动念，则洩了真炁，故胎息不成，如何得道？若人静坐，心念不动，息念忘心，炁息调匀，久而成仙矣。"

《柳真人胎息诀》曰："夫人往往在世间，不知自身日用物皆造化也。噫！乃上天炁也。元精不衰，物结成器。上依天之精炁，聚而成形；下接地之浊气，凝而成体。内抱一真，世人不识，故洩于外，乃精炁神也。若不守此三者，老死近矣。圣人不离此三法，行住坐卧，久结成胎，神仙必矣。颂曰：'为人在世不知根，一向贪心失本真。不管元阳真息炁，至令天怒病缠身。'"

《骊山老姆胎息诀》曰："经云：'天地万物之盗，万物人之盗，人又万物之盗。'故三盗相返，走失了真炁精神也，不得成夫胎息。若修行之人，不爱万物，自不盗你本性。故云'本分道人'，我不要你的，你不要我的，只宜守分。守分者何也？乃是不出不入，常守本源，不动不静，不来不去，似有似无，是个死的活人，仙道近矣。"

真人曰："志者，笃志。颐则多方颐养，伏不止伏炁，兼伏心也。真者纯一无伪②，即古人所谓剖心以受之，尽命以守之，孤躯以赴之，惟欲了此道也。诚能如此，则性命双修，此逍遥子之诀也。张天师炼息一诀，所谓炼息

---

① 上图本此后还有"非有为有，非无为无，非色为色，非空为空。"
② 上医本原作"为"，依上图本改为"伪"。

即定心炁也。非郭真人耳不听，眼不见，何以不有中有，不无中无乎？黄老君之五贼送①真元，柳真人之管自家之真息炁，骊山老姆之守本分驱三盗，无非欲竟此真息机也。"

《李仙姑胎息诀》曰："夫世人奉道修持，须要朝真谢罪，每于庚②申甲子之日，父母远忌之辰，三元八节之日，宜修斋醮，神天护佑。更若每日清静无事，澄心静坐，调神养炁，不离本室，自然三宫升降，六炁周流，百脉通行，万神齐会于黄庭。黄庭者，中宫也。若常守中宫，精炁不走，此乃真胎息也。"

《天台道者胎息诀》曰："凡人修炼，常行平等忍辱，屏去邪心，坚固真志，运心肾二炁，上下往来，交媾于中宫，诸神不散，温养元炁，丹砂黄芽自出③，深根固蒂，胎息绵绵，久而长生出世，得道必矣。"

《刘真人胎息诀》曰："若修胎息元道之法，心不杀、不盗、不欲、不邪、不妄、不颠，心自明朗。常守斋戒，调真息，观照遍身世界，身心清静，乃是长生。人若金坑，宝贝坚实，④六门不开，邪气不入，身无病患。倘六门不闭，盗尽金宝，人生疾也，道自不成也。颂曰：'心中真炁是天英，正是神清炁镜明。大道若依玄妙用，心中清静气生灵。一去一来不暂停，上下无休造化成。神静气澄无事染，这回息住自然灵。'后之学者不息元道，妄念不停，生灭不息，炁随物去，怎成仙胎。"

《朗然子胎息诀》曰："凡修行人，焚香入室静坐，冥心叩齿，集神定意，将意马心猿收在一处，放在丹田，令温养之。内观勿出，如元帅行军，神是主，炁是军，炁到处神到。二物相逐，不得相离。万病不干，千灾皆灭。学道之人，若得此法，勤而行之，立跻圣域。今日贫道方泄天机，你若不行，我有殃也。"

《百嶂祖师胎息诀》曰："夫胎息者，世人不知，诸贤皆从此证果。若得此法，自亦圣贤，但不得口诀，不得下手，不得亲传，怎做得过？一等愚人

---

① 上医本原作"迭"，依上图本改为"送"。
② 上医本原作"庚"，显为"庚"之讹。
③ 上图本此句作"温养元气丹砂，而长生出世，道芽自出。"
④ 上医本原作"宝贝坚X"，X为墨笔涂去，改为"守"。上图本此句作"宝贝坚实"，文意畅通，依改。

便要定心猿，捉意马，往往空费其功夫，不成大事。若真修炼之人，欲捉心猿，收意马，先须调炁定息，然后澄心息虑①，乃可应也。若不如是，则空过②了时光日月。不因师指，此事难知也。"

《曹仙姑胎息诀》曰："夫胎息者，非方术之所能为。为者，则失天道，道必远矣。且人之生也，须以神存炁，炁留道生。神与炁二者相胥，乃生性命。虚者通灵而先明③，和者周流而柔润。神安则炁畅，炁畅则血融，血融则骨强，骨强则髓满，髓满则腹盈，腹盈则下实，下实则行步轻捷，行步轻捷则动作不疲。四肢康健，犹国之封域平泰；血气和盛，犹国之府库充实。譬人家富，神志和悦，颜色自怡，行步歌舞，仙道近矣。故曰：今人念佛念道，只要除灾救祸，不知④志真除妄，还好么？⑤达人观斯而行之，自成胎息矣。"

《冲虚子胎息诀》曰："凡修⑥道之人，先须修心静之门。了心修道则省力而易成；不了心修道，反费功而无益。先了心源，然后息定，自然龙虎降伏，仙必成矣。夫丹田者，乃元始之宫也。管三百六十座精光神，守护元气。内有龟一座，吐纳元炁，往来呼吸，一昼一夜，一万三千五百息。使元炁于口鼻中泄了，故引邪气侵入，乃生病也。丹田者，生炁之源，一名土釜，二名精路，三名炁海，四名守宫，五名太源，六名神龟，七名元海，八名采宝，九名戊土，十名本根，皆是太和元炁居止之处。若存真炁于此，则得长生久视之道，行住坐卧，常纳炁于丹田，则得元炁成宝，久炼得仙也。"

真人曰："夫斋醮之设，原系洗心改过之资。心苟洗，过苟无，则真灵湛寂，方可直⑦入胎息真境。何也？劫前劫后，既无过失，则入道无魔，此仙姑所以证道之验也。至于平等、忍辱、屏邪，又天台道者紧要之切戒，此又无形之斋醮也。刘真人之'不杀、不盗、不欲、不邪、不妄、不颠'，与朗

---

① 上图本于此又有"忘情"二字。
② 上医本原作"过空"，依上图本改为"空过"。
③ 上图本作"常灵而光明"。
④ 上图本作"不如"。
⑤ "还好么"处似有讹误。
⑥ 上医本原作"备"，墨笔改为"修"。上图本作"修"。
⑦ 上医本作"真"，依上图本该为"直"。

然子之收心猿意马又何以异哉？若百嶂①之先调炁定息，然后澄心息虑，方且并其心虑而无之，何况夫罪过乎？曹仙姑之'以神存炁'，冲虚子之'了心修道'，盖不神之神，无心之心，又超出三界混漠之外也。"

《混然子胎息诀》曰："凡修道之人，若要长生不死，先须炼心。真人云：'心者，在肺之下一寸三分，曰玉壶，内有虚无一炁。'经云：'虚中生白，一名玉壶，二名神室，三名玉馆，四名绛宫，五名丹田。号黄庭，字华英，中有至真②玄妙不死之神，中有灵宝天尊，中有救苦天尊，中有元始符命，中有太乙真人。常持元炁，勿令走散，丹砂结就，大如黍米，色如黄金一色，又名宝琳玄珠。'若人识得辨得，塞其六门，常守天尊，真胎息自成，延年久视而不死也。"

真人曰："夫黄庭乃中宫。混然子以心名之者，何也？盖心固非中宫，然中宫乃心之居也。心未居之，则曰黄庭；心既居之，则亦曰心焉而已。其灵宝诸天尊，不过精气神之别名也。非塞口鼻六门，则诸天尊讵能安乎？"

《太虚真人胎息诀》曰："纵即是缓，缓即是不及，不及即神昏，神昏即意散，意散即汞走。拘即是急，急即是太过，太过即是火炎，火炎即是铅飞，此二者有差，则药物消耗也。又谓用功之际，身不得动，念不得起。动身则炁散，谓之铅走；心动则液散，谓之汞走。当夫玄牝之炁入乎其根，闭极则失于急，任之则失于荡，欲令绵绵续续，勿令间断耳。若存者顺其③自然而存之，神久自宁，息久自定，息入自然，无为妙用，胎息成矣。未尝至于动劳迫切，故曰用之不勤。"

《玄谭道笔胎息诀》曰："起于此而终于此，为一息。众人之息以喉，盖起于喉而终于鼻；真人之息以踵，盖起于根而终于心，呼吸归根是也，乃曰真息。玉溪子所谓'炁入于根为息'。真水真火者，住息为水，动息为火；朝牝夜玄者，谓含眼光之法。昼则垂帘幕，防外视也。夜则开眶廓，防睡魔也。"

《李淳风胎息诀》曰："炁入脐为息，神入炁为胎，胎息混合融而为一，然后炼胎息。不以口鼻为胎息，但静心无为，自合正气。胎息要妙，正是内

---

① 上医本作"百嶂"，依上图本改为"百嶂"。
② "真"字依上图本补。
③ 上医本原作"则"，墨笔改为"其"。上图本作"则"。

无妄想，外无虚诞，内外无役，守至中之精，神定心安，胎息之质，自然混合归源，坎离既济，根深叶茂，源远流澄，如如不动，久久炼固丹田。其理不在外求，胎息自成，普现静虚世界。"

《苦竹真人胎息诀》曰："常于昼夜之间，少食宽衣，坐于静室之内，手握金印，足踵土炉，唇齿相粘，身心默默，眼不视物，调鼻息以绵绵，杂念俱除，万虑放下，四门紧闭，两目内观，想见黍米之珠结在黄庭之上。方存性日上泥丸里，次安命月于丹田中。似有似无，莫教间断，自然心火下降，肾水上升，口中甘津自生，灵真附体，乃真胎息已成，自知长生之路矣。"

真人曰："不拘不纵，即是以如来空空之心，行其人深深之息，此太虚真人胎息持之火候也。玄谭道笔谓'起于根而终于心'，夫起于根亦宜终于根而已矣，心云乎哉？不知根即心也，终于心即终于根也。李淳风'炁入脐为息，神入炁为胎'，即此二句，万古胎息真诀全露之于兹矣。苦竹真人性日命月之喻，似涉存想，然其中又曰'似有似无'，则亦非存想形迹之悠悠也。"

《邋遢①仙胎息诀》曰："十二时中，常令清虚灵台无物谓之清，一念不起谓之静。领任脉而过尾闾、上泥丸，降督脉而下明堂、归土釜，三元旋转，前降后升，络绎不绝，心若澄水，意若空壶，即将谷道轻提，鼻口紧闭，倘若气急，徐缓咽之。恐落昏沉②，勤③加注想。又以一念数息，从百至千，方为妙用，不可差行异路，劳而无功。修丹之士，若不能踵息，炼炁忘机，皆为妄作，此乃修行第一件真难事也。"

《尹蓬头胎息诀》曰："端坐初行，先要固本开关，流通气液，纳气于肾前脐后，中极之所。默守玄关，只要一灵真意不散，湛然不着，寂然不染，一意不动，万感不失，内境不出，外境不入，有事无事，其心常忘，处静处喧，厥志惟一，则荣辱不能摇其心，邪淫不能惑其志。以我观我，不沦于六贼之魔；居尘出尘，不落于万缘之化。守无为之道，得自然之理。其身静坐，呼吸肾气，俟其动作，即腾到天地之根。如此行之，日久即觉内

---

① 上医本原衍一"仙"字，据上图本删。
② 上医本原作"况"，依上图本改为"沉"。
③ 上医本原作"动"，依上图本改为"勤"。

肾之中急急撞动，调匀鼻息，以意引之，急提谷道，鼓腹催逼。半响之间，随气上腾如火，起自尾闾，历历然有声，流双关到脊中，临玉枕。倘不上不下，须当努力握运，冲上顶门，任其自然。如此行之不倦，则泥丸风生，绛宫火炽，是谓心火下降，肾水上升，二①炁交感之应也。其炁欲降，方为鼻息引之，自觉漕溪之水化为甘露，升到泥丸入华池，常有香甜之味。咽下重楼，落黄房，归土釜，即闭三宝，垂帘内观。丹田之中常有煖气，面返童颜，肌肤润泽，神炁冲和，畅于四肢，周流不息。工夫至此，可以益寿延年，入定出神，切莫自满自足，自暴自弃，再行炼己之功，可脱轮回之苦也。"

《玄师胎息诀》曰："道在虚无之中，而未识虚无之境，人居生死之内，而未审生死之门。逸人答曰：'求虚无者当须内观，求其外者去道远矣。'人身真炁，经纬上下，周行八百一十丈。中有祖穴，乃天地之祖，万炁之根也。人能闭目净虑塞窍，内运胎息，自有真炁上至泥丸，下至丹鼎，周流不已。久久行之，骨健身轻，再加凝神入定工夫，则仙阶指日也。"

真人曰："邋遢仙所谓'十二时常令清静'，尹师所谓'只要一灵真意不散'，皆下手之的诀也。玄师所谓'求虚无者当须内观'，夫苟真清真静，自然能真意不散，夫既真意不散，即是内观虚无。则三师之诀，又可通而为一也。"

《太始氏胎息诀》曰："夫道，太虚而已矣，天地日月皆从太虚来。故天地者，太虚之真胎也。日月者，太虚之真息也。人能与太虚同体，则天地即我之胎，日月即我之息。太虚之包罗，即我之包罗，岂非所谓超出天地日月之外，而为混虚氏之人欤？"

真人曰："天地者，太虚凝定之炁。日月者，太虚往来之炁。天地凝结于太虚之内，所以能长。日月往来于太虚之中，所以能久。修仙法子倘使真炁胎天地之胎，一意不散；倘使真炁息日月之息，运行在内，则此身岂有不太虚者乎！"

《李道纯胎息诀》曰："谛观三教圣人书，息之一字最简直。若于息上作工夫，为仙为佛不劳力。息缘达本禅之机，息心明理儒之极，息炁凝神道之

---

① 上医本原作"三"，依上图本改为"二"。

玄，三息相须无不克。足矣。"

《张景和胎息诀》曰："真玄真①牝，自呼自吸，似春沼鱼，如百虫蛰，灏气融融，灵风习习，不浊不清，非口非鼻，无去无来，无出无入，返本还原，是其胎息。"

《王子乔胎息诀》曰："奉道审子午卯酉四时，乃是阴阳出入之门户。定心不动谓之禅，神通万变谓之灵，智周万事谓之慧，道元合炁谓之修，真炁归根谓之炼，龙虎相交谓之丹，三丹同契谓之了。有志于此根源，依法修持，日入长生大道也。"

《许栖岩胎息诀》曰："凡修道者，纳炁于丹田，定心于觉海。心定则神凝，神凝则炁住，炁住则胎长矣。胎之长，由于息止住也②，无息不胎，无胎不息，住息长胎，圣母神孩。故曰：'胎息定而金木交、心意宁而龙虎会也③。'"

《性空子胎息诀》曰："我之本体，本自圆明。圆明者，是我身中天地之真胎也。我之本体，本自空寂。空④寂者，是我身中日月之真息也。唯吾身之天地有真胎矣，而后天地之胎与我之胎相为混合，而胎我之胎。惟吾身之日月有真息矣，而后日月之息⑤相为混合，而息我之息。惟吾身之本体既虚空矣，而后虚空之虚空与我之虚空相为混合，而虚空我之虚空。"

《阴符升降篇·胎息诀》曰："真息元炁，乃人身性命之根。深根固蒂，长生久视之道。人之有禀大道一元之炁，在母胎系与母同呼吸。及乎降诞之后，剪去脐带，一点元阳栖于丹田之中，真息出入，通于天门，与天相接，上至泥丸，长于元神，下入丹田，通乎元炁。庄子云：'众人之气以喉，真人之息以踵。'踵也者，深根固蒂之道，人能屏去诸念，真息自定，身入无形，与道为一，住世长年。"

《金丹问答·问胎息》曰："能守真一，则息不往来，如在母胞中，谓之太定也。"

---

① 上医本原作"自"，依上图本改为"真"。
② 上医本原作"胎之长内于息之位也"，不安。依上图本改为"胎之长，由于息止住也。"
③ "龙虎会也"四字依上图本补。
④ 上医本原无"空"字，墨笔添加。上图有"空"字。
⑤ 上图于此有朱笔旁订"与我之息"四字。

《问出神》:"张紫阳云:'能守真一,则真气自凝,阳神自聚。盖以一心运诸气,炁住则神住,真积力久,功成行满,然后调神出壳也。'"

真人曰:"息炁凝神,此胎息第一义。然有李道纯之'息炁凝神',方有张景和之'呼吸玄牝'。若王子乔之'真炁归根',许栖岩①之'定心觉海',则性空子之'本体',方可圆明②而成深根厚蒂之学术也。设无《升降篇》之'屏去诸念',《金丹问答》之'能守真一',张紫阳之'真积力久',则息焉而不住,住焉而不化,虽千龄万祀,终同愚叟,怎得乘鸾跨鹤,上列至真也哉。"

丹亭真人卢祖师广胎息经卷之九终。

---

① 上医本原作"垒",墨笔改为"岩"。上图作"栖"。
② 上医本原作"园明",径改为"圆明"。

丹亭卢真人广胎息经卷之十

了道部二

诸真胎息了道口诀

《胎息赋》曰："胎者，凝而成质。息者，聚而成丹。五芽全①而眷恋，二气足以盘桓。行布四肢，驻风光以悦泽；咽归六腑，扶表里以清安。原夫去自中和，飘然品汇，人之根兮可保，导之源兮始贵。滔滔四海，承父母之元精；浩浩三宫，纳乾坤之正炁。诚以神为炁主②，气禀神成，玄牝为出入之户，身体作盛受之城，渐息尘劳，贵心神而不乱。次调关节③，使血炁而易成。是以床坐端居，神光内视，纳新清而莹冷，吐故④浊而滋荣。初离地户，息息而过于重楼；才入天门，绵绵而历于三昧。岂不神炁符合，人道相明，丝丝气随于神化，微微两逐而风生。存下华池，流作霏霏之状；闭归元海，咽为辘辘之声。美哉！根盛枝荣，精枯人死，鼓津液而虚受，返本原而方盛。凝住金鼎，依依而形若弹丸，结向玉田，混混而⑤状同鸡子。且夫阴阳鼎异，男女性分，连连而气通脏腑，久久而身若风云。住世长年，驻红颜而美悦，返老却少，填赤体而氤氲。所以求出世之功，取四时而服食，适意

---

① 上医本作"金"，当为"全"。
② 上医本原作"生"，墨笔改为"主"。上图本作"主"。
③ 上医本原作"关即"，依上图本改为"关节"。
④ 上医本原作"放"，依上图本改为"故"。
⑤ 上医本原作"面"，墨笔改为"而"。上图本作"而"。

而鸾舆前引，登云而龙驾浮迎，身转壮而羽翼生成，气长存而天香馨馥。"

《咏道诗·胎息诀》曰："河车搬运昆山下，不动丝毫到玉关。妙在八门[①]牢闭锁，阴阳一气自循环。"

真人曰："《胎息》一赋，开露真机，如存下华池[②]，闭归元海，皆采取之妙境也。《咏道诗》谓'八门牢闭锁'，谓闭口鼻。非闭锁口鼻，安能一炁自循环乎？"

《破迷正道歌·胎息诀》曰："四象五行归戊已，炼烹金液混元精。万朵紫云笼北海，千条百脉撞昆仑。"

真人曰："四象，眼耳口鼻。五行，精神魂魄念。戊已者，意也。谓'四象五行'，咸归于意也。北海者，炁也，谓以神育炁也。如此则千条百脉，逆挽而上也。"

刘海蟾曰："专炁致柔神久留，往来真息自悠悠。绵延迤逦归元命，不汲灵泉常自流。"

《大成集·胎息诀》曰："圆不圆来方不方，森罗天地暗包藏。如今内外两层向，体在中央一点黄。"

《上阳子胎息诀》曰："一身上下定中央，肾前脐后号黄房。流戊作媒将就己，金来归性贺新郎。"

真人曰："致柔，乃专炁之火候。专炁者，专功于炁也。神久留，亦以神驭炁之意也。此胎息时之下手也。不汲灵泉，是自在河车，何须用力，非海蟾何以知此。《大成集》一诀乃指胎息之去处也。并如上阳子诀也。"

《陈致虚胎息诀》曰："一条直路少人行，风虎云龙自啸吟。坐玄更知行炁主，真人之息又深深。"

《抱朴子胎息诀》曰："息调心净守黄庭，一部浑全《圆觉经》。悟却此身犹是幻，蒲团坐上要惺惺。"

《陈虚白胎息诀》曰："经营鄞鄂体虚无，便把元神里面居。息往息来无断间，圣胎成就合虚无。"

真人曰："行炁主者，神也。知行炁之主，则知运动，岂不'深深'？

---

① 上医本原作"入门"，依上图本改为"八门"。
② 上医本原作"沌"，依上图本改为"池"。

此陈致虚之妙诀也。至于息调必本于心净，然此息乃内息，又不可不知'惺惺'者，不昧之元神也，即前之行炁主也，此抱朴子之妙诀也。息往息来，亦是往来之内息，非外息也，此陈虚白之妙也。"

《金丹大要·胎息诀》曰："胎息绵绵渐觉完，炁冲夹脊透泥丸。累累似弹腭中下，过了重楼香又甜。"又曰："正路当行人未知，呼天吸地验高卑。观音寻到脚根底，闭息之人向此推。"

《石杏林胎息诀》曰："万物生皆死，元神死复生。以神归炁穴，丹道自然成。"

《李清庵胎息诀》曰："归根自有归根窍，复命宁无复命关。踏破两重消息子，超凡入圣譬如闲。"

《群仙珠玉·胎息口诀》曰："心思妙意思通玄①，脐间元炁结成丹。谷②神不死因③胎息，长生门户要绵绵。"

真人曰："《金丹大诀》所谓'胎息绵绵渐觉完'者，谓一万三千五百息将欲凝结也，自有'累累似弹④腭中下'者，此神凝气结之候也，工夫至此，可以不饥不渴，坐欲忘也。如'观音寻到脚根底'，此真炁贯彻涌泉穴之验也，此工夫非气功纯久不能到此。若石杏林谓'生皆死'，谓有我种种之杂念也。死元神者，即心死然后神活之意。神归炁内，即凝神入炁穴之意。盖以我真一无杂之神，合我绵密凝定之炁，岂不成丹？李清庵'踏破两重消息'者，初机尾闾是一消息，是上升之消息；内则祖穴是二消息，是入鼎之消息。踏破此两消息方得炁炁归根⑤，何难于超凡入圣？《群仙珠玉》所谓'谷⑥神不死同胎息'。谷⑦神者，神炁所结之物。此神此炁分则有二，合则惟一。不因胎息，何能长存？若欲胎息，在于绵绵也。"

《黄庭经·胎息诀》曰："后有密户前生门，出日入月吸呼存。"

《旌阳祖师胎息口诀》曰："内交真炁存呼吸，自然造化返童颜。"

《还元篇·胎息诀》曰："西方金母最坚刚，走入壬家水里藏。"

---

① 上图本作"心思妙，意思玄"。
② 上医本原作"榖"，墨笔改为"谷"。上图本作"榖"。
③ 上医本原似作"曰"，墨笔涂改为"同"。上图本作"因"。故当改回"因"。
④ 上医本原作"如蝉"，墨笔改为"似弹"。上图本作"如弹"。
⑤ "根"字依上图本补出。
⑥ 上医本原作"榖"，墨笔改为"谷"。上图本作"榖"。
⑦ 上医本原作"榖"，墨笔改为"谷"。上图本作"榖"。

《薛紫贤胎息诀》曰："要知大道希夷理，太阳移在月明中。"

《还全篇·胎息诀》曰："先贤明露丹台旨，几处灵乌宿桂柯。"

《陈默默胎息诀》曰："两般灵物天然合，些子神机里面求[①]。"

释鉴源《青莲经·胎息诀》曰："古佛之音超动静，真人之息自游丝。"

《罗念庵胎息诀》曰："一息暂随无念杳，半醒微觉有身浮。"

《般若尊者答东印度国王·胎息诀》曰："出息不随万缘，入息不居蕴界。"

《萧紫虚胎息诀》曰："定息凝神入炁穴，琼浆醒就从天降。"

《萼绿华气穴图·胎息诀》曰："水银实满葫芦里，封固其口置深水。"

李长源《混元实章·胎息诀》曰："只就真人呼吸处，放教姹女往来飞。"

真人曰："《黄庭经》之'出日入月呼吸存'者，日月即神炁也；入出，乃出入于祖穴间也。惟此神炁出入于祖穴间，则此呼吸方存于祖穴内，故曰'出月入日呼吸存'也。旌阳翁'内交真炁存呼吸'，谓真炁内交夫神也。存者，亦存于祖穴内也。《还元篇》之'西方金母'，乃性也，性亦是神。'走入壬家'，乃炁也，谓神归炁也。薛紫贤之'太阳月明'，亦不过一神一炁。《还金篇》之'乌桂柯'，又何以异兹？陈默默之'些子神机'，亦无非以神取炁之法。释鉴源、罗念庵、般若尊者，皆一味定息玄言，至显至露之旨也。萧紫虚'琼浆'，乃华池真液。萼绿华之'水银''葫芦'，乃封闭之真炁，'深水'又藏炁之所也。李长源'放教姹女往来飞'者，何也？盖呼吸有所处，而此真炁必往来于夹脊、任督间，飞走不定，故如此云云。"

了道部三

诸真药物了道口诀

养浩生曰："胎息口诀，历蒙仁慈指示，但药物口诀，亦乞详指，以抉愚蒙。"

真人曰："盖药在人身，即太乙祖炁。此炁历代祖师虽隐在丹经，我今

[①] 上医本原有"物"字，墨笔删去。

——为汝拈出，子其潜心听之。"

《陈虚白药物口诀》曰："古歌云：'借问如何是我身，不离精炁与元神。我今说破生身理，一粒玄珠是的亲。'夫神与精、炁，三品上药。炼精化炁，炼炁成神，炼神合道，此七返九还之要诀也。红铅黑汞、木液金精、朱砂水银、白金黑锡、金翁黄婆、离女坎男、苍龟赤蛇、火龙水虎、白雪黄芽、交梨火枣、金乌玉兔、乾马坤牛、日精月华、天魂地魄。水乡铅①、金鼎汞，水中金，火中木，阴中阳，阳中阴，黑中白，雄里雌，异名众多，皆譬喻也。然则何以谓之药物？曰：修丹之要，在乎玄牝。欲立玄牝，先固本根。本根之本，元精是也。精即元炁所化，故精炁一也。以元神居之，则三者聚于一也。杏林曰：'万物生复死，元神死复生。以神归炁内，丹道自然成。'施肩吾曰：'气是添年药，心为使炁神。若知行炁主，便是得仙人。'若精虚则炁竭，炁竭则神游。《易》曰：'精炁为物，游魂为变，欲其归根，不亦难乎？'玉溪子曰：'以元精来化之元炁，而点化之以至神，则神有光明，而变化莫测矣，名曰神。'是皆明身中之药物，非假外物而言之也。然而产药有川源，采药有时节，制药有法度，入药有造化，炼药有火功。吾曩闻之师曰：'西南之乡，土名黄庭，恍惚有物，杳冥有精，分明一味水中金，但向华池着意寻。此产药之川源也。垂帘塞兑，窒韵调息，离形去智，几于空忘②。观君终日默③如愚，炼成一颗如意珠。此采药之时节也。天地之先，无根灵草，一意制度，产成至宝。大道不离方寸地，工夫细密有行持。此制药之法度也。心中无心，念中无念④，注意规中，混融一气。'又云：'息息绵绵无间断，行行坐坐更分明。'此入药之造化也。'清净药林，密意为丸，十二时中，无念火煎⑤，金鼎常令汤用煖，玉炉不要火教寒'，此炼药之火功也。大抵玄牝为阴阳之原，神炁之宅。神炁为性命之药、胎息之根、呼吸之祖，深根固蒂之道。胎者，藏神之府。息者，化胎之原。胎因息生，息因胎住，胎不得息不成，息不得神无主。若乃人之未生，漠然太虚，父母媾精，其兆始见，一点

---

① 上医本原作"水乡铝"。上图本作"水乡铅"，依改。
② 上图本作"坐忘"。
③ 上医本原作"点"字，墨笔改为"默"。上图本作"默"。
④ 上医本原作"心中无念，人中无念"。依上图本改为"心中无心，念中无念"。
⑤ 上医本作"药"，依上图本改为"煎"。

初凝，纯是性命。混沌六月，玄牝立焉。玄牝既立，系加瓜蒂。婴儿在胎，时注母炁。母呼亦呼，母吸亦吸。凡百动荡，内外相感，何识何知，何明何晓，天之炁混沌，地之炁混沌，但有一息存焉。及期而育，天地翻覆，人惊胞破，如行太行山巅失足之状。头悬足撑而出之，大叫一声，其息即忘，故随性情不可俱也。况乱以沃其心，巧以玩其目，爱以率其情，欲以化其性。浑然天真，散之而为万物者，皆是也。胎之一息，无复再守。神仙教人炼精必欲返其本初，重生五脏，再立形骸，无质生质，结成圣胎。其诀曰：专炁致柔，能如婴儿乎？除垢止念，净心守一，外想不入，内想不出，终日混沌，如在母腹，神定以会乎其炁，炁和以合乎其神。神即炁而凝，炁即神而住。于寂然休歇之场，恍乎无何有之乡，天心冥冥，住意一窍，如鸡抱卵，似鱼在水，呼至于根，吸至于蒂，绵绵若存，再守胎中之一息也。守无所守，真息自住，泯然若无，虽心于心，无所存住，杳冥之内，但觉太虚之中，一灵为造化之至宰。时节若至，妙理自彰。轻轻然运，默默然举，微以意而定炁，应造化之枢机。则金木自然混融，水火自然升降。忽然一点，大如黍珠，落于黄庭之中，此乃采铅投汞之机，为一日之内结一日之丹。'《复命篇》曰①：'夜来混沌颠落地，万象森罗总不知。'当此之时，身中混融，与虚空等，亦不知炁之为神，神之为炁。似此造化，亦非存想，是皆自然之道，吾亦不知其所以然而然。药既生矣，火斯出焉，大抵药之生也。小则可以配坎离之造化，大则可以同乾坤之运用，金丹之旨又于此泄露无余也。岂旁门小法所可同日语哉！若不吾信，舍玄牝而立根基，外神炁而求药物，不知自然之胎息而妄行火候，弃本趋末，逐妄迷真，天夺其算，吾末如之何也已矣。"

真人曰："此篇详入纤悉，深造玄微，语语口诀，字字真机。法子果能依而行之，则于药物之说，思过半也。"

《太初真人药物诀》曰："古仙上圣修炼大丹②，不外③铅、汞二物。昔紫阳真人梦谒西华帝君于九天之上，授以《指玄篇》，但言炼铅汞而已。翠虚真人曰：'天中妙有无极宫，宫中万卷《指玄篇》。篇篇皆露金丹首，千句万

---

① 上医本原作"田"，墨笔改为"曰"。上图本作"曰"。
② 上医本原作"炼修太丹"，墨笔改为"修炼大丹"。上图本作"修炼大丹"。
③ 上医本于此墨笔补出以"乎"字。然上图本亦无"乎"字。故此删去"乎"字。

句会一言[①]。'教人只去寻铅、汞二物，采入鼎中煎。奈何世之修炼者，不识铅、汞为何物，或曰铅即黑铅也，汞即水银。珠中抽汞和以黑铅，安于釜中，凡火烹煎。而陈翠虚则曰：'黄丹胡粉蜜陀僧，此是炉中[②]造化能。若觅九阳[③]真一法，世间能有几人曾？'又曰：'灵汞原非是水银，丹砂不赤大迷人。这般真物谁能识，识者骖鸾脱世尘。'由此观之，则铅、汞非世上水银、黑锡也。或曰：'肾黑色，故象黑铅。心赤色，故象朱汞。存心想肾，夙夜不忘，心肾交感，四肢安康。'而钟离真人则曰：'存心想肾枉劳烦，不识铅汞也大难。人我山高业火重，于生流浪漫轮还。'白[④]海琼亦曰：'铅汞不在身中取，龙虎当于意外求。会得这些真造化，何愁不晓炼丹头。'由是论之，则铅、汞，非身中之心肾也。或曰：'真汞者，男之精也；真铅者，女之血也。刚柔配合，两情交欢，呼精吸炁，谓之阳丹。'而抱一子则曰：'或人自采求同类，妄指童女为真铅；或用刀圭取经血，或用男女生人元。或指阴炉为偃月，或采三峰吸津液。总是邪淫妖[⑤]妄术，学之无益招大愆。'由是论之，则铅、汞又非男女之精血也。然则孰[⑥]为是真铅、真汞也？《金碧经》云：'炼银于铅，神物自生。银者金精，色铅[⑦]北灵，水者道枢，其数一名，阴阳之始，故能生银，则是坎为真铅也。'《参同契》曰：'汞曰为流珠、青龙与之俱。举东以合西，魂魄自相拘。'又曰：'太阳流珠，常欲去人，卒得金华，转而相因。'则是离为真汞也。而钟离真人乃曰：'心肾即非水火，坎离安得为汞铅？'神仙不得已而语比喻，教君合太玄。然则真铅、真汞，岂非坎离也。虽不可谓之铅、汞，而铅、汞实在坎离中出。纯阳真人曰：'阳龙原向离宫出，阴土还从坎上[⑧]生。'张紫阳曰：'真阳生于坎，真汞生于离。'则[⑨]是坎能生真铅，离能生真汞也，明矣。而彭真一乃曰：'水虎真汞之本，火龙真铅

---

① 上医本原作"元"，墨笔改为"言"。上图本作"无"。
② 上医本原作"嘉中"。上图本作"炉中"，依改。
③ 上医本原作"凡阳"。上图本作"九阳"，依改。
④ 上医本原作"由"，依上图本改为"白"。
⑤ "妖"字依上图本补出。
⑥ 上医本原作"犹"，依上图本改为"孰"。
⑦ 上图本作"铅色比灵"。但诸如三家本《道藏》所收《古文龙虎上经注》等对应段落，基本都做"铅者北灵"。
⑧ 上医本原作"土"，墨笔改为"上"。上图本作"府"。
⑨ 上医本原作"则离"，墨笔改为"离则"。上图本作"离则"。

之门。'此为真秘之言，不易之论。然则真铅也，不生于坎而生于离；真汞不生于离而生于坎也。铅、汞不过二字，而万真千贤不肯明言水火一味。遂使后学展转疑惑，无所取证。既不知铅汞是何物件，又不知汞铅从何生产。内非父母所产之躯，外非山林所产之物。皓首茫然，返起虚无之叹。又岂知①铅、汞实天地之元炁，日月之真精，生于胞中，自无外人。一是阴中之阳，配为真铅②，故号为男；一③是阳中之阴，配为真汞，故号为女。铅外阴而内阳，如④月之有兔；汞外阳而内阴，如日之有乌。是故铅虽生于坎，其用却在于离，汞虽生于离，其用却在于坎。坎离互用，铅汞成形，一母两子，同出异名。所谓真铅⑤汞者，此也。还丹真基⑥，如是尽之矣。学者奚疑焉？"

真人曰："此论反复辨驳，切中时弊。今世之学者不存想心肾，则采取精血；不然亦锻炼炉火，以希服食。讵知自有一种真铅真汞隐于自己坎离之宫。明以指之，则未有思虑之神，与未有呼吸之炁也。此神此炁，即坎离，即龙虎，即铅汞，即水火，即日月，名虽有二，究则惟一，何以别焉。"

《尹真人药物诀曰》："夫学之大，莫大于性命。性命之说，不明于世也久矣。何谓之性？元始真如一灵恫恫者是也。何谓之命？先天至精一炁氤氲者是也。然有性便有命，有命便有性，性命原不可分，但以其在天则谓之命，在人则谓之性。性命实非有两，况性无命不立，命无性不存，而性命之理又浑然合一者哉！故《易》'乾道变化，各正性命。'《中庸》曰：'天命之谓性'，此之谓也。乃玄门专以炁为命，以修命为宗，以水府求永玄立教，故详言命而略言性，是不知性也，究亦不知命。禅门专以神为性，以修性为宗，以玄宫⑦修定立教，故详言性而略言命，是不知命也，究亦不知性，岂知性命本不相离。道释初无二致，神炁虽有二用，性命则当双修也。惟贤人

---

① 上医本原无"知"字，墨笔补出。上图本有"知"字。
② 上医本原无"生于胞中，自无外人。一是阴中之阳，配为真铅"，墨笔补出。上图本无"生于胞中，自无外人"一句。
③ 上医本原作"亦"，墨笔改为"一"。上图本作"一"。
④ 上医本原作"为"，墨笔改为"如"。上图本作"如"。
⑤ 上医本原无"铅"字，墨笔补出。上图本有"铅"字。
⑥ 上图本作"真机"。
⑦ 上图本作"离宫"。

之学，存心以养性，修身以立命，圣人之学尽性而致命。谓性者，神之始本于性，而性则未始神，神所由以灵。命者，炁之始本于命，而命则未始炁，炁所由以生。身中之精，寂然不动，盖坚刚中正，纯一精粹者存，乃性之寄也，为命之根矣。心中之神，感而遂通，盖喜怒哀乐爱恶嗜欲者存，乃命之寄也，为性之枢矣。性而心也，而一神之中炯命而身也。而一炁之周流，故身心精神之舍也，而精神性命之根也。性之造化系于心，命之造化系于身，见解知识出于心哉。思虑念想，心役性也；举动应酬，出于身哉。语默视听，身累命也。命有身累则有生死，性受心役则有去来。有生死不能致命也，有去来不能尽性也。故盈天地间皆是生炁，参两其间①化育万物，其命之流行而不息者乎？盖生之理具于命也。盈天地间皆是灵觉，明光上下照临日月，其性之炳然而不昧者乎？盖觉之灵本于性也。未始性而能性我之性者，性之始也。未始命而能命我之命者，命之始也。天窍圆②而藏性，地窍方而藏命，禀虚灵而成性，中天地而立命。性成命立，其中有神。命蒂元炁，性根元神，潜神于心，聚炁于③身，其中有道。性有气质之性，有天赋之性；命有分定之命，有形炁之命。君子修天赋之性，克气质之性，修形气之命，付④分定之命。分言之则二，合言之则一。其中有理，是以神不离炁，炁不离神，吾身之神炁合，而后吾身之性命见矣。性不离命，命不离性，吾身之性命合，而后吾身未始性之性，未始命之命，乃吾之真性命也。我之真性命，即天地之真性命，亦即虚空之真性命也。故圣人持戒定慧而虚其心，炼精炁神而保其身。身固则命基永固，心虚则性体常明。性常明则无来无去，命永固则何死何生，况死而去者，则仅仅形体耳！而我之真性命，则通昼夜，配天地，彻古今者，何常少有泯灭者哉！常观之草木焉，归根复命而性在其中矣。性而神也，则花花而实实⑤也，而命在其中也。自形中之神，以入神中之性，此之谓归根复命。又⑥尝譬男女媾精焉，而一点之善落于子宫者，一炁合之而为命也。而性即有于其间，其即一阴一阳之相搏，而点于

---

① 上图本作"参赞两间"。
② 上医本原作"园"，依上图本改为"圆"。
③ 上医本原作"子"，墨笔改为"于"。上图本作"于"。
④ 上图本作"副"。
⑤ 依上图本补一"实"字。
⑥ 上医本衍一"又"字，删去。

黄中之中以成性，乃妙合而凝，不测之神乎？此之谓性命妙合[1]。奈妙合之道不明，修性者遗命，且并率性之窍妙不得而知之，矧能炼之乎？非流于狂荡，则失于枯寂，不知真命末后何归？修命者遗性，且并造化之工夫不得而知之，矧能守之乎？非失于有作，则失于无为，不知其性，劫运何逃？即二氏之初，亦岂如是乎？吾闻释迦坐于西方，亦得金丹之道，是性命兼修为最上乘法。吕祖曰：'只知性不知命，此是修行第一病。只修祖性不修丹，万劫阴灵难入圣。'岂但今之导引者流，而以形骸为性命也哉！又岂但今修性命者流，而以性命为性命也哉！是皆不惟无益于生命而俱有害于性命也。故常论之，人在母腹，呼吸相含，是以母之性命为性命，而非自为性命，至于出腹断蒂，而后自为性命，然亦非真常之性命也。必于自为性命中养成本来面目，露出一点真灵。形依神形不坏，神依性神不灭，知命而尽性，尽性而知命[2]，乃所谓虚空本体无有尽时。天地有坏，这个不坏，而能重立性命，再造乾坤者也。故道家不知此，则谓之旁门；释氏不知此，则谓之外道。又安能与天地合德也哉。"

真人曰："此篇论性命极精极微。或曰性命岂亦药物也哉！夫性命固非药物，而所以药物处即性命也。且性属汞，命属铅，初无二致，故修性命即修铅汞也，知性命即知铅汞也。吾故曰：'真知性命者，而后可以言药物。'"

尹真人又曰（内附"闭任开督、聚火载金二法"）："闻之师曰：'人受天地中真炁以生，原有真种，可以生生无穷，可以不生不灭。'但人不能保守，日月消耗，卒至于亡。间知保守，又不知煅炼火法，终不坚固，易为造化所夺。苟能保守无亏，又能以火锻炼，至于凝结成丹，如金如玉，可以长生，可以不死。盖欲炼此丹，须以药物为主，欲采药物，当在根本用功。何以为根本？吾身中太极是也。天地以混混沌沌为太极，吾身以杳杳冥冥为太极。天地以此阴阳交媾而生万物，吾身以此阴阳交媾而生药物。大药之生于身，与天地生物不异，[3]只是阴阳二炁，一施一化，而玄黄相交，一禀一受，而上下相接，混而为一。故曰混混沌沌乃天地之郛郭，杳冥亦是大药之胞胎也。《南华经》云：'至道之精，杳杳冥冥。'《道德经》云：'窈兮冥兮，其中有精。'其精甚真，惟此

---

① 上医本原作"妙全"，上图本作"妙合"。据上下文，当以上图本为是。
② 上图本作"知性而尽性，尽性而致命"。
③ 上医本原有"就"字，墨笔删去。上图本无"就"字。

真精，乃吾身中之真种子也。以其入①于混沌，故名太极；以其为一身造化之始，故名先天；以其阴阳未分，故名一炁。又名黄芽，又名玄珠，又名真铅，又名阳精。此精若凝结于天地之间，或为金玉，或为石，历千百年而不朽，人能反身以求之于自己，阳精凝结成宝，则与天地相为无穷，金玉奚足此哉！然此阳精不容易得，盖人之一身，彻上彻下，凡属有形者，无非阴邪滓浊之物。故云房真人曰：'四大一身皆属阴，不知何处是阳精。'缘督子曰：'一点阳精秘在形山，不在心肾，而在乎玄关一窍。'赵中一曰：'一身内外皆属阴，莫把阳精里面寻。'丘长春曰：'阳精虽是房中得之，而非御女之术。内非父母所生之躯，外非山林所产之宝，但着在形山上摸索皆不是，亦不可离形体而向外寻求。'若此等语，何异水中捞月、镜里攀花，真个智过颜闵实难强猜。②是以祖师罕言之，而世人罕知之，不独今人为然，古人亦有难知之语。如玉鼎真人曰：'五行四象坎和离，诗诀分明说与伊。药生下手工夫处，几人会得几人知。'紫阳真人曰：'此个事世间稀，岂是等闲人得知。'杏林真人曰：'神炁归根处，心身复命时。这些真孔窍，料得少人知。'伯阳真人曰：'一者以掩蔽，世人莫知之。'一者何也？就是那未发之中，不二之一，即前者所谓先天一炁是也。《翠虚篇》云：'大药须凭神炁精，采来一处结交③成。丹头只是先天炁，炼作黄芽白玉英。'《复命篇》云：'采二仪未判之炁，夺龙虎始媾之精。闪入黄房，煅成至宝。'《崇正篇》云：'寒渊万丈睡骊龙，颔下藏珠炯灿红。谨密不惊方采得，更依时日法神功。'盖采者以不采采之，取者以不取取之，在于净空中有非动作可为也。昔黄帝遗其玄珠，使知索之，离朱索之，吃诟索之，皆不得。乃使罔象，罔象得之。罔象者，忘形之谓也。必忘形罔象，然后先天一炁可得。《击攘集·先天吟》云：'一片先天号太虚，当其无事见真腴。'又云：'若问先天一字无，后天方要着工夫。'何谓先天？寂然不动，窈窈冥冥，太极未判之时是也。何谓后天？感而遂通，恍恍惚惚，太极已判之时是也。《混元宝章》云：'寂然不动感而通，窥见阴阳造化工。'信乎寂然不动则心与天通，而造化可夺也。《翠虚篇》云：'莫向肾中求造化，须从心里觅先天。'当其喜怒未发之时，睹闻不及之地，河海净然，山岳藏烟，日月停景，

---

① 上医本原作"又"，依上图本改为"入"。
② 上医本原作"精"，墨笔改为"猜"。上图本作"猜"。
③ 上医本漏一"交"字。上图本亦漏此字，行间补出。

璇玑不行，八①脉归根，呼吸俱泯，既深入窈冥之中，竟不知天之为盖，地之为舆，亦不知世之有人，己之有躯。少焉三宫氤满，机动籁鸣，则一剑凿开混沌，两手劈裂鸿蒙，是谓②无中自有。宁玄子云：'不在尘劳不在山③，直须求到窈冥间。'何谓窈冥间？虚极净笃之时也。心中无物为虚，念头不起为净，致虚而至于极，守净而至于笃，阴阳自然交媾，阴阳一交而阴精产矣。故陈图南曰④：'留得阳精，神仙现成。盖阳精日日发生，但常⑤人不知禽聚，以致散之⑥周身⑦。至人以法追摄，聚而结一黍珠，释氏呼为菩提，仙家名曰真种。修性者若不识这个菩提子，即《圆觉经》所谓种性外道是也。修命者若不识这个真种子，即《玉华经》所谓枯坐旁门是也。'张紫阳云：'大道修之有难易，也知由我也由天。'若不知药生，不知采取，不知烹炼，但见其难，不见其易。诚知药生时候采取口诀，烹炼工夫，但见其易，不见其难。此两者在人遇师与不遇师耳。故曰：'月之圆存乎口诀，时之子妙在心传。'然时之子，却有两说，有个活子时，有个正子时。昔闻尹师曰：'欲求大药为丹本，须认身中活子时。'又偈曰：'因读《金丹序》，方知玄牝窍。因读《入药镜》，又知意所到。大丹有阴阳，阴阳随动静。静则窈冥入⑧，动则恍惚应。真土分戊己，戊己不同时。己到但自然，戊到有作为。烹炼坎中铅，配合离中汞。铅汞结丹砂，身心方入定。'曰动静，曰窈冥，曰真土，皆是发明活子时之口诀也。云何谓之动静？曰寂然不动，返本寂静，坤之时也，吾则静以待之。静极而动，阳氤潜萌，复之时也，吾则动以应之。当动而或杂之以静，当静而或间之以动。或助长于其先，或恐失于其后，皆非动静之当⑨也。夫古之至人其动也天行，其静也渊然。当动则动，当静则静，自有常法。今之学者，不知丹法之动静有常，或专乎静，或专乎动。其所谓动者，乃行气之动；其所谓静者，乃禅定之静。二者

① 上医本原作"人"，依上图本改为"八"。
② 上医本原作"谒"，依上图本改为"谓"。
③ 上医本原作"子"，未安，据上图本改为"山"。
④ 上医本原作"回"，墨笔改为"曰"。上图本作"曰"。
⑤ 上医本原作"安"，墨笔改为"常"。上图本作"世"。
⑥ 上医本原作"而焉"，墨笔改为"之"。
⑦ 上医本原作"之身"，墨笔删去。上图本此句差异较大，作"以致散而为周身运用之气。"
⑧ "入"字，据上图本补出。
⑨ 上图本作"常"。

胥失之矣。《指玄篇》不云乎？'人人血炁本通流，荣卫阴阳百刻周。岂在闭门学行炁，正如头上又安头。'曷尝以行气为动哉！《翠虚篇》不云乎？'惟①此乾坤真运用，不必兀兀徒无言。无心无念神已昏，安得凝聚成胎仙。'岂以禅定为静哉！凡人动极而静，自然入于窈冥，窈冥即是寐时，虽元②无天无地无我无人境界，却不至涉于梦境。若一涉梦境，即有喜怒、烦恼、悲欢、爱欲种种情况，与昼间无异，且与窈冥时无天无地无我无人景象，绝不相似。窈窈冥冥，惟昼间动极思静，有此景象。若夜间睡熟，必生梦境，安得有此？昼间每有窈冥时候，人多以纷华念虑害之。而求其入窈冥者，盖亦鲜矣。《崔公入药镜》云：'一日内十二时，意所到皆可为。'一日之内，意到不止一次，则采药亦不止一次。张平叔云'一粒复一粒，从微而至著'是也。大③抵药物当以真意求之，故曰：'好把真铅着意寻。'又曰：'但向华池着意寻。'盖人身真意是为真土，真土之生，有时不由感触，自然发生，虽舆中马上，一切喧闹之地不能禁止，故曰'真土'。真土有二，戊④己是也。土既有二，则意亦有二必矣。⑤所谓二⑥者，一阴一阳是也。谓之真者，无一毫强伪。若有一毫强伪，即是用心揆度谋虑，便属虚假，非真意也。有此真意，真铅方生。何谓有此真意真铅方生？盖动极而静，真意一到，则入窈冥。此意属阴，是为己土。阴阳交媾，正当一阳爻动之时，自觉心花发现，煖炁冲融，阴阳乍交，真精自生。真精即是真铅。所谓'水乡铅，只一味'是也。阴阳交罢，将判未判，恍恍惚惚，乃是静极而动，此意属阳，是为戊土，此时真铅微露，药苗新嫩。此乃有物有象之时，与平旦几希，一役⑦拨动关棪，急忙用动采取，则杳⑧冥所生真精，方无走失。所谓采取工夫，即达磨祖师形解诀，海蟾祖师初乘诀。二诀大略相同，不外吸舐⑨撮闭四字。纯⑩阳祖云：'窈窈冥冥生恍惚，恍

---

① 上医本原作"性"，依上图本改为"惟"。
② 上图本于此有一"人"字。
③ 上医本原作"火"，墨笔改为"大"。上图本作"大"。
④ 上医本原作"戌"，墨笔改为"戊"。上图本作"戊"。
⑤ 上医本原作"失"，依上图本改为"矣"。
⑥ 上医本原作"土"，依上图本改为"二"。
⑦ 上图本作"一般"。
⑧ 上医本原作"窃"，依上图本该为"杳"。上医本之"窃"，似当为"窈"之讹。
⑨ 上医本原作"抵"，依上图本改为"舐"。
⑩ 上医本原作"纪"，依上图本改为"纯"。

恍惚惚结成团。'正是此诀。虽①则是有为之法，然非真土一生，何以施为？是以采铅由于真土生也。故曰'真土擒真铅，铅升与汞配'，合汞得铅，自不飞走。故曰'真铅制真汞'，铅汞既归真土，则身心自尔寂然不动，而金丹大药结矣。是以一时之内，自有一阳来复之机。是机也，不在冬至，不在朔旦，亦不在子时，非深知天地阴阳，洞晓身中造化者，莫知活子时如是之秘也。既曰一日十二时，凡相媾处②皆可为，而古仙必用半夜子阳初动之时者，何也？其时太阳正在北方，而人身炁到尾闾关，盖与天地相应，乃可以盗天地之机，夺阴阳之妙，炼魂魄而为一，合性命以双修，惟此时乃乾坤复之间，天地开关于此时，日月合璧于此时，草木萌蘖于此时，人身之阴阳交合于此时，神仙于此时而采药，则内真外应，若合符节，乃天人合发之机，至妙至玄者也。陈泥丸云：'无当天地合发时，盗取阴阳造化机。'《阴符经》云：'食其时百骸理，盗其机万化安。'邵康节诗曰③：'何者谓之机？天根理极微。今年初尽处，明日起头时。此际易得意，其间难下词。人能知此意，何事不能知。'此际正是造化真机之妙处，尽真机之妙者《周易》也，尽《周易》之妙者，复卦也。尽复卦之妙者，初爻也，故曰'复其见天地之心'乎。盖此时天地一阳来复，而吾身之天地亦然。内以来取吾身之阳，外以盗取天地之阳，则天地之阳，有不悉归我之身中，而为我之药物者乎？然则天地虽大，造化虽妙，亦不能越此发机之外也。此感彼应，理之自然，人若知此天人合发之机，遂于中夜静坐，凝聚神气，收视返听，闭塞其兑④，筑固灵根，一念不生，万缘顿息，浑浑沦沦如太极之未判，溟溟涬涬似两仪之未兆，湛兮独存如清渊之印月，寂然不动如止水之无波。内不觉其一身，外不觉其宇宙。逮夫⑤亥之末子之初，天地之阳炁至，而急采之。未至，则虚以待之，不敢为之先也。屈原《远游篇》云：'道可受兮不可传，其小无内⑥兮其大无垠。毋滑尔魂兮彼将自然，一气孔神兮于中夜存。虚以待之兮无为之先。'旌阳老祖《三药歌》云：'存心绝虑候积

---

① 上医本作"离"，据上图本改为"虽"。
② 上医本原作"露"，依上图本改为"处"。
③ "邵康节诗曰"依上图本补出。
④ 上医本原作"光"，依上图本改为"兑"。
⑤ 上医本原作"夹"，依上图本改为"夫"。
⑥ 上医本原作"外"，依上图本改为"内"。

凝①。《指玄篇》云：'塞兑垂帘默默窥。'皆藏器待时之谓也。呜呼②！时辰若至，不劳心力，自相交，自凝结。入室按时，须等着一轮羲驭自腾升，岂可为之先哉？夫金丹大药孕于先天，产于后天，其妙在乎太极将判之间，静已极而未至于动，阳将复而未离乎阴。斯时也，冥冥兮如烟岚之罩山，濛濛兮如雾气之笼水，霏霏兮如冬雪之渐凝渐聚，沉沉兮如浆水之渐澄渐清。俄须，养生毫窍，肢体如绵，心觉恍惚，而阳物勃然举矣。此时阳炁通，天信至，则琼钟一叩，玉洞双开，时至炁化，药产神知，地雷震动巽门闭，龙向东潭涌跃来，此是玄关透露而精金出矿之时矣。邵康节曰：'恍惚阴阳初变化，氤氲天地乍回旋。中间些子好光景，安得功夫入语言。'白玉蟾云：'因看斗柄运周天，顿悟神仙妙诀。一点真阳生坎位，补却离宫之缺。自古乾坤，这些离坎，日月无休歇。今年冬至，梅花依旧凝雪。先圣此日闭关，不通来往，皆为群生设。物物总含生育意，正在子初亥末。造物无声，水中火起，妙在虚危穴。如今识破，金乌飞入蟾宫窟。'所谓虚危穴者，即地③户禁门是也。其穴在任督二脉中间④，上通天谷，下达涌泉。故先人有言，'天门常开，地户永闭'。盖精气凝聚常在此处，水火发端也在此处，阴阳交化也在此处，有无交入也在此处，子母分胎也在此处。《翠虚篇》曰：'有一子母分⑤胎路，妙在尾箕斗牛女。'此穴干涉最大，系人生死岸头，故仙家名为生死窟。《参同契》云'筑固灵根'者此也，'拘⑥畜禁门'者此也。《黄庭经》云'闭塞命门保玉都'者此也，'闭子精路可常⑦活者'此也。盖真阳初生之时，形如烈火，状似炎⑧风，斩关透路而必由此穴经过。因闭塞紧密，攻击不开，只得驱将⑨尾闾连空焰，赶入天衢往上奔，一撞三关，直⑩透顶门，得与真汞配合，结成丹砂，非拘禁门之功而谁与？"

真人曰："此篇玄机洩尽，殆无余蕴。其论先后两天、阴阳二土，亦其精

---

① 上图本作"精凝"。
② 上医本原为"呼呜"，墨笔改为"呜呼"。上图本亦作"呜呼"。
③ 上医本原作"此"，依上图本改为"地"。
④ 上医本原作"开"，依上图本改为"间"。
⑤ "分"字依上图本补出。
⑥ 上医本原作"相"，墨笔改为"拘"。上图本作"拘"。
⑦ 上医本原作"尝"，依上图本改为"常"。
⑧ 上医本原作"脓"，依上图本改为"炎"。
⑨ "将"字依上图本补出。
⑩ 上医本原作"真"，墨笔改为"直"。上图本作"直"。

核。修行法子诚能熟读详味，以之合于《成真卷》中参其功而行之，孰曰不藉之而入无上甚深者乎？诚恐以空文视之，徒作麤鄙玄黄之炫耳！"

《昭然子药物诀》曰："金是情，情是铅，铅性好①飞；木是性，性是汞，汞性好走。一情不动，便是抽铅，真性明朗，便是添汞，全在意也。"

真人曰："观头一节，则抽铅添汞之旨，显然毕露于兹也。盖铅含五金之气，其性甚杂，亦如情具五识之根，亦杂也，所以养生家每以铅喻情。汞禀飞走之性，其形难死，亦如性寓飞扬之胎，亦难定也。诚能离我之情，则性自定；空我之性，则情自消。所以全以真意煅炼之也。"

《悟玄子药物诀》曰："天地形炁②独秉化权，万物皆含其炁而生。所谓乾父坤母者以此。试视禽一冲而制在气，履空如实；鱼一跃而制在气，穿水如无。众木凋残，松柏独茂者，气盛也。群动寂灭，龟鹤不瘁者，气壮也。形为留气之舍，气为保形之符。故欲长生，先以炁为药。"

又曰："列子云：'气聚则生，气散则死。'是命在造化不在我也。人能得其枢要，掌握呼吸之息，息之出入，由吾掌握，则命在我，又不在天也。人能使真炁钟聚于一身之内③而积功，自然脱化。"

真人曰："语云：'炁是添年药。'夫人自炁形之始，以至有生之后，莫非一炁，以为循环，苟能于有生之后，保此天然一息，则天地之化柄，自我而操，造化之枢，亦自我而摄。虽与混沌相为终始可也。又何生生死死之多事乎？观悟玄子之二段玄言，可爽默会也。"

丹亭真人卢祖师广胎息经卷之十终。

① "好"字据上图本补出。
② 上图本作"天地元气之运"。
③ 上医本原无"内"字，墨笔补出。上图本此句稍有差异，作"人能使真炁钟聚于一身，久而积功"。

丹亭卢真人广胎息经卷之十一

了道部四

诸真药物口诀①

玄肤子曰："或问：先天之气为真铅，其旨安在？答曰：真者，对凡而言。真则无形，而凡则有象也。必欲竟其说，请言其本。夫自乾坤交而坎离之体成矣。乾坤交，则浑沦②之体已破。故后天卦位，退乾坤于至尊无用之地，而以离坎代之。盖南北者，天地之两极也。先天卦位，本乾坤所居，今退而不用，以离坎代之，则后天之用行也。离为日，照耀于南；坎为月，照耀于北。日月交光，而万物生焉。虽曰后天之用，则实先天之体为之。故坎之真炁，化而为铅，即天一所生之水也；离之真精，化而为汞，即地二所生之火也。铅汞水火，皆人间有形有象之物，谓之真铅真汞，则不可名、不可象也。故不得已而假有名、有相之物以拟之，而加之曰真而实，则阴精阳炁而已。《易》曰：'精炁为物。'精与炁合，而人始生，皆先天之用也。以其互藏也，故男得其精而用精者化，女得其炁而用炁者昌。用精者化，故顺而成人；用炁者昌，故逆而成丹。先天之炁为真铅，厥有旨也。以先天未扰之真铅，制后天久积之真汞，则其相爱相恋之情，如夫妻子母之不忍离，是皆自然而然，有不知其所以然者。"

---

① 上图本作"真圣药物口诀"。
② 上图本与《问》均作"混沌"。

又曰："元炁为铅，元精为汞，元神果何物乎？曰：元神为性，精炁之主也。以其两在而不测，通灵而无方，故命之曰神。故神住则精凝，精凝则炁归，炁归则丹结。元精非交感之精，心中之真液也；元炁非呼吸气，乃虚无中之真炁也；元神非思虑之神，父母未生之前之灵真也。"

又曰："何以知神之统乎精炁乎？曰：即举一身之后天者言之。神太惊则精散而怔忡，① 神太淫则精脱而痿缩。故神藏于精则曰精神，神藏于炁则曰神炁。修真之士，莫要于养神。神则性也，性定则神安，神安则精住，精住则炁生。何以故？性定则心火不上炎，火不上炎则水不干，故身中之精亦住。凡身中五脏六腑之精，皆水也。精盛于肾者，精水② 成潮，潏然上腾，如云雾然。吾以元神斡旋上下，是水火交而成既济也。"

真人曰："玄肤子数说，可谓精透矣。然分元神、元炁、元精而三之，以之论理则可，以之下手则不可，何也？语云：'本来真性是金丹，四假为炉炼作团。'夫神即性也。炁虽是添年之药，则亦配合此性而为延接之资者也。则三者之中，方且不可得而二之，况三之乎？故曰以之论理则可也。"

《丘长春药物诀》曰："炁无出入，息定谓之真铅；念无起灭，神凝谓之真汞。息有一毫之未定，散而归阴，非真铅也；念有一毫之未住，流为儿趣③，非真汞也。非夙有仙骨，安能如是！"

真人曰："此论铅汞最精最确。欲定神，先定炁；欲定炁，先定息。所谓'真铅制真汞'者，此也。"

《金丹大要·药物诀》曰："我师既指先天一炁自虚无中来，致虚续曰：既自虚无中来，却非天之所降、地之所出，又非我之所有，亦非精，亦非血，非草木，非金石，是皆非也。谁得而知之乎？《易》曰：'西南得朋，乃与类行。'又曰：'君子以虚受人。'佛谓'西方莲华世界'，马祖曰：'西江水。'《悟真篇》曰：'药在西南是本乡。'又曰：'蟾光终日照西川。'又曰：'铅遇癸生须急采。'又曰：'取将坎位中间实，点化离宫腹内阴。'《太乙真人破迷歌》曰：'如何却是道，太乙含真炁。'太乙岂非西乎？西南者，金火

---

① 上医本原作"神太惊即精散而性神"，文意未安。据上图本改为"神太惊即精散而怔忡"。
② 上图本作"积水"，《问》作"精水"。
③ 上图本作"鬼趣"，《问》作"儿趣"。

所在也；坎癸者，水铅所居也。黑铅是先天一炁，而隐于北方也。然本无方位，故曰：'自虚无中来。'"

又曰："道之为物，通炁而生炁，复资炁而育炁，天地万物未有非炁而自生育者。然吾所谓炁，却非天地呼吸口鼻往来。要知是炁之名，须究外内之道。炁之在外者曰黑铅，炁之在内者曰黑汞，即修定之道也。"

真人曰："夫真一之炁，原自虚无中来，何也？未有此身之先，已有此炁，则此身不过此炁之招摄耳。黑铅者，炁也；黑汞者，神也。何以内外言之？盖此炁虽亦在内，然呼吸趋蹶击搏运动，皆炁也，毕竟在外而非内也。神又何以炁言也？盖炁之灵变处，即是神也。"

《金丹大要》又曰："精炁神有先天，有后天。"其论后天精曰："夫精者，极好之称。在人身中，通有一升六合。此男子二八已满未泄之① 成数，称得一斤。积而满者至三升，损丧者不及一升。精与气相养，气聚② 则精盈，精盈则气盛。"其论后天炁曰："人受生之初，在胞胎内，随母呼吸而成③。及乎生下，剪去脐蒂，一点元灵之炁，聚于脐下。凡人惟炁最先莫于④ 呼吸，眼、耳、鼻、舌、身、意，皆由于炁。在人身八百一十丈，与脉偕行，衰旺相关。养生之士，先资其炁，资炁⑤ 在于寡欲。行走则炁急而嗄，甚睡则气粗而齁，惟坐静则气平而缓。"其论后天神曰："人身外有一万八千阳神，身内有一万八千阴神，所主者绛真人，即心王也。其人表正，其神亦正；其人谄曲，其神亦邪。"

真人曰："此皆论后天也。所以后天处即是先天。其阴阳二神，其心中之机权变术，非乎用之阳明则曰阳神，用之阴暗则曰阴神？"

莹蟾子曰："大凡学道，须从外药起，然后及内药。内药者，无为而无不为也；外药者，有为而有以为也。内药则无形无质，外药则有体有用。无形无质者又实有，有体有用者又实无。外药者，色身上事；内药者，法身上事。外药是地仙之道，内药是天仙之道；外药了命，内药了性。"

---

① 上医本原作"也"，墨笔改为"之"。上图本、《问》均作"之"。
② 上医本原作"众"，上图本与《问》均作"聚"。上医本当因形近讹"聚"为"众（眾）"。
③ 《问》作"而成"，上图本作"受而成形"。
④ "莫雨"二字依上图本、《问》补出。
⑤ "资炁"二字据上图本、《问》补出。

真人曰："此段议论可作前《金丹大要》中'黑铅黑汞'等语的注疏。"

《九转琼丹论·药物诀》曰："大丹受乎神水，感炁而生，因炁成质。仙家定水为宗，化炁结子，与母相恋，名为大丹。子受炁而成形，丹禀水而立质。兹明受气而生，斯乃仙家共禁之诀，未尝轻泄天机也。水虽有形，终而无质，神仙以法制之，升而复能生质也。升降既已合度，虚无灵质生焉，故曰：'无质生质是还丹。'"

真人曰："'大丹感乎神水，受炁而生'，此二句已尽金丹大蕴。"

《仙化图·论药物》曰："第一转金丹，如粪壤中有虫，其名曰蜣螂；第二转如蜣螂转粪成丸子；第三转如蜣螂有一雌一雄；第四转如蜣螂共滚粪丸，从地上行；第五转如两个蜣螂共抱粪丸，守而精思；第六转如粪丸之中有蠕白者；第七转如粪丸蠕已成蝉形；第八转如蝉形已弃其粪丸之壳；第九转如蜣螂死，粪丸裂，其蝉飞。此喻精妙。"

真人曰："九转工夫，不过是自无形以入有形，无质成有质，虚中结象，便是转还，便是丹药。"

抱一子《显道图·药物诀》曰："造道原来本不难，工夫只在定中间。阴阳上下常升降，金水周流自返还。紫府青龙交白虎，玄宫地轴合天关。云收雨散神胎就，男子怀胎不等闲。"

许宣平《玄珠歌·药物诀》曰："天上日头地下转，海底婵娟天上飞。乾坤日月本不运，皆因斗柄转其机。人心若与天心合，颠倒乾坤止[①]片时。虎龙战罢三田静，收拾玄珠种在泥。"

李道纯《中和集·药物诀》曰："火符容易药非遥，天癸生如大海潮。两种铅汞知采[②]取，一齐物欲尽镕消。掀翻万有三元合，炼尽诸阴五炁朝。十月脱胎丹道毕，婴神出壳谒神霄。"

又曰："炼汞烹铅本没时，学人当向定中推。客尘欲尽心无着，天癸才生神自知。情寂金来归性本，精凝坎去补南离。两般灵物交并后，阴尽阳纯道可期。"

真人曰："以上四诗，皆妙入玄微，如抱一子'工夫只在定中'是生药之

[①] 上医本原作"正"，未安。据上图本、《问》改为"止"。
[②] 上医本原作"米"，墨笔改为"采"。上图本、《问》均作"采"。

基也。许宣平之'天上日头''海底婵娟'，乃水升火降之喻也。'斗柄'乃人身之真息也。李清庵二诗，前首乃采药功夫，后首乃配药工夫也。"

《石杏林药物诀》曰："万籁风初起，千山月作团。急须行政令，便可运周天。"

《莹蟾子药物诀》曰："可道非常道，行道是外功。梦儿①真造化，恍惚窈冥中。"

《石得之药物诀》曰："药取先天炁，火寻太阳精。能知药取火，定里见丹成。"

《吕纯阳药物诀》曰："要觅长生路，除非想本元。都来一味药，刚道数千般。"

《金碧经·药物诀》曰："元君始炼汞，神室含洞虚。玄白生金公，巍巍建始初。"

《梅志仙采药歌诀》曰："阴蹻泥丸，一气循环。下穿地户，上撽天关。"

真人曰："以上六诗，皆明采药。石杏林之'万籁千山'，是河车上行之时也。莹蟾子之'恍惚窈冥'是将得药之光景也。石得之、吕纯阳皆以先天一炁为真种子，《金碧经》则以炁投神，梅志仙则三关通透。细读参审，反复诸诀，自得真味。"

《彭鹤林采药诀》曰："得诀归来试炼看，龙争虎战片时间。九华天上人知得，一夜风雷撼万山。"

《上阳子采药诀》曰："虎之为物最难言，寻得归来玄又玄。一阳初动癸生处，此际因名大易先。"

《陈泥丸采药诀》曰："半斤真汞半斤铅，隐在灵源太极先。须趁子时当采取，炼成金液入丹田。"

《吕纯祖采药诀》曰："捉得金精固命基，日魂东畔月魄西。于中炼就长生药，服了还同天地齐。"

《徐神翁药物诀》曰："灿灿金华日月精，溶溶玉液乾坤髓。夜深天宇迥无尘，惟有蟾光照神水。"

《陈默默药物诀》曰："兑金万宝正西成，桂魄中秋倍样明。便好用功施

---

① 上图本作"些儿"，《问》作"梦儿"。

采取，虚中以待一阳生。"

《玄奥集·药物诀》曰："一泓神水满华池，夜夜池边白雪飞。雪里有人擒玉兔，赶教明月上寒枝。"

《陈图南药物诀》曰："窈冥才露一端倪，恍惚未曾分彼此。中间主宰这些儿，便是世人真种子。"

《陈翠虚药物诀》曰："只取一味水中金，收拾虚无造化窟。促将百脉尽归源，脉住炁停丹始结。"

《龙眉子药物诀》曰："先天一炁号真铅，莫信迷徒妄指传。万化滋张缘朕兆，一灵飞走赖拘钤。"

真人曰："以上十诗，皆明采药火候。彭鹤林之'一夜风雷'，乃采药之光景也。上阳子①之'一阳初动'，乃大药初生之时也。陈泥丸之'子时'，乃身中子时也。吕纯阳之'日魂东、月魄西'，乃以神归炁也。徐神翁之'蟾光神水'，亦是以神养炁也。陈默默之'桂魄中秋'，乃药望之时也。《玄奥集》之'明月寒枝'，亦是采药上升之验。陈图南之'窈冥恍惚'，亦虚极静笃，药苗新嫩之际。陈翠虚之'脉住炁停'，乃大药归根之时。龙眉子之'一灵飞走赖拘钤'，亦是以神制炁之意。读者须当细味。"

《钟离翁药物诀》曰："塞兑垂帘寂然窥，满空白雪乱参差。殷勤收拾无令失，伫看孤轮独上时。"

《薛道光药物诀》曰："无不为之有以为，坎中有白要归离。水源初到极清处，一点灵光人不知。"

《吕纯阳药物诀》曰："莫怪瑶池消息稀，只缘人事隔天机。若人寻到水中火，有一黄童上太微。"

《李莹蟾药物诀》曰："玄关欲透作工夫，妙在一阳来复初。天癸才生忙下手，采取②之时须快速。"

《邵康节药物诀》曰："忽然夜半一声雷，万户千门次第开。若识无中含有象，许君亲见伏羲来。"

《上阳子药物诀》曰："元来一味坎中金，未得师传枉用心。忽尔打开多

---

① 上医本原作"上阳初"，误，改为"上阳子"。上图本、《问》均作"上阳子"。
② 上医本原作"采初"，依上图本、《问》改为"采取"。

宝藏，木非土也不成林。"

《陈翠虚药物诀》曰："父精母血结成丹，尚自他形似我形。身内认吾真父母，方才捉得五行①精。"

《陈泥丸药物诀》曰："西南路上月华明，大药还从此处生。记得古人诗一句，曲江之上鹊桥横。"

《玄奥集·药物诀》曰："炼丹仔细用工夫，昼夜殷勤守药炉。若遇一阳才起复，嫩时须采老时枯。"

《张玉峰药物诀》曰："佛印指出虚而觉，丹阳抉破无中有。捉住元初那点真，万古千秋身不朽。"

真人曰："以上十诗，如钟离翁之'白雪参差'，乃采药之形象也。如薛道光之'水源极清'，乃真药极旺之时也。如吕翁之'水中火'，乃炁中液也。李莹蟾之'玄关欲透'，乃三关将透之时也。邵康节之'夜半声雷'，乃地户已透之时也。上阳之'打开多宝藏'，非止三关通透，且能归中宫也。陈翠虚之'身内父母'，乃一神一炁，真药物也。陈泥丸之'西南月华'，西南坤左金右火，产药之地也。《玄奥集》之'采嫩忌枯'，恐炁旺不采，致生他变也。张三峰之'捉住元初'，元初者，性也，性即是神，欲捉神，先捉炁，炁住神自住也。"

《珠玉集·药物诀》曰："水乡铅，只一味，不是精神不是气。元来即是性命根，隐在先天心坎内。"

上阳子又曰："恰恰相逢绝妙奇，中秋天上月圆时。阳生急②采毋令缓，进火工夫要虑危。"

陈泥丸又曰："离坎名为水火精③，本是乾坤二卦成。但取坎精点离穴，纯乾便可摄飞琼。"

《玄奥集·药物口诀》曰："恍惚之中有至精，龙吟虎啸最堪听。玄珠飞趁昆仑顶，昼夜河车不暂停。"

《薛紫贤药物诀》曰："轧轧相从响发时，不从他得豁然知。桔槔说尽无生曲，井底泥蛇舞柘枝。"

---

① 上医本原作"形"，墨笔改为"行"。
② 上医本原作"息"，依上图本、《问》改为"急"。
③ 上医本原作"清"，当为"精"。

《许宣平药物诀》曰："返本还元已到乾，能升能降号飞仙。一阳生处兴功日，九转固为得道年。"

陈翠虚又曰："日乌月兔两轮圆，根在先天采取难。月夜望中能采取，天魂地魄结灵丹。"

《金丹撮要·药物诀》曰："一炁圆成五物真，五物圆成一炁灵。夺得乾坤真种子，子生孙兮又生孙。"

《回谷子药物诀》曰："精神炁血归三要，南北东西共一家。天地变通飞白雪，阴阳和合产黄牙。"

《王果斋药物诀》曰："精炁神兮药最亲，以此修丹尚未真。修丹只要乾坤髓，乾坤髓即坎离仁。"

真人曰："以上十诗，如《珠玉集》'水乡铅，只一味'，分明指出先天一炁。至于上阳子之'中秋月上'则炁旺欲升之时。陈泥丸之'取坎填离'，则使①炁制神之法。《玄奥集》之'河车'、薛紫贤之'桔槔'、许宣平之'飞仙'，皆真炁上泝之意也。陈翠虚之'先天根'、《金丹撮要》之'真种子'、回谷子之'阴阳和合'、王果斋之'乾坤精髓'，孰非此真一之炁者乎！"

《陈泥丸药物诀》曰："铅汞相传世所稀，朱砂为质雪为衣。朦胧只在君家舍，日日君看君不知。"

《李清庵药物诀》曰："先天至理妙难穷，铅产西方汞产东。水火二途分上下，玄关一窍在当中。"

《王阳明药物诀》曰："闲观物态皆生意，静悟天机入窈冥。道在险夷随地乐，心忘鱼鸟自流行。"

《邵康节药物诀》曰："天心复处是无心，心到无时无处寻。若谓无心便无事，水中何故却生金。"②

《陈楠药物诀》曰："夺取先天妙，夜半看辰杓。一些珠露，阿谁运到稻花头。便向此中采取，宛如碧莲含蕊，滴破玉池秋。万籁风初起，明月一沙鸥。"

《高象先药物诀》曰："梦谒西华到九天，真人授我《指玄篇》。其中简易

---

① 上医本原作"死"，未安，据《问》改为"使"。
② 《问》于此后出现明显排版错误。依萧天石整理之页码，错版页序当纠正为：44-47-48-45-46-49。有关于此，不可不识。

无多字，只要教人炼汞铅。"

《马丹阳药物诀》曰："铅汞是水火，水火是龙虎，龙虎是神炁，神炁是性命。"

《指玄篇药物诀》曰："奔归炁海名朱骥，飞入泥丸是白鸦。昨夜虎龙争战罢，雪中微见月钩斜。"

《醒眼诗·药物诀》曰："木金间隔各西东①，云起龙吟虎啸风。二物寥寥天地回，幸因戊己会雌雄。"

陈泥丸又曰："子时炁对尾闾关，夹脊河车透甑山。一颗水晶入炉内，赤龙含汞上泥丸。"

真人曰："以上十首，陈泥丸'硃质雪衣'，亦神凝炁结之喻耳。李清庵之'水火下上'，乃采药时水升火降之验。王阳明之'天机窈冥'，盖窈冥即是天机之深处。'天心复'乃地下雷轰。康节深会道体之言也。炼汞铅，乃以神合炁，象先精入微机之处也。若马丹阳'铅汞'等语，足以了千万卷丹经也。《指玄篇》之'朱骥、白鸦'，盖形真炁周流之状耳。《醒眼诗》之'虎啸龙吟'、陈泥丸之'夹脊河车'，乃贯穿三关之证也。"

云房真人曰："驱回斗柄玄关里，斡转天机万象通。片响虎龙频斗罢，二物相交顷刻中。"

《翠虚篇·药物诀》曰："醉倒酣眠梦熟时，满船运载过曹溪。一才识破丹基后，放去收来总是虚②。"

《古仙歌·药物诀》曰："水银一味是仙药，从上流传伏火难。若遇河车成紫粉，粉霜③一味化金丹。"

《玄奥集·药物诀》曰："移将北斗过南辰，两手双擎日月轮。飞趁昆仑山上出，须臾化作一天云。"

阴长生曰："深夜龙吟虎啸时，急驾河车无暂歇。飞晶运上昆仑顶，进火玉炉烹似雪。"

《张元化药物诀》曰："源流一直上蓬莱，散下甘泉润九垓。从此丹田沾雨露，黄牙遍地一齐开。"

---

① 上医本原作"木金隔间各东西"，韵脚不合。据上图本、《问》改为"木金间隔各西东"。
② 上图本作"总是伊"，《问》作"总是仙"。
③ 上医本原作"粉雷"，依上图本改为"粉霜"。《问》作"粉擂"。

《原道歌·药物诀》曰："妙运丹田勤上下，须知一体合西东。几回笑指昆山顶，夹脊分明有路通。"

《玄奥集》又曰："独步昆仑望窈冥，龙吟虎啸甚分明。玉池常滴阴阳髓，金鼎时烹日月精。"

《群仙珠玉·药物诀》曰："点①丹阳，事迥别，须向坎中求赤血。捉来离位制阴精，配合调和有时节。"

《金丹集·药物诀》曰："河车搬运上昆山，不动纤毫到玉关。妙在八门牢锁闭，阴阳二炁自循环。"

真人曰："以上十诗，云房真人'斗柄天机'，盖指吾身之真息；《翠虚篇》'载过曹溪'，乃真炁过关也。《古仙歌》之'河车'，亦是真息。《玄奥集》二诗，前诗言真炁上泥丸，化作甘露之验，后诗亦同属一意。阴长生、张元化与《原道歌》，皆指真炁上行，诀俱明露。《珠玉》诗'坎中赤'，亦指炁言。《金丹集》前胎息已载，不赘。"

《无一歌·药物诀》曰："到此得一复忘一，可以元化同出没。设若执一不能忘，大似痴猫②守空窟。"

《白玉蟾药物诀》曰："汞心炼神赤龙性，铅身凝炁白虎命。内外浑无一点阴，万象光中玉清境③。"

《吕纯阳药物诀》曰："盗得乾坤祖，阴阳是本宗。天魂生白虎，地魄产青龙。运宝泥丸住，搬精入土宫④。有人明此法，万载貌如童。"

《玄奥集·药物诀》曰："要识玄关端的处，儿女笑指最高峰。最高峰，秀且奇，彼岸濛濛生紫芝。只此便是长生药，无限修行人不知。"

真人曰："以上四诗，《无一歌》之'得一忘一'，盖指炁而言。白玉蟾之'汞心炼神'，谓炼汞即炼神也；铅身凝炁，谓炼铅即凝炁也。炼神则心愈灵，凝炁则身长固。纯⑤阳翁之'天地魂魄'，亦不外此意。《玄奥集》之'女儿笑指高峰'，亦是炁上昆仑之旨也。"

---

① 上医本原作"默"，依上图本、《问》改为"点"。
② 上医本原作"描"，墨笔改为"猫"。上图本、《问》均作"猫"。
③ 上医本原作"主清境"，依上图本、《问》改为"玉清境"。
④ 上图本作"上宫"，《问》作"土宫"。
⑤ 上医本原作"亲"，墨笔改为"纯"。上图本、《问》均作"纯"。

外附诸真碎玉药物诀

《吕纯阳诀》曰:"无中出有还丹象,阴里生阳大道基。"
《李清庵诀》曰:"极致冲虚守静笃,静中一动阳来复。"
《钟离翁诀》曰:"一点最初真种子,入得丹田万古春。"
《白玉蟾诀》曰:"一阳才动大丹成,片晌功夫造化灵。"
《莹蟾子诀》曰:"虚极又虚元气凝,静之又静阳来复。"
《刘海蟾诀》曰:"渺邈但捞水里月,分明只采静中花。"
《旌阳祖诀》曰:"恍惚杳冥二炁精,能生万物合乾坤。"
《还阳子诀》曰:"日精若与月华合,自出真铅在世来。"
《李道纯诀》曰:"坎水中间一点真,急须取向离中凑。"
李清庵又云:"三物混融三性合,一阳来复一阴消。"
《刘奉真诀》云:"些儿欲问天根处,亥子中间得最真。"
《河车歌·诀》云:"两物擒来共一炉,一泓神水结真酥。"
《段真人诀》云:"四象五行攒簇处,乾坤日月自然归。"
《渐语集》歌曰:"因晓丹烧火炎下,故使黄河水逆流。"
《虚靖天师诀》曰:"神若出,便收来,[①] 神返身中炁自回。"
《还源篇》诀曰:"炁是形中命。"
《玄学正宗》曰:"肾中生炁,炁中有真水;心中生液,液中有真炁。"
《曹仙姑诀》曰:"神是性兮炁是命,神不外驰炁自定。"
《张平叔诀》曰:"真土[②]制真铅,真铅制真汞。铅汞归真土[③],身心寂不动。"

[①] 上医本原作,"神若出,便收来",墨笔补改为"元神一出便收来"。然上图本、《问》此句均作"神若出,便收来。"显然上医本墨笔误改,此改回。
[②] 上医本原作"玉",墨笔改为"土"。上图本、《问》均作"土"。
[③] 上医本原作"玉",墨笔改为"土"。上图本、《问》均作"土"。

了道部五

诸真火候口诀

养浩生曰："古昔真师大药口诀，已蒙一一详示，敢乞火候之旨？"

真人曰："语云'真火本无候'，其卦爻符策为初学者摄心之具耳。其实一日之内，意到处便是火。自意起时，以至灭时，即属行火之候，何必纷纷辨别，以自敝其神哉？吾今以自古诸真火候口诀，一一陈布，子其识之。"

《陈虚白火候诀》曰："古歌云：'圣人传药不传火，从来火候少人知。'夫何谓不传？非秘不传也。盖采时谓之药，药之中有火焉；炼时谓之火，火之中有药焉。能知药而取火，则定里之丹成，自有不待传而知者也。诗曰：'药物阳中阴，火候阴内阳。会得阴阳旨，火候一处详。'此其义也。后人惑于丹书，不能顿悟，闻有二十四炁、七十二候、二十八宿、六十四卦、十二分野、日月合璧、海潮升降、长生三昧、阳武阴文等说，必欲究竟何者为火、何者为候。及心一生，种种着相，虽得药物之真，懵然不敢烹炼。殊不知真火本无候，大药不计斤。玉蟾曰：'火本南方离卦，属心。心者神也，神即火也，炁即药也，以火炼药而成丹者，即是以神驭炁而成道也。'其说如此分明，如此直捷①，夙无仙骨，诵为虚言，当面错过，真可叹惜。然火候口诀之要，尤当于真息中求之。盖息从心起，心静息调，息息归根，金丹之母。《心印经》曰'回风混合，百日功灵'者，此也；《入药镜》所谓'起巽风，运坤火，入黄房，成至宝'者，此也；海蟾翁所谓'开辟乾坤造化机，煅炼一炉真日月'者，此也。何谓'真人潜深渊，浮游守规中'？心②以神驭炁，以炁定息，橐籥之开阖③，阴阳之升降，呼吸出入，任其自然，专炁致柔，含光默默，行、住、坐、卧，绵绵若存。如妇人之怀孕，如小龙之养

---

① 上图本作"真切"，《问》作"直捷"。
② 上图本作"必"，《问》作"心"。
③ 上医本原作"开辟"，依《问》改为"开阖"。

珠，渐采渐炼，渐凝渐结，功夫纯粹，打成一片，动静之间，更守消息。念不可起，念起则火炎；意不可散，意散则火冷。但使其无过不及，操守得中，神抱于炁，炁抱于神，一意冲和，包裹混沌，斯谓火种相续，丹鼎常温，无一息之间断，无毫发之差殊。如是炼之一刻，一刻之周天也；如是炼之一时，一时之周天也。炼之百日，谓之立基；炼至十月，谓之胎仙。以至元海阳生，水中火起，天地循环，乾坤反复，亦皆不离一息。况所谓沐浴温养、进退抽添。其中密合天机，潜符造化，而不容吾力焉。故曰：'火虽有候不须时，些子机关我自知。'无子午卯酉之法，无晦明弦朔之节，无冬至夏至之分，无阴符阳火之别，无十二时只用一时之说。若言其时，则十二时，意所到，皆可为；若言其妙，则一刻之工夫，自有一年之节候。'但安神息任天然①'，此先师之的说也；'昼夜屯蒙法自然，何用孜孜看火候'，此先师之确说也。噫！'圣人传药不传火'之旨，尽于斯矣。若谓药自药、火自火，则吾不知矣。诗曰：'学人何必苦求师，泄漏天机只此书。踏破铁鞋无觅处，得来全不费工夫。'"

真人曰："此诀明醒，易于觉悟。诚能于真息中含真火，真意中定真息，则虽一息之间，亦可夺天地三百六十火功也。人能专心定息，何虑不默合符策？又奚必算爻定策之纷纷多事乎？"

《尹真人火候诀》曰："夫乾坤交姤，收外药也；卯酉周天，收内药也。外交媾者，后上前下，一升一降也；内交媾者，左旋右转，一起一伏也。两者循环，状似璇玑，故魏伯阳云：'循环璇玑，升上降下，周天六爻，难以察睹。'世人只知有乾坤交媾，而不知有卯酉周天，是犹有车而无轮，有舟而无舵，欲望载远，讵可得乎？故《还元篇》云：'轮回玉兔与金鸡，道在人身人自迷。满目尽知调水火，到头几个识东西。'东者，木性也；西者，金情也。一物分二，间隔东西。今得斗柄之机斡旋，则木性爱金，金情恋木，相为交结，而金木交并也。金木交并，方成水火全功。丹经谓之'和合四象'者，此也。故张全一《铅火秘诀》云：'大药②之生有时节，亥末子初正半夜。

---

① 上医本原作"但安晨夕任自然"，墨笔改为"但安神息任天然"。上图本作"但安晨夕任天然"，且小字补一句"慢守药炉看火候"。《问》作"但看神息任天然"。

② 上医本原作"火药"，《问》亦作"火药"；上图本作"大药"。"火"当为"大"之讹，据上图本修订。

精神相媾合光华，恍恍惚惚生明月。姤罢流下喷泡然，一阳来复外转泄①。急须闭住太素关，火迫药过尾闾穴。采时用目守泥丸，垂下左上且凝歇。谱②之瞻理脑升玄，右边放下复起折。六六数毕药升乾，阳极阴生往若③迁。须开关门以退火，目光下瞩守坤田。右下左上方凝住，二八数了一周天。此是天然真火候，自然升降自抽添。也无弦望与晦朔，也无沐浴共长篇。异名剪除譬喻扫，只斯两句是真诠。'其法在乾坤交媾后行，则所结金丹，不致耗散也。先以法器顶住大玄关口，次以行炁主宰，下照坤脐。良久，徐徐从左上照乾顶，少停，从右降下坤脐，是为一度。又坤脐而上升乾顶，又从乾顶而降下坤脐，如此三十六转，是为进阳火。三十六度毕，开关以退火，亦用下照坤脐，从右上至乾顶，左边放下坤脐，是为一度。如此二十四度，是为退阴符二十四度毕。故张紫阳曰：'斗极建四时，八节无不顺。斗极实兀然，魁杓自移动。只要尔眼皎，上下交相送。须向静中行，莫向忙时动。'所以用两眼皎者，何也？盖眼者，阳窍也。人之一身皆属阴，惟有这点阳耳。我以这一点阳，从下而上，从左至右，转而又转，战退群阴，则阳道日长，阴道日消，故《易》曰：'龙战于野，其血玄黄。'又能使真炁上下循环，如天河之流转，其眼之功，可谓大矣。盖人初结胎时，天一生水，生黑睛而有瞳人，属肾；地二生火，而有两眦，属心；天三生木，而有黑珠，属肝；地四生金，而有白珠，属肺；天五生土，而有上下胞胎，属脾。由此观之，则五脏精，皆发于目也。因师指窍之后，见妇人小产、牛马落胎，并抱鸡之蛋，俱先生双目，而脏腑皆未成形。始知目乃先天之灵，元神所游之宅也。《皇极经世》曰：'天之神栖于日，人之神发于目。'大矣哉，人之神发于目也！生身处，此物先天地生；没身处，此物先天地没。水、火、木、金、土之五行，攒簇于此；肝、心、脾、肺、肾之五脏，钟灵于此；唾、涕、精、津、液、气、血之七物，结秀于此。其大也，天地可容；其小也，纤毫不纳。非吾一身中之大宝也欤？"

真人曰："盖神虽是先天之火，于运用趁逐而飞者，机全在目，故此篇不啻详言之也。则眼亦谓之后天火可矣。至于起伏上下，此篇已细剖矣，又何

---

① 上图本作"休轻泄"。
② 上图本作"谓"。
③ 上图本作"右"，《问》作"若"。

融，宽急相得，火力调匀，然后药就而丹成也。所谓朝屯暮蒙，不过言其进退之则有如是耳。得其意，忘其象可也。"

真人曰："神为真火，真息为火之橐籥，此千圣不易之言，亦至秘之言也。"

《上①阳子火候诀》曰："火候最秘，圣人不传，今略露之。药非火不生②，药熟则火化矣；火非药不生，火到则药成矣。"

真人曰："药火之为一③物也，睹此自明。"

又曰："凡运火之际，忽觉夹脊真炁上冲泥丸，沥沥然有声，从头似有物触上脑中。须臾如雀卵，颗颗自腭下重楼，而冰酥香甜，甘美之味无比。觉有此味乃验金液还丹。徐徐咽归丹田，自此而后，常常不绝，闭目内视脏腑，历如照烛，渐次有金光罩体也。"

真人曰："此行火之时，水升火降之验也。法子功夫至此，方为真功夫，真受用。"

《玄学正宗·火候诀》曰："以日为年者，将四千三百二十时为月，十二月除之，得三百六十时；将时为年者，置上三百六十年月十二乘之者，共得四千三百二十月。又以月法二十乘之，得十二万九千六百余日；再以时法十二乘之，得一百五十五万五千二百年也。三年九转，共夺得四百六十六万五千六百年造化之功。"

真人曰："此犹以年、月、日、时乘数而言也。自予论之，天地之炁化春夏秋冬，一年一个升降。吾于用功之时，运一息之功，则真炁自尾闾而上，自泥丸而下。一息亦有一息之升降，一日一万三千五百息，则有一万三千五百度升降也；一月之间，即夺得天地四十万五千年升降也；一年之间，即夺天地四百八十六万升降。三年④之间，已得三倍。夫天地以升降化生群动，炼丹以升降凝结真阳，孰谓不借火功之力哉？人宁可自轻用吾之一息矣乎？"

《金丹问答》云："问防危。答曰：防火候之差失，忌梦寐之昏迷。《翠虚篇》云：'精生有时，时至神知，百刻之中，切忌昏迷。'"

---

① 上医本原作"一"，《问》亦作"一"；上图本作"上"，据改。
② 上医本原作"不在"，上图本作"不产"，《问》作"不生"。则"在"为"生"之讹。
③ 上医本于此有"切"字，据上图本、《问》删去。
④ 上医本原作"季"，依上图本改为"年"。

赘焉！"

《昭然子药物诀》曰："凡要明心见性，且将平日心中所受一切善恶，尽底屏去，毫末不存，终日兀兀，如痴婴儿，凝神入炁穴，朝暮切切，丝毫无间，如猫捕鼠，如鸡抱卵，无去无来，念念相续，如坐万仞岩头，一念乖讹，丧身失命。行、住、坐、卧，死人一般，因地一提，方是性命功夫。"

真人曰："'如坐万仞岩头'，即是至真火候。以此推而言之，儒者之戒慎不睹、恐惧不闻、渊默雷声、尸居龙见，皆是养火工夫，患人不能行耳。"

《悟玄子火候诀》曰："世人终日纷扰，精神困惫，全仗夜间一睡。真人有息无睡，谓之息者，心无思也，耳无闻，目无见，四体① 无动，如种火相似。元炁停蓄② 相抱，真意绵绵，与虚空同体，自能与虚空同寿。"

真人曰："有息自能无睡，与虚空同体，即是息之之法。虚空同体者，非槁木死灰之谓也。外若无为，内实有用，灵光内抱，石蕴玉辉。达人鉴兹，神留炁住。虽欲不寿，有不能也。"

《刘真人火候诀》曰："火候喻六十四者，行功之际，除乾坤为鼎器，坎离为药物，火候升降在六十卦中，计三百六十爻。比一年三百六十日，一日用两卦，朝屯暮蒙。一卦有六爻，两卦计十二爻，乃一日十二时也。此皆譬喻，实乃③ 升降，进阳火、退阴符，不过三十数，比④ 一月也。罢功为沐浴，此一升一降、晦朔弦望，六十卦爻三百六十日尽入我腔子内，周而复始，循环无端。"

真人曰："卦爻皆属取象，诚哉言也。又有初学行功，神浮气粗，或假兹卦爻以为凝定之助，则亦不过得兔之筌耳。"

《玄肤子火候诀》曰："或问：火符进退，朝屯暮蒙⑤，其旨同异？答曰：予闻真火无候，大药无根，诚哉是言！夫火者，神火也。真息则火之橐籥也。今夫神炁相守之时，神虽无为，而炁不能无动，故一阖一辟，与经脉上下，相为流通。所以觉其动者，谁也？神也。一炁流通，元神独觉，神与炁

---

① 上医本原作"曰体"，依上图本、《问》改为"四体"。
② 上医本原作"提蓄"，上图本、《问》均作"停蓄"，依后者修订。
③ "乃"字依上图本、《问》补出。
④ 上医本原作"此"，墨笔改为"比"。上图本、《问》作"比"。
⑤ 上医本原无"蒙"，墨笔补出。上图本、《问》有"蒙"字。

《张三峰火候论诀》曰："火之功最大，盖性能融物者，惟火为然。故未得丹时，须藉火以凝之，又藉意以媒之；既得丹时，须藉火以养之，又藉意以调之。然火候微旨，概自从古以来，而学之人少有知者。要而言之，真穴①有三，三者惟当顺而利用之。太过则损之，不及则益之，俾②得中和，才③无水干火寒之病。此须口诀，非可笔之文词间也。"

栖云翁曰："人身有三斗三升火，不得风不着。"

真人曰："《金丹问答》之'防火候'者，即防意也。张三峰之'藉意以媒'之意，亦火也。在凝之之时，即为火；媒之之时，即为意。栖云翁之'三斗三升火，不得风不着'，盖风即巽风，乃真息也。"

今将"其机在目"之诀列后：

《王子真诀》曰："昨宵姹女启灵扉，窥见神仙会紫微④。北斗南辰前后布，两轮日月往来飞。"

《萧紫虚诀》曰："如龙养珠常自领，如鸡伏卵常自抱。金液还丹在眼前，迷者多而悟者少。"

《陈翠虚诀》曰："不是灯光日月星，药灵自有异常明。垂帘久视光明处，一颗堂堂现本真。"

《翠虚篇》诀曰："莫谓金丹事等闲，切须勤苦一⑤钻研。殷勤好与师资论，不在他途在目前。"

《玄奥集》诀曰："青牛人去几多年，此道分明在目前。欲识目前真的处，一堂风冷月婵娟。"

《陈泥丸诀》曰："大道分明在眼前，时人不会误归泉。黄芽本是此神炁⑥，神水根基与汞连。"

《玄学统宗》诀曰："几回抖擞上昆仑，运动璇玑造化分。昼夜周⑦而还复始，婴儿从此命常存。"

---

① 《问》作"真火"。
② 上医本原作"伴"，依上图本、《问》改为"俾"。
③ 上医本原作"南"，墨笔改为"才"。
④ 上医本、《问》均作"紫薇"。上图本作"紫微"，据改。
⑤ 《问》作"下"。
⑥ 上图本作"乾坤炁"，《问》作"此神炁"。
⑦ 上医本原作"昼夜同"，依上图本、《问》改为"昼夜周"。

陈泥丸又曰："男儿怀孕是胎仙，只为蟾光夜夜圆。夺得天机真造化，身中自有玉清天。"

《判惑歌诀》曰："这骨董，大奥妙，妙在常有观其窍。此窍分明在目前，下士闻之即大笑。"

《金丹赋》诀曰："龙呼虎吸①，魂吞魄吐。南北交媾于水火，卯酉轮转② 于子午。总括乾坤之策，优游变化之主。子母包罗于匡廓，育养因依于鼎釜。"

《南谷子诀》曰："至道不远兮，常在目前；窃天地之气兮，修成胎仙。"

《纯阳子诀》曰："有人问我修行诀，遥指天边日月轮。"

以上诸真，皆发明"行炁主宰，机在于目"之义。

《白紫清诀》曰："只将戊己作丹炉，炼得红丸化玉酥。慢守火符三百日，产成一颗夜明珠。"

《张三峰诀》曰："年月日时空有象，卦爻斤两亦支离。若人会得绵绵意，正是勿忘勿助时。"

《左元放诀》曰："火候无为合自然，自然真火养胎仙。但得神息居丹扃，调燮先天接后天。"

《咏道诗》诀曰："调和铅汞不终朝，固③密根源养圣胞。先使日魂擒月魄，阴阳文武运初爻。"

《葛仙翁诀》曰："息息归中无间断，天真胎里自凝坚。"

《薛紫贤诀》曰："四象包含归戊己，辛勤十月产婴儿。"

《悟真篇》诀曰："果生枝上终期熟，子在胎中岂有殊。"

《醉中吟》诀曰："宝珠笑舞辞天谷，才脱胞胎又入胎。"

《张紫阳诀》曰："婴儿是一含真炁，十月胎完入圣基。"

《白玉蟾诀》曰："鸡能抱卵心常听，蝉到成形壳始分。"

又曰："采药物于不动之中，行火功于无为之内。"

《张三④峰诀》曰："以默以柔存火候，勿忘勿助养灵胎。"

《刘海蟾诀》曰："兀兀无为融至宝，微微文火养潜龙。"

---

① 上医本原作"龙呼虎呼"，据上图本改为"龙呼虎吸"。
② 上医本原无"旋"字，据《问》补出。上图本行间小字补一"旋"字，作"旋轮"。
③ 上医本、《问》均作"同"。上图本作"固"，据改。
④ 上医本原作"玉"，依上图本、《问》改为"三"。

《张紫阳诀》曰："自有天然真火候，不须柴炭及吹嘘。"又曰："漫守药炉看火候，但安神息任天然。"又曰："此中得意休求①象，若究群爻慢役情。"

《高象先诀》曰："昼夜屯蒙法自然，何用孜孜看火候。"

《陈冲素诀》曰："火虽有候不须时，些子神机我自知。"

《彭真人诀》曰："从来真火无形象，不得师传也太难。"

《悟真篇》诀曰："纵识朱砂及汞铅，不知火候也如闲。"又诀曰："若到一阳来起复，便堪进火莫迟延。"又诀曰："受炁之初容易得，抽添火候要防危。"

《咏道诗》诀曰："细心调燮文和武，端的无中养就儿。"又诀曰："定意微微行火候，便从复卦运初爻。"又诀曰："巽风呼吸吹乾火，炼得炉中胜似霜。"

补遗诸真火候诀

《白紫清药物诀》曰："流俗浅识，末学凡夫，岂知元始天尊与天仙、地仙，日月采药而不停，药物愈采而愈不穷也；又岂知山河大地与蠢动含灵，时时行火候而无暂住，火候愈行而不歇也。神凝则精炁聚，而百实②结者，结胎之药物也。真气往来而未尝少有间断者，温养之火候也。"

《王重阳火候诀》曰："圣胎既凝，是以爻火③，安神定息，任其自然。此以神感，彼以神应，天机妙用，自然而然。"

《王道火候诀》曰："金液神丹，全在火候。火是药之父母，药是火之子孙。"

《上阳子火候诀》曰："运火者，运内外之火。火者，药火也；候者，符候也；符者，符合也。"

《陈泥丸火候诀》曰："扫除一切小技术，分别④火候采药物。从将百脉尽归源，脉住炁停丹始结。"

《萧紫虚火候诀》曰："药物调和，悟者甚易；火候消息，行之恐难。一⑤

---

① 上医本"须忘"，墨笔改为"休求"。上图本"须忘"，《问》作"休求"。
② 上图本作"百宝"，《问》作"百实"。
③ 上图本作"文火"，《问》作"爻火"。
④ 上医本、《问》作"则"。依上图本改为"别"。
⑤ 上医本原有"一"字，墨笔删去。然上图本、《问》均有"一"字，故补回。

十月工夫，存杳杳①绵绵之息；三万年气数，在来来往往之间。所以养丹田之宝，此宝长存；夺金鼎之珠，此珠复守。驾动河车，离尘世尾闾之外；移居天谷，上昆仑蓬岛之山。"

附其机在目诀

《内指通玄诀②》曰："含光便是长生药，变骨成金上品仙。"
《上阳子诀》曰："玄微妙诀无多语，只在眼前人不愿③。"
《崇正篇诀》曰："搬运有功连昼夜，斡旋至妙体璇玑。"
《火候歌诀》曰："欲透玄玄须谨独，谨独工夫机在目。"
《陈泥丸诀》曰："真阴真阳是真道，只在眼前何远讨。"
《薛道光诀》曰："分明只在眼睛前，自是时人不见天。"
《刘海蟾诀》曰："下降上升循毂转④，右旋左复合枢机。"

了道部六

诸真鼎器口诀

养浩生曰："火候诸诀已蒙一一详为陈示，敢问鼎器所在？往古诸真果何发挥？"

真人曰："语云'鼎器⑤鼎原无鼎'。古有以太虚为炉，天地为鼎者；又有以天地为炉，身心为鼎者。总之皆是，但用时稍有不同。用之于炼虚之时，则当以太虚为炉鼎；用之于炼药之时，又当以身心中所以然处为鼎也。

---

① 上医本原作"者杳"，依上图本、《问》改为"杳杳"。
② 上医本原作"内指内玄诀"，《问》亦如是，然似文意不畅。依上图本改为"内指通玄诀"。
③ 上图本作"不顾"，《问》作"不悟"。
④ 《问》作"循毂转"，上图本作"寻毂轴"。
⑤ 上图本作"鼎鼎鼎原无鼎"，《问》作"鼎器鼎原无"。

太虚炉鼎之法，乃古人炼虚时无事无为之一法，非文字可传。至其时，自知行其事。若身中鼎器，非师的指，实难自悟。予今一一为尔拈出，尔依其下手，自有得处。"

《陈冲素鼎器诀》曰："《悟真篇》云：'要得谷神常不死，须凭玄牝立根基。真精既返黄金屋，一颗明珠永不离。'夫身中一窍①，名曰玄牝，受炁以生，实为神府，三元所聚，更无分别，精神魂魄，会于此穴②。乃金丹还返之根，神仙凝结圣胎之地也。古人谓之太极之蒂、先天之柄、虚无之宗、混③沌之根、太虚之谷、造化之源、归根窍、复命关、戊己门、庚辛室、甲乙户、西南乡④、真一处、中黄房、丹元府、守一坛、偃月炉、朱砂鼎、龙虎穴⑤、黄婆舍、铅炉土釜、神水华池、第一神室、灵台绛宫，皆一处也。然在身中而求之，非口非鼻，非心非肾，非肝非肺，非脾非胃，非尾闾，非脐轮，非膀胱，非谷道，非两肾中间一穴，非脐下一寸三分，非明堂、泥丸，非关元、炁海。然则在于何处？曰：我的妙诀，名曰规中，一意不散，结成胎仙。《契》云：'真人潜深渊，浮游守规中。'此其所也。老子曰：'多言数穷，不如守中。'正在乾之下，坤之上，震之西，兑之东，坎离水火交媾之乡，人一身天地之正中，八脉九窍，经脉联辏，虚闲一窍，空悬一珠，不依形而立，惟体身而生。似有似无，若亡若存，无内无外，中有乾坤，黄中通理，正位居体。《书》曰：'惟精惟一，允执厥中。'《度人经》曰：'中理五炁，混合百神。'崔公谓之'贯尾闾，通泥丸'，纯阳谓之'穷取生身受炁初'，平叔曰'劝君穷取生身处'。此元炁之所由生，真息之所由起，故玉蟾又谓之'念头动处'。修丹之士，不明此窍，则真息不住，神仙无基。盖⑥此一窍，先天而生，后天而接，先后二炁，总为混沌，杳杳冥冥，其中有精，恍恍惚惚，其中有物，物非常物、精非常精也。天得之以清，地得之以宁，人得之以灵。谭真人曰：'得灏炁之门，所以归其根；知元神之囊，所以韬其光。若蚌内守，若石中藏，所以为珠玉之房。'皆真旨也。然此一窍，亦无

---

① 上医本原作"身中一颗"，上图本作"身中大窍"，《问》作"身中一窍"。依《问》修订。
② 上医本、《问》均作"火"，文意不畅。依上图本改为"穴"。
③ 此字原为"泥"，墨笔删改为"混"。
④ 《问》作"丙丁乡"。
⑤ 上医本、《问》均作"火"；依上图本改为"穴"。
⑥ 上医本墨笔涂改为"盖"。上图本作"且"，《问》作"生"。

边傍，更无内外。若以形体色相求之，则又成大错谬矣。故曰：不可执于无为，不可形于有作，不可泥于存想，不可着于持守。圣人法象，见于丹经，或谓之悬中高起，状似蓬壶，关闭①微密，神运其中；或谓之状如鸡子，黑白相扶，纵广一寸，以为始初②，弥历十月，脱出其胞；或谓白如练，连③如环，方广一寸三分④，包一身之精粹。此明示玄关之要，微露造化之机。学者不探其玄，不味其旨，用功之时，使守之以为蓬壶，存之以为鸡子，想之以为连环模样。如此形象，如此执有为有，存神入妄，岂不大谬耶？要知玄关一窍，玄牝之门，乃神仙聊指造化之基尔。玉蟾曰：'似有而非，除却自身，安顿何处。'然其中体用权衡，本自不殊，如以乾坤法天地，离坎体日月也。《契》云：'混沌相交接，权舆树根基。经营养鄞鄂，凝神以成躯。'则神炁有所归，魂魄不致散乱，回光返照便归来，造次不离当在此。诗曰：'经营鄞鄂体虚无，便把元神里面居。息往息来无间断，全胎成就合元初。'玄牝之旨，备于斯矣。抑又论之，杏林云：'一孔玄关窍，三关要路头。忽然轻运动，神水自然流。'又曰：'心下肾上处，肝西肺左中。非肠非胃腑，一炁自流通。'今曰玄关一窍、玄牝之门，在人一身天地之正中，造化固吻合乎此。愚常审思其说，大略精明，犹未直指，天不爱道，流传人间。太上慈悲，必不固吝。愚敢净尽漏泄天机，指出玄关的大意，冒禁相付⑤，使骨肉相合。修仙之士，一见豁然，心领神会，密而行之，句句相应。是书在处，神物护持。若业重福薄，与道无缘，自然邂逅斯诀，虽及见之，忽而不信，亦不过瞽之文章、聋之钟鼓耳。玄之又玄，彼乌知之？其密语曰：径寸之质，以混三才，在肾之上，心之下，仿佛其内，谓之玄关。不可以有心守，不可以无心求。以有心守之，终⑥莫之有；以无心求，终见其无。若何可也？盖用志不分，乃凝于神。但澄心绝虑，调息令匀，寂然常照，勿使昏散，候炁安和⑦，真人入定。于此定中，观照内景，才若意到，其兆即萌，便觉一息从

---

① 上医本原作"开"，墨笔改为"闭"。上图本、《问》亦作"闭"。
② 上医本墨笔涂改为"初"。上图本原作"足"，涂改为"初"。
③ 上医本原作"达"，依《问》改为"连"。
④ 上图本作"二分"，《问》作"三分"。
⑤ 上医本原作"相符"，依上图本、《问》改为"相付"。
⑥ 上医本原作"于"，朱笔改为"终"。上图本、《问》作"终"。
⑦ 上医本原作"知"，朱笔改为"和"。上图本、《问》作"和"。

规中起，混沌续续，兀兀腾腾，存之以诚，听之以心，六根安定，胎息凝凝，不闭不散①，任其自如。静极而嘘，如春沼鱼②；动极而噏，如百虫蛰。氤氲开阖，其妙无穷。如此之时，便须忘炁合神，一归混沌，致虚之极，守静之笃，心不动念，无来无去，不出不入，湛然常住，是谓'真人之息以踵'。踵者，其息深深之义。神炁交感，此其应也。前所谓元炁之所由生，真息之所由起。此意到处，便见造化；此息起处，便是玄关。非高非下，非左非右，不前不后，不偏不倚，人一身天地之正中，正此处也。采取在此，交媾在此，烹炼在此，沐浴在此，温养在此，结胎在此，脱胎在此，超入神化③，无不在此。今若不明说破，学者必妄意猜度，非太过则不及矣。紫阳真人④曰：'饶君聪慧过颜闵，不遇明师莫强猜。只为丹经无口诀，教君无处结灵胎。'然此窍阳舒阴惨，本无正形，意到即开，开合有时。百日立基，养成炁母，虚室生白，自然见之。昔黄帝观内三月，盖此道也。自脐以下，肠胃之间，谓之酆都地狱，九幽都司，阴秽积结，真阳不居，故灵宝炼度之法，存想此谓之幽关，岂修炼之所哉？学者试⑤思之。"

真人曰："此反⑥复发明，显露易识，不用笺注，读之易得，诚非业重缘浅者所得。倘得者不身体力行，则又未见其妙也。"

尹真人曰："祖窍真际，举世罕知，不得师传，俨似暗中射垛。盖祖窍中者，乃老子所谓'玄牝之门'也。《悟真篇》云：'要得谷神长不死，须凭玄牝立根基。'所以紫阳修炼金丹全在玄牝。于《四百字》序云：'玄牝一窍，而采取在此，交媾在此，烹炼在此，沐浴在此，温养在此，结胎在此，至于脱胎神化，无不在⑦此。'修炼之士，诚能知此一窍，则金丹之道尽也，所谓'得一而万事毕'者是也。然而丹经大都喻言，使学者无所归着，前辈指为先天主人、万象主宰、太极之蒂、混沌之根、至善之地、凝结之所、虚无之

---

① 上医本原作"教"，朱笔改为"散"。上图本作"数"，《问》作"放"。
② 《问》作"如春沼无动"。
③ 上医本原作"超入神化"，朱笔改为"超神入化"。上图本、《问》均作"超入神化"。故改还为"超入神化"。
④ 上医本原似作"反"，朱笔改为"人"。
⑤ 上医本原作"诚"，朱笔改为"试"。上图本作"宜"，《问》作"诚"。
⑥ 上医本原作"及"，朱笔改为"反"。上图本作"反"，《问》作"诀"。
⑦ 上医本原作"极"，朱笔改为"在"。上图本、《问》作"在"。

谷、造化之源、不二法门、甚深法界、归根窍、复命关、中黄宫、希夷府、总持门、极乐国、虚空藏、西南乡、戊己门、真一处、黄婆舍、守一坛、净土西方、中黄正位、这个神室、真土黄庭，种种异名，难以悉举。然此一窍，在身中求之，非口非鼻，非心非肾，非肝肺，非脾胃，非脐轮，非尾闾，非膀胱，非谷道，非两肾中间一穴①，非脐下一寸三分，非明堂、泥丸，非关元、炁海，然则果何处耶？纯阳祖师云：'玄牝玄牝真玄牝，不在心兮不在肾②。穷取生身受炁初，莫怪天机都泄尽。'且以生身之理言之，父母一念将媾之际，而圆③陀陀，光烁烁，先天一点灵光，撞于母胞。如此，儒谓之仁，亦曰无极；释谓之珠，亦曰圆明；道谓之丹，亦曰灵光。皆指先天一炁，混元至精而言，实生身之原，受炁之初，性命之基，万化之祖也。及父母交罢，精血包罗于此，即吾儒所谓太极是也。由是而五脏，由是而六腑，由是而四肢百骸，由是而能视能听、能持能行，由是而能仁能义、能礼能智，由是而能神能圣、能文能武。究竟④生身本原，起从太极中那一些儿⑤发出来耳。《参同契》云：'人所禀躯，体本一无。元精云布，因炁托初。'炁一凝定，玄牝定焉。上结灵关，下结炁海。灵关藏觉灵性，炁海藏生炁命。性命虽分龙虎二弦，而性命之根，则总持⑥于祖窍之内，故老子曰：'玄牝之门，是谓天地根。'何谓'玄牝之门'，而曰'天地根'也？岂非吾身之天地，吾身之玄牝耶？吾身天地之根，吾身玄牝之根耶？吾身玄牝之门，吾身天地之门耶？而天地之门之所从出，独不有所谓先天地生，而为天地之根乎？故天地之根，乃天地之所由分天而分地也，而玄牝之门之所从出者，独不有所谓先玄牝生，而为玄牝之根乎？故玄牝之根，乃玄牝之所由分玄而分牝也。何以谓之玄也？岂非从有名之母中发出来也？何以谓之玄之又玄？岂非从无名之始中发出来也？无名之始，释氏指为不二法门。子思曰：'其为物不二，则其生物不测。'庄子曰：'昭昭生于冥冥，有伦生于无物。'而欲悟性以见性者，其将求之昭昭而有伦？抑亦求之冥冥而无物乎？冥冥无物，莫窥其

---

① 上医本原作"火"，朱笔改为"穴"。上图本、《问》均作"穴"。
② 上医本原作"肙"，朱笔改为"肾"。上图本、《问》作"肾"。
③ 上医本原作"员"，朱笔改为"圆"。上图本、《问》均作"圆"。
④ 上医本原作"见"，墨笔改为"竟"。上图本、《问》均作"竟"。
⑤ 上医本原作"见"，朱笔改为"儿"。上图本作"儿"，《问》作"见"。
⑥ 上医本原作"待"，墨笔改为"持"。上图本作"持"。

朕，吾儒所谓'无声无臭'，释氏所谓'威音王已前'是也。然则何以谓之'王'？而其所以主张威音者，太极也，故谓之'王'。余于是而知学仙学佛者，但觅其王之所在而尊之耳。既尊王矣，而又并其王而无有之，是溯太极而还于无极也。无极者，真中也，故曰：'圣圣相传在此中。'此中，就是尧、舜'允执'之中、孔子'时中'之中、子思'未发'之中、《易》之'黄中通理'之中、《度人经》之'中理五炁'之中、释迦之'空中'之中、老子之'守中'之中。然'中'字有二义，若曰中有定在者，在此中也；若曰中无定位者，乾坤合处，乃其中也。以其可得而允执也，故曰有定在。然岂特在此一身之内为然也。是虽一身之外，而遍满天地，亦皆吾心之中也。《易》曰：'周流六虚。'然周流于六①虚之外，而非不足，退藏于一身之窍，而非有余，故曰：'一窍能纳太虚空中。'道经云：天之极上处，距地之极下处，相去八万四千里，而天地之中，适当四万二千里之中处也。若人身一小天地也，而心脐相去，亦有八寸四分，而中心之中，适当四寸二分之中处也。此窍正②在乾之下，坤之上，震之西，兑之东，八脉九窍，经络联辏，虚闲③一穴，空悬黍珠，是人一身天地之正中，乃藏元始祖炁之窍也。若知窍而不知妙，犹④知中而不知一。昔人有言曰：'心是地而性是王，窍是中而妙是一。'一有数种，有道之一，有神之一，有气之一，有水之一，有数之一，有贯之一，有协一之一，有精一之一，有守一之一，有归一之一。归一者，以其一而归乎其中也；守一者，以其一而守乎其中也。有中则有一，一而非中，则非圣人之所谓一也；有一便有中，中而非一，则非圣人之所谓中也。故孔子之一，以其中之一而贯之也。尧、舜之中，以其一之中而执之也。伏羲氏之河图而虚其中者，先天也，乃吾身祖窍之中也。孔子曰：'先天而天弗违。'老子曰：'无名天地之始。'即释氏所谓'茫乎无朕，一片太虚'是也。神禹氏之《洛书》而实其中者，后天也，乃吾身祖窍之一也。孔子曰：'后天而奉天时。'老子曰：'有名万物之母。'即道家所谓'露出端倪一点灵光'是也。

---

① 上医本原作"天"，朱笔改为"六"。上图本、《问》作"六"。
② 上医本原作"亚"，朱笔改为"正"。上图本、《问》作"正"。
③ 上医本原作"间"，朱笔改为"闲"。上图本作"间"，《问》作"闲"。
④ 上医本原作"由"，依上图本、《问》改为"犹"。

然而《河图》中矣，中而未始不一；《洛书》一矣，一而未始不中①。中包乎一，一主乎中，岂非精微之妙理、无为之神机耶？《道德经》曰：'多言数穷，不如守中。'《洞玄经》曰：'丹书万卷，不如守一。'一者，生生不息之仁也。《中庸》曰：'修道以仁。'《论语》曰：'天下归仁。'《礼记》曰：'中心安仁。'《周易》曰：'安土敦乎仁。'余尝譬之果实之仁，中有一点者，太极也；而抱之两片者，两仪也。《易》曰：'易有太极，是生两仪。'故易也者，两而化也；太极也者，一而神也。以此一点之神，而含养于祖窍之中，不得勤，不得息，谓之安神祖窍，非所以复吾身②之乾元乎③！以此一点之仁，而敦养于坤土之中，而勿忘，而勿助，谓之'安土敦仁'，非所以立吾身之太极乎！又若莲子之中有一条而抱之两片者，非所谓'一以贯之'耶！一而二，二而三，三生万物，故张紫阳云：'道是虚无生一炁，便从一炁产阴阳。阴阳再合成三体，三体重生万物昌。'昔④文始先生问于老子曰：'修身至妙，载于何章？'老子曰：'在于深根固蒂，守中抱一而已。''何谓守中？'曰：'勤守中，莫放逸，外不入，内不出，还本源，万事毕。'故老子所谓'守中'者，守此本体之中也；儒之'执中'者，执此本体之中也；释之'空中'者，本体之中本洞然而空之也。老子所谓'抱一'者，抱此本体之一也；释之'归一'者，归此本体之一也；儒之'一贯'者，抱此本然之一贯之也。惟精惟一者，《易》之所谓'精一入神'者是也；允执厥中者，《记》之所谓'王中心无为以守至正'者是也。夫曰'王中心'者，透⑤以一点之仁，主此中心之中，而命之曰王⑥，所谓'天君'者是也。夫何为哉？以守至正而已。命由此立，性由此存，两者同出异名，原是窍中旧物，如今复反窍中。蒙庄所谓南海之倏，北⑦海之忽，相过于混沌之地矣。修丹之士，不明祖窍，则真息不住，而神化无基，药物不全，而大丹不结。盖此窍是总持之门，万法之都，无边傍，更无内外，不可以有心守，不可以无心求。以有心守之则着

---

① 上医本原作"未不始中"，依上图本、《问》改为"未始不中"。
② 上医本、《问》均作"有"，然似不畅通。依上图本改为"身"。
③ 上医本原作"呼"，朱笔改为"乎"。上图本、《问》作"乎"。
④ 上医本原作"者"，当为"昔"之讹。上图本、《问》作"昔"。
⑤ 上医本、《问》作"透"，上图本作"盖"。
⑥ 上医本、《问》均作"主"。然依上下文，当据上图本改为"主"。
⑦ 上医本原作"地"，当为"北"。上图本、《问》作"北"。

相，以无心求之则落空。若何可也？受师诀曰：'空洞无涯是玄窍，知而不守是工夫。'常将真我①安止其中，如如不动，寂寂惺惺，内外两息②，浑然无事，则神③恋炁而凝，命恋性而住，不归一而一自归，不守中而中自守。中心之中既立，五行之心自虚，此老子抱一守中、虚心实腹之本旨④也。"

真人曰："此论虽言繁意博，然研深极理，故不厌其繁，法子亦不可不知。"

昭然子曰："若要道法灵，先⑤须守丹扃。上之下四隅不偏之⑥谓中，天地八万四千里，人心肾相去八寸四分，中指节文为则，自脐起至鸠尾骨位，只有八寸四分。言脐者，与肾相对，心之下除三寸六分，肾之上亦除三寸六分，中余一寸二分⑦，为黄庭守一之所，中正之道，千圣不传之秘法也。"

真人曰："此论直捷显露，法子宜知。"

又诀曰："一意守元海，不可须臾离于中宫丹扃，勿令息出入其间。一万三千五百息之源，五脏六腑生炁之本，息定神定，神定⑧炁定，此至人之道。能守此穴，神仙可望也。"

《刘真人鼎器诀》曰："天上三十六者，天炁下降半空三万六千里，人身心火下降中宫丹扃三寸六⑨分。地下三十六者，地炁上升半空，亦三万六千里，人身肾水上升中宫，亦三寸六分；中有天地一十二者，即中宫之中一寸二分去处也。共⑩成八寸四分，即如天之距地八万四千里也。此一寸⑪二分，为黄庭注念之所，乃人身中真橐籥也。玄牝之门、玄关一窍，由此而立，为先天一炁合丹之所，长生久视之道，正在此处用功。"

真人曰："以刘真人之诀，合昭然子之后诀，则一寸二分之处，中含一万三千五百度之真炁也。如此明显，而犹知焉而不行，行焉而不力，真地

---

① 上医本原似作"我"，朱笔改为"息"。然上图本、《问》均作"我"，故改还为"我"。
② 上图本作"两忘"，上医本、《问》作"两息"。
③ 上医本原作"抑"，朱笔改为"神"。上图本、《问》作"神"。
④ 上医本原作"本者"，依上图本、《问》改为"本旨"。
⑤ 上医本原作"光"，朱笔改为"先"。上图本、《问》作"先"。
⑥ 上医本原作"返"，朱笔改为"之"。上图本作"之"，《问》作"返"。
⑦ 上图本作"三分"，上医本、《问》作"二分"。
⑧ "神定"二字，据上图本、《问》补出。
⑨ 上医本原作"大"，朱笔改为"六"。上图本、《问》作"六"。
⑩ 上医本原作"真"，依上图本、《问》改为"共"。
⑪ 上医本原似作"升"，朱笔改为"寸"。上图本、《问》作"寸"。

狱种子也。"

《玄奥论·鼎器诀》曰："人身中有真鼎器，心之下肾之上，肝之西肺之东，大肠[1]左小肠右，胃之前脾之后，方圆一寸二分，名'金胎土釜'，藏先天真一之金，即元性之祖炁，名华池神水琼浆，一名铅汞鼎，又名'金鼎欲留朱里汞'，又曰'半升铛内煮山川'。《悟真篇》曰：'鼎内渐添延命酒[2]。'皆是此也。"

《玄肤子鼎器诀》曰："所谓澄神[3]者，非块然不动之谓也。乃以神入于炁穴之中，相与守而不留也。老子曰：'载营魄抱一，能无离乎？'夫炁穴者，乃吾人胎元受炁之初，所禀父母精炁而成者，即吾各具之太极也。其名不一，曰炁海，曰关元，曰灵谷，曰天根，曰命蒂，曰归根窍，曰复命关，即此处也。方其处胎之时，呼吸之炁，与母相通。及乎母子分胎，剪落脐蒂，则自安炉鼎，各立乾坤，而一呼一吸，常归于本穴之中。故庄子曰：'真人之息以踵。'踵者，深深之息也。"

真人曰："《玄奥论》与玄肤子之指鼎器处，可谓详悉。大凡阅诸真口诀，最宜印证。此失彼得，方得了然。今故类以列之，庶使后代法子，易于寻求。虽大丹之全诀已备载于《成真》卷中，更于此间一披求，焚香静对，则千祀万古之高真，皆来为吾之剖析灵秘也。"[4]

尹真人曰："人之元炁，逐日发生。子时复卦炁到尾闾，丑时临卦炁到肾堂，寅时泰卦炁到玄枢，卯时大壮炁到夹脊，辰时夬卦炁到陶道，已时乾卦炁到玉枕，午时姤卦炁到泥丸，未时遁卦炁到明堂，申时否卦炁到膻中，酉时观卦炁到中脘，戌时剥卦炁到神阙，亥时坤卦复归炁海矣。"

《金丹大要·鼎器诀》曰："人之脊骨穴第二十四节名曰尾闾穴，上有九窍，内外相连，脊骨两傍三条径路，直至[5]顶门泥丸宫，下降以至丹田。从下至上第十八节为中关，泥丸为上关。此三关也。"

《玄学正宗·鼎器诀》曰："人身有任督二脉，任脉起于中极之下，以至

---

[1] 上医本作"太阳"，依上图本、《问》改为"大肠"。
[2] 上医本原作"延寿药"，墨笔改为"延命酒"。上图本作"延寿酒"，《问》作"延寿药"。
[3] 上医本原作"谷神"，依上图本、《问》改为"澄神"。
[4] 上图本于此有一"督脉真炁必由图"，上医本和《问》均无。此暂不录出。
[5] 上医本原作"直主"，据上图本、《问》改为"直至"。

毛际，循腹里，上关元，至咽喉，属阴脉之海。督脉起下极之俞，至于脊里，上至风府，入脑上颠，循额至鼻柱，属阳脉之海。所以谓之任督者，任则女子得之以姙养也，督则以其督领经脉之海也。鹿运尾闾，盖能通督脉；龟纳鼻息，盖能通任脉。人通此二脉，则百脉皆通。《黄庭经》曰：'皆在心为运天经，昼夜存之自长生。'天经乃吾身之黄庭，呼吸往来于此，又任督二脉之总也。"

真人曰："合此三说，则任督二脉与真炁之出入升降，了如也。或曰：'此卷名曰鼎器，奚任督之云乎？'答曰：'任督者，鼎器之关津也。设无此关津，孰清鼎器之去路哉？'"

《生经》①曰："脐下三寸为下丹田，方圆四寸，着于脊梁两肾中间。左青右白，上赤下黑，中央黄色，名曰'大海'，贮其血气。一名'大中极'，言人身上下四向，最为中也。中央正位，即丹田金胎神室也。"

真人曰："金胎神室在正中，此云脐下三寸者，并其下降之径路而言之也。"

《李清庵鼎器诀》曰："两仪兆判分三极，乾以直专坤阖辟。天地中间玄牝门，其动愈出静愈入。"

《玉阳子鼎器诀》曰："谷神从此立天根，上圣强名玄牝门。点破世人生死穴，真仙于此定乾坤。"

《谭处端鼎器诀》曰："阴居于上阳居下，阳炁先升阴炁随。配合虎龙交媾处，此时如过小桥时。"②

《河上公鼎器诀》曰："窈窈冥冥开③众妙，恍恍惚惚葆真窍。敛之潜藏一粒中，放之弥漫六合表。"

《张紫阳鼎器诀》曰："震龙汞出自离乡，兑虎铅生在坎方。二物总因儿产母，五行全要入中央。"

《张景和鼎器诀》曰："混元一窍是先天，内面虚无理自然。若向未生前见得，明知必是大罗仙。"

《葛仙翁鼎器诀》曰："乾坤合处乃真中，中在虚④无与空阔。簇将龙虎窍

---

① 上图本作《资生经》，《问》作《生经》。
② 上图本漏此段。
③ 上医本、《问》均作"间"。上图本作"开"，更恰，据改。
④ 上医本原作"处"，墨笔改为"虚"。上图本、《问》作"虚"。

中藏，造化枢机归掌握。"

《罗公远鼎器诀》曰："一窍虚无天地中，缠绵秘密不通风。恍惚杳冥无色象，真人现在宝珠宫。"

《天来子鼎器诀》曰："玄牝之门镇日开，中间一窍混灵台。无关无锁无人守，日月东西自往来。"

《张鸿蒙鼎器诀》曰："天地之根始玄牝，呼日吸月持把柄。隐显俱空空不空，寻之不见呼之应。"

《高象先鼎器诀》曰："真一之道何所云，莫若先敲戊己门。戊己门中有真水，真水便是黄芽根。"

《丁野鹤鼎器诀》曰："三教一元这个圈，生在无为象帝先。悟得此中真妙理，始知大道祖根源。"

《萧紫虚鼎器诀》曰："学人若要觅黄芽，两处根源共一家。七返七还须识主，工夫毫发不容差。"

《李灵阳鼎器诀》曰："个个无生无尽藏，人人本体本虚空。莫道瞿昙名极乐，孔颜乐亦在其中。"

《陈致虚鼎器诀》曰："一者名为不二门，得门入去便安身。当年曾子一声唯，误了阎浮多少人。"

《薛紫贤鼎器诀》曰："天地之间犹橐籥，橐籥须知鼓者谁。动静根宗由此得，君看放手有风无？"

《纯阳翁鼎器诀》曰："阴阳二物隐中微，只为愚徒自不知。实实认为男女是，真真唤作坎离非。"

《李道纯鼎器诀》曰："道本虚无生太极，太极变而先有一。一分为二二生三，四象①五行从此出。"

《寿涯禅师鼎器诀》曰："陀罗门启妙难穷，佛佛相传只此中。不识东西真实义，空穿铁履走西东②。"

《马丹阳鼎器诀》曰："老子金丹释氏珠，圆明无欠亦无余。死户生门宗此窍，此窍犹能纳太虚。"

---

① 上医本原作"家"，墨笔改为"象"。上图本、《问》作"象"。
② 上医本原作"走东西"，墨笔改为"走西东"。上图本、《问》作"走西东"。

《曹文逸鼎器诀》曰:"借问真人何处来,从前原只在①灵台。昔年云雾深遮蔽,今日相逢道眼开。"

《刘长生鼎器诀》曰:"一窍虚闲玄牝门,调停节候要常温。仙人鼎内无他药,维矿销成百炼金。"

《李道纯鼎器诀》曰:"乾坤阖辟无休息,离坎升沉有合离。我为诸君明指出,念头起处立丹基。"

《刘海蟾鼎器诀》曰:"函谷关当天地中,往来日月自西东。试将寸管窥玄妙,虎踞龙蟠气象雄。"②

《无心昌老鼎器诀》曰:"自晓谷神通此窍,谁能理性欲修真。明明说向中黄路,霹雳声中自得神。"

《白玉蟾鼎器诀》曰:"性之根,命之蒂,同出异名分两类。合归一处结成丹,还为元始先天炁。"

《赵缘督鼎器诀》曰:"虚无一窍正当中,无生无灭亦无穷。昭昭灵灵相非相,杳杳冥冥空不空。"

《张紫阳鼎器诀》曰:"此窍非凡窍,乾坤共合成。名为神炁穴,内有坎离精。"

《李莹蟾鼎器诀》曰:"阖辟应乾坤,斯为玄牝门。自从无出入,三界独称尊。"

《司马子微鼎器诀》曰:"虚无一窍号玄关,正在人身天地间。八万四千分上下,九三六五列循环。大包法界浑无迹,细入尘埃不见颜。这个名为祖炁穴,黍珠一粒正中悬。"

《还源篇·鼎器诀》曰:"炁是形中命,心为性内神。能知神炁诀,即是得仙人。"

刘海蟾曰:"先天神室本虚闲,自有中黄神炁到。"

纯阳翁曰:"守中绝学方知奥,抱一③无言始见佳。"

徐佐抑曰:"倏忽遨游归混沌,虎龙蟠踞入中黄。"

正阳翁曰:"要识金丹端的处,未生身处下工夫。"

---

① 上医本原作"在只",墨笔改为"只在"。上图本、《问》作"只在"。
② 上图本此刘长生、李道纯诀,作者归属颠倒。
③ 上医本原漏"一"字,墨笔补出。上图本、《问》有"一"字。

如如居士曰："坤之上，乾之下，中间一宝①难酬价。"

《金丹歌》曰："身譬屋兮屋譬身，却将居者比精神。"

紫阳真人曰："先把②乾坤为鼎器，次将乌兔药来烹③。"

伯阳真人曰："此两孔窍④法，金炁亦相胥。"

《黄庭经》曰："出入二窍合黄庭，呼吸虚无见吾形。"又曰："方寸之中谨盖藏，精神还归老复壮⑤。"

《龙虎上经》曰："圆中高起，壮似蓬壶。关闭微密，神运其中，炉灶其家⑥。"

《阴符经》曰："爰有奇器⑦，是生万象。"

太上曰："当其无，有器之用。"又曰："天地之间，其犹橐籥乎？"

《太玄经》曰："藏心于渊，美厥灵根。"

《坤卦》曰："正位居体。"

《鼎卦》曰："正位凝命。"

《艮卦》曰："君子思不出其位。"

真人曰："《鼎器》一篇，历引曩昔了道诸真口诀，间不笺注者何？盖此有彼无，甲隐乙显，已互相笺注也，故不复赘语。如此，读者其善察焉。

丹亭真人卢祖师广胎息经卷之十一终。

---

① 上医本原作"贯"，依上图本、《问》改为"宝"。
② 上医本原作"抱"，墨笔删改为"把"。《问》作"把"，上图本作"抱"。
③ 上医本原作"煎"，墨笔改为"烹"。上图本、《问》作"烹"。
④ 上医本原作"窍"，墨笔改为"穴"。然上图本、《问》均作"窍"，故改回。
⑤ 上医本原作"复老壮"，墨笔改为"老复壮"。上图本作"老复壮"。
⑥ 上医本原作"其家"，墨笔改为"取象"。然上图本亦作"其家"。故改还"其家"。
⑦ 上图本作"奇炁"，《问》作"其器"。

丹亭卢真人广胎息经卷之十二

了道部七

诸真了道作用口诀

养浩生曰："诸真鼎器口诀，既蒙一一拈示矣，敢问所谓作用之法？"

真人曰："既知药火而①不明作用，亦是有舟而②无楫③。今再为指出，子其洗心听之，勿当知以草草也④。"

《尹真人作用诀》曰："欲修长生，须识长生之本；欲求不死，当明不死之人。故曰：'认得不死人，方才人不死。'那不死的人，道家呼为'铁汉'，释氏呼作'金刚'，即世人本来妙觉真心是也。此心灵灵不昧，了了常知，其体不生不灭，其相无去无来。究之于先天地之先，莫知其始；穷之于后天地之后，莫知其终。高而无上，广不可及，渊而无下，深不可测。乾坤依此而覆载，日月依此而照临，虚空依此而宽广，万灵依此而变通。三教圣人，修道是修到这个，成仙作佛也是这个，戴角披毛也是这个。圣凡二路，由此而分。出生死无别途，登涅⑤盘惟此一法。然世间万汇，未有一物不被无常所吞，独有这个无生灭可缚，无色相可窥，端端正正，停停当当，分分

---

① 上医本原作"与"，墨笔改为"而"。上图本作"若"，《悟》作"而"。
② 上医本原有"而"字，墨笔删去。上图本、《悟》有"而"字，故补回。
③ 上医本原有"乎"字，墨笔删去。上图本、《悟》无"乎"字。
④ 上医本原有"勿当之以草草也"，墨笔删去。上图本、《悟》均有此句，故补回。
⑤ 上医本原作"浬"，墨笔改为"涅"。上图本、《悟》作"涅"。

晓晓的，而人自不悟其所本来也。不悟者何？为有妄心。何谓妄？盖为一切众生，从无始以来，迷却真心，不自觉知，故受轮回，枉入诸趣。原夫真心无妄，性智本明，妙湛元精，由妄瞥趣，俄然晦昧，则失彼元精，粘湛发知，故转智为识，形中妄心名之曰识。心本无所知，由识故知；性本无生，由识故生。生身种子，萌蘖于兹，开无有漏花，结生死果。今人妄认方寸中有个昭昭灵灵之物，浑然与物同体，便以为元神，劫劫轮回之种子耳。故景岑云：'学道之人不悟真，只为从前认识神。无量劫来生死本，痴人唤作本来人。'嗟夫！世人以奴为主而不知，认贼为子而不觉，是以世尊①教人先断无始轮回根本者，此也。此根既断，则诸识无依，复我元初常明本体。然而大道茫茫，当从何处下手？是以齐襟必举领，整网要提纲。昔先师指出修行正路一条，教人打从源头上作起。若源头洁净，天理时时现前，真识自然污染不得。譬如杲日当空，魑魅灭迹。此一心地法门，是古今千圣不易之道，故老子曰：'若夫修道，先观其心。观心之法，妙在灵关一窍。'人自受生感炁之初，禀天地一点元阳，化生此窍，以藏元神。其中空空洞洞，至虚至明，乃吾人生生主宰，其所谓有之则生，无之则死，生死盛衰，皆由这个。儒曰'灵台'，道曰'灵关'，释曰'灵山'，三教门同一法门，总不外此灵明一窍。佛氏曰：'佛在灵山莫远求，灵山只在汝心头。人人有个灵山塔，好向灵山塔下修。'论其所也。玄教曰：'大道根茎识者稀，常人日用孰能知？为君指出神仙窟，一窍弯弯似月眉。'论其形也。盖此窍乃神灵之台，秘密之府，真净明妙，虚彻灵通，卓然而独存者也。众生之本源，故曰'心地'；诸佛之所得，故曰'菩提'。交彻融摄，故曰'法界'；寂静常乐，故曰'涅盘'。不浊不漏，故曰'清净'；不妄不变，故曰'真如'。离过绝非，故曰'佛性'；护善遮恶，故曰'总持②'。隐覆含③摄，故曰'如来藏'；超越玄秘，故曰'庄严国'。统众德而大备，烁群昏而独照，故曰'圆明'。其实皆一窍也。背之则凡，顺之则圣，迷之则生死始，悟之则轮回息。欲息轮回，莫若体乎至道；欲体至道，莫若观照本心。欲照本心，应须普眼虚鉴，常教朗月辉明，每向定中慧照。时时保得此七情未发之中，时时全得此八识

---

① 上医本原作"导"，墨笔改为"尊"。
② 上医本原作"息待"，墨笔改为"总持"。上图本、《悟》作"总持"。
③ 上医本、《悟》作"合"，不佳。依上图本改为"含"。

未染之体。外息诸缘，内绝诸妄，含眼光，凝耳韵，调鼻息，缄舌炁，四肢不动，使眼、耳、鼻、舌、身之五识，各返其根。其精、神、魂、魄、意之五灵，各安其位。二六时中，眼常要内观此窍，耳常要逆听此窍，至于舌准，常要对着此窍。运用施为，念念不离此窍；行、住、坐、卧，心心常在此窍。不可那刹忘照，率尔相违，神光一出便收来，造次弗离常在此。即子思所谓'不可须臾离者'是也。先存之以虚其心，次虚之以廓其量，随处随时，无碍自在，正合《龙虎经》云：'至妙之要，先存后忘。'此又口诀中之口诀也。然要并除六识，尤在知所先后。意虽为六识之主帅，眼实为五贼之先锋，故古德云：'心是枢机，目为盗贼，欲伏其心，先摄其目。'盖弩之发动在机，心之缘引在目，机不动则弩住，目不动则心住。《阴符经》云：'机在目。'《道德经》云：'不见可欲，使心不动。'《鲁论》曰：'非礼勿视。'朱子曰：'制于外，所以养其中也。'《金笥宝录》曰：'眼乃神游玄牝门，抑之于眼使归心。'眼守此窍不离，即如来正法眼合涅盘心之秘旨。故《楞严经》曰：'作是观者，名为正观，若他观者，名为邪观。'又《观经·观心品》云：'三界之中，以心为主。能观心者，究竟解脱；不能观者，毕竟沉沦。'《道德》首章云'常有欲，以观其窍'者，观此窍也；'常无欲，以观其妙'者，观此窍中之妙也。昔黄帝三月内观者，观此也。太上亦曰：'吾从无量劫，观心得道，乃至虚无。'观心非易，正念①尤难，是以念头起处，系人生死之根。古仙云：'大道教人先正念②，念头不住亦徒然。'《圆觉经》云：'居一切时，不起妄念，于诸妄心，亦不息灭。住妄想境，不加了知，于无了知，不辨真实。'《起信论》曰：'心若驰散，即便摄来，令住正念。'念起即觉，觉之即无，修行妙门，惟在于此。虚③靖天师曰：'不怕念起，惟怕觉迟。念起是病，不续是药。'当知妄念起于识根，斗境成妄，非实有体，有象④生时，智劣识强，但名为识。当佛地时，智强识劣，但名为智。只转其名，不转其体。初一心源，廓然妙湛，洞彻精了，而意念消。意念既消，自六识而下，莫不皆消，即文殊所谓'一根既返元，六根成解脱'。既无六根，则无六尘；

---

① 上图本作"止念"，《悟》作"正念"。
② 上图本作"止念"，《悟》作"正念"。
③ 上医本原作"处"，依上图本改为"虚"。
④ 《悟》作"有象"，上图本作"众象"。

既无六尘，则无六识；既无六识，则无轮回种子；既无轮回种子，则我一点真心，独立无依，空空荡荡，光光净净，而万劫常存，永生不灭矣。此法直指人心，一了百当，何等直捷！何等了当！何等简易！但能镜养①本源，观照本窍，久则油然心生，浩然气畅，凝然不动，寂然无思，豁然知空，了然悟性。此所谓'皮肤剥落尽，一真将次见'矣。工夫至此，自然精神朗发，智慧日生，心性灵妙，隐显自在，自然有一段清宁阖辟之机，飞跃活动之趣，自然有一点元阳真炁，从中而出，降黄庭，入土釜，贯尾闾，穿夹脊，上冲天谷，下达曲江，流通百脉，灌溉三田，驱逐一身百窍之阴邪，涤荡五脏六腑之浊秽。如用善见王之药，众病咸消；若奏狮子筋之弦，群音顿绝。所以云：'一心疗百病，不假药方多。'是知一切诸圣贤，皆从此心方便门入，得祖佛，为人天之师。凡夫不能证者，由不识自心，故又曰：'海枯终见底，人死不知心。'六道群蒙，皆此门出，历千劫而不返，一何痛哉！所以诸佛惊人入火宅，祖师特②地西来，乃至千圣悲嗟，所为不达，惟心出要道耳。如《宝藏论》云：'夫天地之内，宇宙之间，中有一宝，秘在形山，识物灵照，内外空然，寂寞惟见，其谓玄玄。巧出于紫微③之表，用在于虚无之间。端化不动，独而无双。声出妙响，色吐华容。穷睹无所，寄号空空。惟留其声，不见其形。惟留其功，不见其容。幽显明朗，物理虚通，森罗宝印，万象真宗。其为也色，其寂也冥。本净非莹，法尔圆成。光超日月，德迈太清。万物无作，一切无名。转变天地，自在纵横。恒沙妙用，混沌而成。谁闻不喜？谁闻不惊？如何以无价之宝，隐于阴人之坑？哀哉哀哉，其为自轻！悲哉悲哉，晦何由明？其宝也，焕焕煌煌，朗照十方。寂而无物，应用堂堂。应声应色，应阴应阳，奇物无根，妙用常存。瞬目不见，侧耳④不闻。其本也冥，其化也形，其为也圣，其用也灵，可谓大道之真精。其精甚灵，万有之因。凝然常住，与道同伦。'天下最亲，莫过心也。百姓日用而不知心，如鱼在海而不知水。故佛经云：'一切众生，从旷劫来，迷倒本心，不自觉悟。'妄认一小浮沤，以此迷中复迷，妄中起妄，随境流转，寓目生

---

① 上图本作"竟养"。
② 上医本原作"持"，墨笔改为"特"。上图本、《悟》作"特"。
③ 上图本原作"紫薇"，依今规范，改为"紫微"。
④ 上医本原作"测目"，据上图本、《悟》改为"侧耳"。

情，取舍万端，无时暂暇，致使昏惑造业，循环六道，密网自围，不能得出。究竟冥初，皆一妄迷真之咎耳。故曰：'灵光天地情[①]，牵引何时了？'辜负灵台一点光。夫灵台一点光者，即真如灵知心也，最玄最妙，通圣通灵，极高明，极广大，化万法之王，为群动之体，竖彻三界，横亘千方[②]。自混沌未辟之前，而已曾有；虽天地既坏之后，亦未常无。一切境界，皆是心光。若人识得心，大地无寸土，故曰：'三界唯心。'迷人心外求法，至人见境是心。境即是心之境，心即是境之心。对境不迷，逢缘不动，能生互成，一体无异。若能达境唯心，便是悟心成道。觉尽无始妄念，摄境归心出缠，真如离垢解脱，永合清净本然，则不更生山河大地诸有为象。如金出矿，终不更染尘泥；似木成灰，岂解再生枝叶？一得永得，尽未来际，永脱樊笼，长居圣域矣。虽然此最上一乘大道，若根器利者，一超[③]直入如来地；若根器钝者，将如之何？必由下学而上达的工夫，渐次引入法门可也。使之行一步自有一步效验，升一级自有一级规模，亦是'行远自迩，登高自卑'之意。若不知入门下手功夫，安能递到了乎极则地位？若未能尽心，而安能知性？未能明心，安能见性？夫明心尽心之要者，时以善法扶助自心，时以赤水润泽自心，时以境界净治自心，时以精进坚固自心，时以忍辱坦荡自心，时以觉照洁白自心，时以智慧明利自心，时以佛智见开发自心，时以佛平等广大自心。故知明心是生死海中之智楫，尽心是烦恼病中之良医。若昧此心，则永劫轮回而遗失真性；若明此心，则超出烦恼而圆证涅槃。始终不出此心，离此心，别无玄妙也。后面虽有渐第工夫，不过是成就这个而已。张平叔曰：'只为丹经无口诀，教君何处结灵胎？'殊不知经中口诀自在，大都秘母言子，不肯分明说破，今将丹经、梵典中口诀，一一拈出，留与后人，作破昏暗的照路灯，辨真伪的试金石。"

真人曰："此篇尽去诸法，直指一心，为上乘修行之路。虽曰尽性工夫，而至命之学术未尝不寄之也。奈今世法子，不明性命一致，乃妄分玄、释，是此非彼，互相訾诟，则又非真知道者也。"

《白阳子作用诀》曰："夫修身者，要知一身血气脉络之要。人欲修养，

[①] 此句上医本原作"故灵夫天地情"，依《悟》改为"故曰：'灵光天地情'"。
[②] 上图本作"十方"，《悟》作"千方"。
[③] 上医本原作"迢"，依《悟》改为"超"。

而不知一身血气脉络联布之要，炼精则为精凝，炼炁则为炁滞，炼神则为神乱，反致血气逆滞，发生他疾，不可不鉴也。盖以人身脐内一寸三分，名为天地根，又为血海、炁海，又为生身处，又为玄牝，即守丹田①是也。以天地根言之，人之有生，由于坤母初受乾父一点灵明元阳，在此元海之中，随生右肾，以为命门。继生左肾，为阴阳二精区，生肝木为魂，心火为神，脾土为意，肺金为魄。左肾为精区，属水，递互相生，以为五脏六腑，以至百骸九窍，皆由一元气脉之流通也。由是百日胎成，十月炁足，乃生此身。且其未生之时，一呼一吸，其气未及于口鼻出入，由其有此元炁在于脐窍之内，而随母呼吸出入。及其既生，声②自口发，呼吸之炁，始从口鼻出入，随束脐带，则此元炁之根就束脐中，故曰'天地根'，曰'生身处'，曰'元海'、'炁海'者，皆由此也。由是阴阳二道气脉根源，于此经命门、精区，贯下阴极、兴阳之穴，回绕谷道、尾闾之间，交互脊梁二十四骨节，傍与脊骨内一条大白脉，督率五脏六腑，大小脉络，节节相通，直上后项双关、玉枕关，透入泥丸宫，百会穴相会。谓之百会者，以其一身百脉皆会于此，实元神所栖之府，所谓'人人有个元始天尊'，为一身百神朝会者，即此穴也。脉既合此，又从额门天庭穴，当两尾间③分经两太阳穴，下至舌上二窍，送至金津玉液，日夜咽下，灌溉心火，而其根源实出二肾真水而来。其脉又自舌下贯至咽喉，总入心管，复归中田元海之里，常周流回转，而生生不息焉。以其要而言之，不过曰任督二脉而已。谓之督脉者，其脉起自阴蹻之下，并于脊里，上至风府，入脑上巅，循额至鼻柱，属阳脉之海；谓之任脉者，起自舌下咽喉，循腹里，至中极之下，至毛际，属阴脉之海。谓之任者，女子得之以妊养也；谓之督者，以其督领经脉之海也。人有二脉，为一身阴阳之海。如此实五炁之真元，故人一吸而气上升，则一身之中百脉皆随之而上升；一呼而气下降，则一身之中百脉皆随之而下降。天地间，一吸而气上升而潮升，则千流万派皆随之而盈；一呼④而气下降而潮退，则千流万

---

① 上医本、《悟》作"守丹田"，上图本作"中丹田"。
② "声"字依上图本、《悟》补出。
③ 《悟》亦作"两尾间"，上图本作"两尾间"。
④ 上医本、上图本、《悟》于此均作"一吸"，然据上下文意，此当为"一呼"才是，暂改。

派皆随之而涸。此人之一身血脉路布之要，如此欲真修①者，不可以不知也。鹿寿五百岁为白鹿，千岁为青鹿，盖能通其督脉者也。龟鹤之寿皆千岁，盖能通其任脉者也。又况人为万物之灵，诚修夫任督以收摄之，岂不至于长生住世哉！故《南华真经》曰：'缘督以为经，可以保身，可以长生。'人能通此二脉，则百脉皆通，自然周身流转无停壅之患，而长生久视之道断在此矣。《内指玄通秘密诀》云：'法水能朝有秘关，逍遥日夜遣轮环。于中壅滞生诸病，才决通流便驻颜。'朗然子曰：'泝流直上至泥丸，关节才通便驻颜。'《翠虚篇》云：'采之炼之未片晌，一炁渺渺通三关。三关往来气无穷，一道白脉朝泥丸。泥丸之上紫金鼎，鼎中一块紫金团。化为玉浆流入口，香甜清爽来舌端。吞之服之入腹中，五脏通畅六腑安。'盖丹之入口，如蜜之甜，如波澜之清凉，是知得修养之功效然也。"

真人曰："此篇论周身血脉与任督二②脉，殆无余蕴。修行者，讵可不知此而他求哉？"

《悟玄子作用诀》："炼念在息。'息'之一字，有调息、数息、踵息、胎息、瞬息。调息，或坐或卧，屏纷静虑，且勿用意升降，惟呼吸绵绵，气入丹田之中。念不可起，意不可散，听其自然。待熏蒸一会，自尔生阴，化为玉液，灌溉五脏。喉中竟有甘津，乃其验也。到此时，还宜守虚，久之寂定，方可徐徐而起，切不可纵酒多欲。若痰火盛，或暴风骤雨，不可调息服气。数息，乃初入之功。凡人心为外诱，一旦离境，不能自主，所以用心息相依法，拴系此心，由粗入细，自一息数至百千息，才得此心离境，至无人无我，可坐忘。此法最截径，最容易，最无病。《卫生经》曰：'调息与数息不同。数息③有意，调意无。'亦正④谓此。"

真人曰："此调息、数息之大略，初入门者，不可不知。"

又诀曰："凡息定久，意念不散，元炁油然翕然于肾间。切勿急迫，俟其既壮，充满腰腹，始以神斡⑤旋归尾闾，使之上至于夹脊双关，上风府至泥

---

① 《悟》亦作"真修"，上图本作"修真"。
② 上医本原作"一"，依上图本、《悟》改为"二"之误。
③ 上医本原有"无"字，墨笔删去。上图本有"无"字，亦被删去。《悟》作"数息有无意，调息意无散"，似不通。
④ 上医本原作"政"，径改为"正"。
⑤ 上医本原作"干"，依《悟》改为"斡"。

丸，达鼻入喉，经于胸臆，以复中宫。气经三田，上下交泰，所谓'常使炁充关节透，自然精满谷神存'是也。"

《河滨丈人作用诀》曰："凡学调息法者，先宜习闭炁。以鼻吸入，渐渐腹满，乃闭之。久不可忍，从口细细吐出，不可一呼即尽。气足，复如前闭之。始而十息，或二、三十，渐熟渐多。但能闭至七、八十息以上，则脏腑胸膈之间，皆清气之布护矣。以多为贵，以久为功。若日夜得一、二度，精神完固，则风寒暑湿、积滞凝结之疾，自消灭矣。调炁之初，务要心神安和。若不安和，且宜俟之，亦不可饱满。若有结滞，宜宣呵之。若强壅遏，必且逆流，而疮疡中满之疾作也。"

真人曰："悟玄子之'意不可散'，是诚要语，而其诀亦详明可行。河滨丈人习闭气法固妙，然初病在吸气，次病在吐气。倘不吸不吐，任其自如，令此身若寄胞胎中，孰谓其非神息之一至法乎？"

《刘真人作用诀》曰："每下手行功，凝神定性，候静极而动，动极而静，即阳炁初生坎户之际，舌拄上腭。初不见形状，久久纯一不杂，真炁从坎户至玄宫，微微觉其气胜①，自尾闾升上鹊桥，至于夹脊双关，到玉枕穴，如火之热，冲上泥丸宫，则炁通关窍自开。满顶如汤，愈久愈妙，盘绕如月。良久，结金液，徐徐降至舌端，甜若甘露，如水之清，咽下重楼，纳入中宫，混成一炁。"

《玄肤子作用诀》曰："下手之功，莫先藏神。藏神者，凝神也。凝神之要，莫先遣欲。《清净经》云；'遣其欲，而心自②静；澄其心，而神自清。'《易》曰：'圣人以此洗心，退藏于密。'所谓洗心，即澄神之谓也。周子云：'无欲故净。'所谓无欲，即遣欲之尽也。故澄神之要，莫先遣欲。"

又诀曰："'或谓抽铅添汞，可得闻欤？'曰：'予闻之白阳先生，得药归鼎之后，养以天然真火，绵绵若③存，其中抽铅造化，皆出自然，如以米炊饭。夫铅之投汞，譬之水之投米也。水不过多，米不过少，火力既调，则水

---

① 上医本原有"胜"，墨笔删去。然上图本作"气腾"，《悟》作"气胜"。可知墨笔误删，当补回。

② 上医本原有"清"字，墨笔删去。上图本亦有"清"字。然此两句引自《清静经》之语，前后呼应，均当为"三－四"结构，故从墨笔修订，删去"清"字。

③ 上医本原有"守"字，墨笔删去。上图本原亦有"守"字，后被删去。《悟》有"守"字。

渐干，而米渐长，斯成饭也。水渐干则抽铅之谓也，米渐长则添汞之谓也。抽非内减也，神入炁中，如天之炁行于地，而潜机不显也；添非外益也，炁包神外，如地之炁承乎天，而渐以滋长也。由是而胎圆神化，身外有身。要亦自然而然也。"

真人曰："抽铅添汞之法，在于一万三千五百炁足之后。夫真炁既足，自有一段自然不生炁之妙，加以神火日煅，炁将渐次成神，如煎盐熬霜之法，添一分汞，自抽一分铅也。玄肤子此论甚透，宜味之。刘真人之静极而动，动极而静，须中心有主方能如是①，不然将坐驰也。玄肤子之前段，言下手莫先藏神，有此一着，可以言动静②。"

白阳子又诀曰："凡有痰涎之形，决不可轻为数吐，务宜收而漱咽之。鼻引清气，以意送至丹田之内，久久咽之，自无痰涎太溢之患。或不足而遇唇干舌燥口渴，即宜下部微微提呼，气液之升，口内数漱，以致津液满口，咽之。鼻引清气，亦以意送至丹田。如此不计次数，是即唐李真人'呼吸提咽纳炁'之术。凡欲修炼，使元阳常居本元而不消散走失，即常言所谓'血归血路，脉归脉路'，自然疾病不作。苟运而不至于归根复命，而有半途间断之费，则必至精凝血滞于一处，必致生他疾，或便或脏，或胸或背，发生痈疽、疮毒坠下等症也。"

《金丹大要·作用诀》曰："凡百作为皆主于意，声色臭味皆关于意。意为即为，意止即止，故求丹取铅，以意迎之；取火入鼎，以意送之；烹炼沐浴，以意守之；温养脱化，以意成之。故崔公《入药镜》曰：'一日内，十二时，意所到，皆可为。'此又《大要》之要也。"

真人曰："白阳子引唐李真人呼咽提气之术，虽非至道，然却疾病者，不可不知。《金丹大要》之以意为主，是诚大要也哉。不知此意，希欲成丹，吾不知也。"

《陈泥丸作用诀》曰："夫炼丹之要，以身为坛炉鼎灶，以心为神室，以端坐息定为采取，以操守照顾为行火，作止为进退，以间断不专为堤防，以运用为抽添，以真炁熏蒸为沐浴，以息念为养火，以制伏身心为野战，以凝

---

① "如是"二字依上图本补出。
② 此段上医本用三"净"字，依上图本皆改为"静"。

神聚炁为守城①，以忘机绝虑为生杀，以念头起②处为玄牝，以打成一块为交结，以归根复命为丹成，以移神③为换鼎，以身外有身为脱胎，以返本还源为真性空④，以打破虚空为了当。故能聚则成形，散则成炁，去来无碍，道合自然矣。"

真人曰："此段语简而意详，大丹周折，不过如此耳。"

《金丹大要·作用诀》曰："铢也者，将准而定之也；爻也者，将效而用之也；象也者，将象而为之也；卦也者，将卦以示人，使人以此而为则例也。爻与铢者，明轻重也；象与卦者，明进退也。积三百八十四爻而成六十四卦，积三百八十四铢而成十六两，谓之一斤也。斤足卦满，喻丹之将成矣。"

真人曰："凡言三百八十四者，合周天也，喻圆满也。神炁圆满，非周天而何？"

《玄学正宗·作用诀》曰："神为炁主，神动则炁随。炁为水母，炁聚则水生。"

真人曰："知凝神聚炁，则水自生；水既生，则神炁愈旺而丹自结。"

《灵枢经·作用诀》曰："日行二十八宿，人经脉上下、左右、前后二十八脉，周身十六丈一尺，以应二十八宿。漏下百刻，以分昼夜。故人一呼，脉再动，气行三寸；一吸，脉亦再动，气行三寸。呼吸定息，气行六寸。十息，气行六尺，日行二分。二百七十息，气行十六丈二尺，气行交通于中，一周于身，下水二刻，日行二十五分。五百四十息，气再周于身，下水四刻，日行四十分。二千七百息，气行十周于身，下水二十刻，日行五宿二十分⑤。一万三千五百息，气行五十营，下水百刻，日行二十八宿，漏水皆尽，脉终⑥矣。凡行八百一十丈也。"

真人曰："天以太阳运行而生万物，人以真炁运行而结灵丹。或曰人身一呼一吸而炁脉自行，何假胎息？答曰：语云'外呼吸者，色身上事；内呼吸者，法身上事。'且人之一呼一吸，积一昼夜，气方行五十营。吾今胎息，

---

① 上医本原作"诚"，墨笔改为"城"。上图本作"城"，《悟》作"诚"。
② 上医本原作"起"，墨笔补为"起住"。然上图本亦作"起"。故改回"起"字。
③ 上医本原作"成"，墨笔改为"神"。上图本作"神"，《悟》作"成"。
④ 上医本原作"性空"，墨笔改为"空空"。然上图本、《悟》均作"性空"，故当改回。
⑤ 上图本、《悟》均作"二十五分"。
⑥ 上医本原作"脉络"，依常见之《灵枢经》，当为"脉终"，故改。

一息气即一营也。一昼夜倘不住功，即得一万三千五百营，是一日即夺一年来气候也。外以益吾色身，内即结吾法体，非浅衷愚见者可知也。"

宋齐丘曰："忘形以养炁，忘炁以养神，忘神以养虚。只此'忘'之一字，则是无物也。就于'忘'之一字上作工夫，可以入大道之渊微，夺自然之妙用。"

真人曰："此个'忘'字，皆是得一步忘一步也。如不养炁，何以忘炁？不得神，何以忘神？自是去不得。"

《玄关显秘论·作用诀》曰："以眼视眼，以耳听耳，以鼻调鼻，以口缄口，潜藏飞跃，本乎一心。先当习定凝神，惩忿窒欲。惩忿窒欲，则水火既济；水火既济，则金木交并；金木交并，则真土归位；真土归位[①]，则金丹自然大如黍米。日服一粒，神归炁复，充塞天地。"

真人曰："眼、耳、口、鼻各自为者，为其根也。其根既为，则眼、耳、口、鼻无为也。此归根之捷法也。"

《问作用》："张紫阳曰：'螟蛉咒[②]子，传精送神。'"

真人曰："修行法子能如螟蛉之专，则于结胎，又何难为焉？"

《金笥宝箓·作用诀》曰："但于一念妄想之际，思平日心不得净者，此为梗耳。急舍之，久久纯熟，则自净也。夫妄想莫大于喜怒，怒里回思则不怒，喜中知抑则不喜。种种皆然，久而自净，岂独坐时？故曰：'以事炼心，情无他用。'"[③]

又诀曰："静坐之际，先行闭息之道。闭息者，夫人之息，一息未除[④]，而一息续之。今则[⑤]一息既生而抑后息，后息受抑，故续之者缓缓耳，久而息定。抑息千万不可动心，动心则逐于息，息未止而心已动矣。"

真人曰："前诀止念，后诀定息，皆绝妙之作用也。统而论之，必念止然后息定。念若不止，则胡思乱想，寻头觅绪，则邪火生矣。火生则气促，倘强制之，必作他患。"

---

① 上医本原作"归"，墨笔补为"归位"。上图本有"位"字。《悟》原本无"位"，行间补出。
② 上医本原作"况"，依《悟》改为"咒"。
③ 上医本此段所用三"净"字，上图本均作"静"。
④ 上医本、《悟》作"未除"，上图本作"未际"。
⑤ 上医本、《悟》作"今明"，不通。依上图本改为"今则"。

《关尹子作用诀》曰:"衣摇空得风,气呵物得水。水注水即鸣,石击石即火。知此说者,风雨雷电,皆缘气而生,气缘心生。犹如内想大火,久之觉热,内想大水,久之觉寒。知此说者,天地之德皆可同之。"

列子问:"至人潜行不窒,蹈火不热,行乎万物之上而不慄,何以至此?"关尹子答曰:"是纯炁之守也。"

真人曰:"心为万法之源,故极心之量则包天地,竟心之妙则侔鬼神。倘神能合乎炁,吾炁则能通神,所谓神通是也。神通自能变化。今符咒家偶取一口先天祖炁,风云雷雨,鬼神将吏,皆能立至,况纯炁之守者乎!知乎此者,方曰至人。"

今将明心诸诀附后

《太玄真人诀》曰:"父母生前一点灵,不灵只为结成形。成形罩却光明种,放下依然彻底清。"

《三茅真君诀》曰:"灵台湛湛似冰壶,只许元神在里居。若向此中留一物,岂能证道合清虚?"

《自然居士诀》曰:"心如明镜连天净,性似寒潭止水同。十二时中常觉照,休教昧了主人翁。"

《空照禅师诀》曰:"这个分明各各同,能包天地运虚空。我今直指我心地,空寂灵知是本宗。"

《智觉禅师诀》曰:"菩萨从来不离真,自家昧了不相亲。若能静坐回光照,便是生前旧主人。"

《天然禅师诀》曰:"心本绝尘何用洗,身中无病岂求医。欲知是佛非身处,明鉴高悬未照时。"

《主敬道人诀》曰:"未发之前心是性,已发之后性是心。心性源头参不透,空从住迹极搜寻。"

《无心真人诀》曰:"妄念才兴神即迁,神迁六贼乱心田。心田既乱身无主,六道轮回在眼前。"

《高僧妙虚诀》曰:"惺惺一个主人翁,寂然不动在灵宫。但得此中无挂碍,天然本体自虚空。"

《太乙真人诀》曰:"一点圆明等太虚,只因念起结成躯。若能放下回光照,依旧清虚一物无。"

《华严经·诀》曰:"有数无数一切劫,菩萨了知即一念。于此善入菩提行,常勤修习不退转。"

《海月禅师诀》曰:"六个门须一个关,五门不必更遮栏。从他世事纷纷乱,堂上家尊镇日安。"

《水庵禅师诀》曰:"不起一念须弥山,特立当头着意看。粘一缕丝轻绊倒,家家门底透长安。"

《大沩智云诀》曰:"真佛无为在吾身,三呼三应太惺惺。若人不悟元由者,尘劫茫茫认识神。"

《无垢子诀》曰:"五蕴山头一段空,同门出入不相逢。无量劫来赁屋住,到头不识主人翁。"

《惟觉禅师诀》曰:"劝君学道莫贪求,万事无心道合头。无心始体无心道,体到无心道也休。"

《志公和尚诀》曰:"顿悟心源开宝藏,隐显灵踪现真相。独行独坐常巍巍,百亿化身无数量。"

《呆堂禅师诀》曰:"应无所住生其心,廓彻圆明处处真。针下顶门开正眼,大千沙界现全身。"

《指玄篇·诀》曰:"应得真空苦便无,有何生死有何拘。有朝脱下胎州袄①,作个逍遥大丈夫。"

《段真人诀》曰:"心内观心觅本心,本心俱绝见真心。真心明彻通三界,外道邪魔不敢侵。"

《张远霄诀》曰:"不生不灭本来真,无价夜光人不识。凡夫虚度几千生,杂在矿中不能出。"

《薛道光诀》曰:"妙诀五千称《道德》,真诠三百颂《阴符》。但得心中无一字,不参禅亦是工夫。"

《无垢子诀》曰:"学道先须识自心,自心深处最难寻。若还寻到无寻处,方悟凡心是佛心。"

---

① 上医本、《悟》均作"胎明袄",依上图本改为"胎州袄"。

《逍遥翁诀》曰："扫除六贼净心基，荣辱悲欢事勿追。专炁致柔窥内景，自然神室产摩尼。"

《弄丸集·诀》曰："天机奥妙难轻泄，颜氏如愚曾氏鲁。问渠何处用工夫？只在不闻与不睹。"

《张三峰诀》曰："真心浩浩无穷极，无限神仙从里出。世人耽着小形体，一颗玄珠迷不识。"

《解迷歌·诀》曰："若要真精无漏泄，须净灵台如朗月。灵台不净神不清，昼夜工夫休断绝。"

《北塔祚诀》曰："切忌随他不会他，大随此语播天涯。真静性中才一念，早是千差与万差。"

《横川珙诀》曰："洞水无般会逆流，见他苦切故相酬。西来祖意实无意，妄想狂心歇便休。"

《草堂禅师诀》曰："断臂觅心心不得，觅心无得始安心。心安之后虚灵了，满目琼花无处寻。"

《佛国禅师诀》曰："心心即佛佛心心，佛佛心心即佛心。心佛悟来无一物，将军止渴望梅林[①]。"

《华严经偈·诀》曰："若人欲识佛境界，当净其意如虚空。远虑妄想及诸趣，令心所向皆无碍。"

《宝积经颂·诀》曰："诸佛从心得解脱，心者清净名无垢。五道鲜洁不受染，有解此者名大道。"

《圆悟禅师诀》曰："佛佛道同同至道，心心真契契真心。廓然透出威音外，地久天长海更深。"

《世奇首座诀》曰："诸法空故我心空，我心空故诸法同。诸法我心无别体，只在而今一念中。"

《张拙秀才诀》曰："光明寂照遍河沙，凡圣原来共一家。一念不生金体[②]见，六根才动被云遮。"

《中峰禅师诀》曰："从来至道与心亲，学到无心道即真。心道有无俱泯

---

① 上医本原作"默林"，依上图本、《悟》改为"梅林"。
② 上图本、《悟》作"全体"。

灭，大千世界一闲身。"

《张无梦诀》曰："心在灵关身有主，气归元海寿无穷。"

《白沙先生诀》曰："千休千处得，一念一生差。"

《彭鹤林诀》曰："神室即是此灵台，中有长生不死胎。"

《永明延寿诀》曰："有念即生死，无念泥洹沙。"

《胡敬斋诀》曰："无事时不教心空，有事时不教心乱。"

《道玄居士诀》曰："一出便收来，既归须放下。"

《罗念庵诀》曰："毋以妄念戕真念，毋以客气伤元炁。"

《莎衣道人诀》曰："心若在腔子里，念不出总持门。"

《白乐天诀》曰："自从学得空门法，消尽平生种种心。"

《净业禅师诀》曰："动不忘于观照，静不忘于止息。"

《韬光集·诀》曰："心在是念亦在是，动如斯静亦如斯。"①

《冲妙诀》曰："身不动而心自安，心不动而神自守。"

《徐无极诀》曰："性从偏处克将去，心自放时收拾来。"

《佛印禅师诀》曰："一念动时皆是火，万缘寂处即生春。"

《陶弘景诀》曰："修心要作长生客，炼性当如活死人。"

《无着禅师诀》曰："明即明心空寂，见即见性无生。"

《华严经·诀》曰："若能谛观心不二，方见毗卢清静身。"

《华严颂·诀》曰："始从一念终成劫，悉依众生心想生。"

《马丹阳诀》曰："若能常守弯弯窍，神自灵明炁自充。"

《丘长春诀》曰："当时一句师边符，默默垂帘仔细看。"

《慧目禅师诀》曰："一念照了，一念之菩提也；一念晏息，一念之涅盘也。"

《还源篇·诀》曰："欲炼先天炁，先干活水银。"

真人曰："以上数语，皆成仙作圣之要，盖凡夫之心，终日趋外，日远日背。惟日行回光返照工夫，则检情摄念，摄念安心，安心养神，养神归性，即魏伯阳所谓'金来归性初，乃称得还丹'也。咦，'炼矿成金得宝珍，炼情归性合天真。相逢此理交谈者，千万人中无一人。'"

---

① 以上两段中与"动"对应之字均写为"净"，依今规范，径改为"静"。

了道部八

丹房节目诫谴

养浩生曰："作用口诀,弟子既得闻命矣。敢问何所节目,乞再示焉?"

真人曰："所谓节目者,乃丹房中之节目也。虽非太丹之至诀,然而修行者不可不知,予今一一为子言之。"

昭然子曰："一入室打坐纯熟,须要凝神聚炁。炁定则神灵,神灵则变化,全在清静。不清静被五脏来侵,元炁不全而无所成。

"一初打坐多昏,须节饮食,不可伤饥,失饱则炁疏通①,虚心则神炁清。先师云②:'省了口中言,少了心头事。'夜间睡少,肚里食少,神仙诀了。

"一坐间昏困,不可行走。行走动神,神动炁散,炁散神昏,神昏与道无益。若昏困时,起身缓缓行数步,复坐,转收精神,调息归根,则睡魔自退也。

"一坐久真炁自下而上,往来升降,肾作热,身跳动,乃真炁聚也。听其自然,后有大验。

"一坐久夜间开眼见光如日月,或一片光,久而渐灭,乃是妄想光,非为真境界,不可认着,以自生魔。

"一坐或见山林城市,平日极爱极嫌的人物,皆是妄想现前,扫去莫理,后自然无有也。

"一坐久形神忽忘,或有真境界,亦是妄想,胡见乱见,不可说与人,皆魔障神机所使,除去复坐。

"一坐久纯熟,或真人出现,忽去忽没,听其自然,不可间断,绵绵若存,无助无忘,灵光发现,万缘顿息,喜怒七情,皆不在心。渴则饮四君子

---

① 《悟》与上医本同,上图本作"失饱则无疏通"。
② 上医本原作"去",墨笔改为"云"。上图本、《悟》均作"云"。

汤或白术汤，不可吃茶水。

"一坐忘之际，不可熟睡，熟睡则气化血入肝，不能上腾，主眼目昏花。如不睡则神醒，神醒则阳炁入脑①，所以林泉有碧眼神仙。大凡修道，不可多睡及熟睡，使气粗神浊，坐时费力。

"一入室坐，务要绝欲忘虑，候身中一阳生，采取进功不差，内外洞明。婴儿倘出入顶间，务要守护牢固，切不可火漏。火漏则丹败，姹女逃亡。务要火完炁足，自然蒂落。往来出入，离身丈尺，亦不可速远去，远去②迷路，投胎夺舍。直须体骨老成，方可远去。务把捉日久，则飞升变化矣，号曰阳神。

"一入室莫多食厚味，使真炁停滞，甘液壅滞，不能上达。如有此患，饮苦茗二三钟。盖茶能涤荡油腻，化食解酒。清晨饮之，能寒胃。临眠及临用功，先饮一二杯，大能助华池水上行，亦不可过多。

"一凡坐不可靠实③，不可曲背，恐气滞作病。饱极勿坐，劳极勿坐，酒醉勿坐，大怒后勿坐，恐有损也。

"一行功法子，葱蒜不可吃，辛辣发炁④之物不可吃，火酒不可多吃，生物、冷物、败物、不知名之物，俱不可食，大有伤害也。"

悟玄子曰："人生之初，命根立于肾间，真息寄于脐内。及其长也，斧斤其真息者，莫甚于色，宜首戒也；佐恶莫雄于酒，宜戒饮也；百病莫长于怒，宜潜消也；颓损莫过于劳，宜节劳也；减算莫切于奢侈，宜俭约也。数有乘除，财无多蓄也。才涉意料，便属妄想，宜断妄也；心一系缚，即属烦恼，宜去烦恼也。兹八者，学道之士，皆宜识之。"

又曰："学道不知宗祖，是犹居仕而无朝廷也。虽有修为，必多魔障。今后凡有所为，系性命间事者，必炷香礼告，密陈所由，则虚空之际，莫道无性真。不然，一者恐学道无主，则魔孽必多，中心无主，则疑惑难尽，所以必欲有所宗主矣。"

---

① 上医本原有"断"字，墨笔删去。上图本、《悟》均无"断"字。
② 上医本此处原作两个"速去"，《悟》与上医本同。上图本作"远去"，依改。
③ 《悟》作"凡坐不可懈息"。
④ 上图本作"发热"，《悟》作"发炁"。

天

《太上感应篇》云："勿指天地，以证鄙怀。"

又曰："勿怨天。"

日月

《太上感应篇》曰："勿辄指三光，久视日月。"

《千金要方》曰："勿怒目视日月，令人失明。"

《琐碎录》曰："久视日月，令人损目。"

《袁天纲阴阳禁忌历》曰："日月当前，莫得作溺。"

《千金要方》又曰："凡行坐立，勿背日，吉。"

《西山记》云："对三光濡溺，则折人年寿。"

《华佗中藏经》曰："对月贪欢成疾[①]。"

《云笈七签》曰："凡小儿勿令指月，两耳后生疮，捣虾蟇末敷，即差。"

星云汉

《琐碎录》曰："久视星辰，令人损目。"

《感应篇》曰："勿唾流星。"

《琐碎录》曰："夜视星斗，认取北斗中星者，则一生无眼疾。"

又云："俗传识大人星，不患疟。"

又云："勿视云汉，令人损目。"

风雨雾露

《琐碎录》曰："大风大雨，勿得出入。"

《华佗中藏经》曰："当风取凉，冒雨而行，成疾病。"

[①] 上医本原作"痰"，依上图本、《悟》改为"疾"。

《博物志》曰："王尔、张衡、马均三人，俱冒雾行，一人无恙，一人病，一人死。无恙者饮酒，病者食，死者空腹。"

《帝王世记》曰："凡重雾三日必大雨，雨未降，雾中不可冒行。"

《本草》云："柏叶上露，主明目。"

又云："百草上露水，愈百疾，令人身轻不饥，肌肉悦泽。"

《酉阳杂俎》云："凌霄花上露，损人目。"

霜雪雷

《本草》云："冬霜寒无毒，团食主解酒热、伤寒鼻塞、酒后诸热面赤者。"

《琐碎录》云："大雪中跣足，不可便以热汤洗之，令足指随堕。"

《千金要方》云："卒逢震雷，宜入室闭户焚香净坐，安心以避之。"

《琐碎录》云："雷鸣，勿仰卧。"

寒热

《云笈七签》云："凡人触寒来，勿①面临火上，成痫，起风眩头痛。"

又云："勿太湿，消骨髓；勿太寒，伤肌肉。"

《千金要方》云："勿触冷开口。"

《抱朴子》云："先寒而衣，先热而解。"

《琐碎录》曰："伏热者，不可饮水；冲寒者，不得饮汤。"

地山

《玄宗皇帝杂忌》曰："等闲刀画地，多招不祥事。"

《千金要方》曰："掘地二尺以下，即有土气，慎之为佳。"

《琐碎录》曰："如入山林，默念'仪方'，不见蛇狼；默念'仪康'，不见虎。"

---

① 上医本作"勾"，依上图本改为"勿"。

《地镜》曰："入名山必斋五十日，牵白犬，抱白鸡，以白盐一升，山神大喜，芝草、异药、宝玉为出。未到山百步，呼曰'林兵'，此山王主者名，知之却百邪。"

河江水

《琐碎录》曰："渡江河者，朱画'禹'字佩之，免风涛，保安吉。"

《千金要方》曰："凡遇山水岛中出泉者，不可久饮，应作瘿病。"

又曰："深阴地冷水不可饮，必作疾疟。"

又曰："远行触热，途中逢河，勿洗面，生乌黣。"

《本草》云："井水沸，不可饮，害人。"

又云："甑气水，主长毛发。"

身体

《琐碎录》曰："五脏神喜香，斋则气清神悦，百病不生。"

又云："凡五色皆损目，唯皂糊屏风，可养目力。"

又云："肝恶风，心恶热，肺恶寒，脾恶湿，肾恶渗。"

又云："乱头发不可顿壁缝房内，招祟。"

《本草》云："张苍常服人乳，故年百岁，肥白如瓠。"

又曰："收自己乱发洗净，于每两入椒五十粒，盐泥①封固，入糠火二三升，煅一夜，冷取出，如黑糟，细研，酒服一钱，髭发长黑。"

"刘君安长烧自己发，合头垢等合服，如豆大许三丸，名曰还精，令头不白。"《服气精义》。②

《刘根别传》曰："取七岁男齿女发，与自己颈③垢合烧，服之一岁，不知老，常为之，使老有少容。"

《云笈七签》云："除鼻中毛，所谓'通神路'也。"

---

① 上医本此字墨笔涂改为"泥"。上图本、《悟》作"泥"。
② "《服气精义》"据上图本补出。
③ 《悟》作"颈"，上图本作"头"。

又云："甲寅日可割指甲，甲午日可割脚甲。此三尸游处，故宜割除，以制尸魄也，名之'斩三尸'。"

涕唾汗

《感应篇》曰："不可对日涕唾。"

《云笈七签》曰："饮玉泉者，令人延年，除百病。玉泉者，口中唾也。鸡鸣、平旦、晡时、夜半，一日一夕，凡七漱玉泉饮之，每饮辄满口漱咽，延寿耐老。"

《琐碎录》曰："远唾不如近唾，近唾不如不唾。"

又云："远唾损炁，久唾损神。"

《云笈七签》曰："多唾令人心烦。"

《王母内传》曰："若能竟日不唾涕者，亦可含一枣咽津液也。"

《神仙传》曰："亥子日不可唾，亡精失炁，减损年命。"

《养生集要》曰："大汗急傅粉、着汗湿衣，令人得疮，大小便不利。"

《黄帝素问》曰："饮食饱甚，汗出于胃；惊而夺精，汗出于心；持重远行，汗出于肾；疾老恐惧，汗出于肝；摇体劳苦，汗出于脾。"

《华佗中藏经》曰："劳伤汗出成疾。"

《四时养生论》曰："汗出毛孔开，勿令人扇凉，亦毋为外风所中。"

《琐碎录》曰："多汗损血。"

嚏便溺

《云笈七签》曰："日出三丈，正面向南，口吐死气，鼻噏日精，至鼻得嚏便止，是为气通。若不得嚏，以软物通之，使必得也。是为补精复胎，长生之道也。"

《琐碎录》曰："食后便以小纸① 捻打嚏数次，气通则目自明，痰自化。"

---

① 上医本原作"指"，墨笔改为"纸"。上图本作"纸"，《悟》作"指"。

《感应篇》曰："不可对北①溺。"

《千金要方》曰："忍尿不便，膝冷成痹。"又曰："忍大便不出，成气痔。"

又曰："小便勿努，令两足及膝冷。"

又曰："大便不用呼气及强努，令人腰痛目涩，宜任之佳。"

《琐碎录》曰："夜间小便时，仰面开目，至老目不昏。"

《云笈七签》曰："凡人求道，勿违五逆，有犯者凶。大小便向南，一逆；向北，二逆；向日，三逆；向月，四逆；仰视天及星辰，五逆。"

行立坐

《千金要方》曰："行不得语，令人失气。"

又云："凡欲行来②，常存魁罡在头上，所向皆吉。"

又云："行及乘马，不用回顾，则神去。"

《真诰》曰："夜行常琢齿，琢齿亦不得限数。鬼神畏其声，不敢犯人。"

《西山记》曰："行不可多言，恐神散而损炁。"

《黄帝素问》曰："久行伤筋，劳于肝也。"

《华佗中藏经》曰："久立则肾病。"

《黄帝素问》曰："久立伤骨，劳于肾也。"

《千金要方》曰："勿跂床悬脚，成血痹，两足重、腰疼。"

又云："饱食终日，久坐损寿。"

《孙真人枕中歌》曰："坐卧莫当风，频于暖处浴。"

《琐碎录》曰："暑月日晒处，虽冷不可坐，热则令人生疮，冷则成小肠气。"

《黄帝素问》曰："久坐伤肉，劳于脾也。"

早起　夜起

《琐碎录》曰："早起以左右手摩肾，次摩脚心，则无脚气诸疾。或以热

---

① 上医本原作"地"，墨笔改为"北"。上图本作"北"，《悟》作"地"。
② 上医本原作"来"，墨笔改为"求"。然上图本、《悟》亦作"来"，则当改回。

手摩面上，令人悦色。以手背熨目，则目明。"

又云："煨生姜，早晨含少许，生胃气，辟山瘴邪气。"

又云："晨兴，以钟乳粉入白粥中拌食，极益人。"

又曰："早起不可用刷牙，恐根浮兼齿疏易摇，久之患牙痛。刷牙皆马尾为之，极有损。"

《太平御览》曰："清晨初起，以两手相叉上下之，二七止，令人不聋。次缩鼻闭息，右手从头上引左耳二七止。次引两鬓，举之，令人血气流通，头不白。又摩手令热，以摩身体，从上至下，名干沐浴，令人胜风寒时气，寒热头疼百病皆除。"

《云笈七签》曰："凡人旦起，常言善事，天与之福。"又曰："夜起裸形，不祥。"

《琐碎录》曰："夜起坐，以两手攀脚底，则无转筋之疾。"

愁泣　怒叫　喜笑

《云笈七签》曰："勿久泣，神悲戚。"

又云："大愁，气不通。"

《小有经》曰："多愁则心慑。"

《真诰》曰："学仙之法，不可泣哭及多唾泄，此皆为损液漏精，使喉胸大渴，是以真人道士，常吐纳咽味，以和六液。"

《巢氏病源》曰："新哭讫，不可即食，久成气病。"

又曰："愤懑伤神，通于舌，损心则謇吃。"

《感应篇》曰："勿朔旦号怒。"又曰："勿向北怒骂。"

《云笈七签》曰："勿卒呼，惊魂魄；勿恚怒，神不乐。"

《小有经》曰："多怒则百脉不定。"

《云笈七签》曰："大乐，气飞扬。"

《小有经》曰："多笑则伤脏，多乐则气溢，多喜则忘错昏乱。"

《巢氏病源》曰："恣乐伤魂魄，通于目，损于肝，则目暗。"又云："笑多则肾转腰痛。"

歌舞　语言　思念

《感应篇》曰："不可晦腊歌舞。"

《云笈七签》曰："慎勿上床卧歌，凶。"

《千金要方》曰："食时不可语，语而食者，常患胸背病。"又曰："行不得语。欲语须住，行语则令人失气。"

《云笈七签》云："多语则气争。"

《小有经》曰："多思则神怠，多念则神散。"

《巢氏病源》曰："思虑伤心，心伤则吐衄，血发则发焦。"

睡卧

《黄帝素问》曰："久卧伤气，劳于肺也。"

《千金要方》曰："不可当风卧，不可令人扇，皆得病也。"

又曰："上床坐，先脱左足。卧，勿当舍脊下。卧讫，勿留灯烛，令魂魄及六神不安，多愁怨。头边勿安火炉，日久引火气，头重、目赤、睛昏及鼻干。"

又曰："凡人卧，勿以脚踏高处，久成肾水损房①，足冷。"

又曰："不得昼眠，令人失气。"

又曰："暮卧常习闭口，口开即失气，且邪恶从口入，久成消渴及失血色。"

又曰："屈膝侧卧，益人气力，胜正偃卧。按孔子寝不尸，故曰：'睡不厌踧，觉不厌舒。'"

又曰："凡卧先卧心，后卧眼，一夜当作五度反复，常要如之。"

又曰："勿湿头卧，使人头风眩闷，发秃面黑，齿痛耳痛，头生白屑。"

《巢氏病源》曰："凡卧觉，勿饮水更眠，令水②作水癖。"

《琐碎录》云："夜卧或侧或仰，屈一足，则无梦泄之患。"

又云："临卧用黄柏蜜炙，含少许，一生不患咽喉。"

---

① 上医本、《悟》作"损房"，上图本作"损伤"。
② 《悟》与上医本同，上图本作"令人"。

又云："雷鸣，勿仰卧。"

《云笈七签》云："多睡令人目盲。"

《正一修真要旨》曰："暮卧先诵《黄庭内景玉经》一遍，及卧使人魂魄自然制炼。常行此法，二十八年，亦成仙也。"

又曰："饱食便卧，损寿也。"

《云笈七签》云："人若睡，必须侧卧蜷跼，阴魄全也。一觉便展两足，叉手两手，令气通遍浑身，阳气布也。"

《四时养生论》曰："夜眠，自颈以下常须覆薄被，不如此，则风毒潜入，血气不行，直至觉来，顿痹瘫痪、软脚偏风，因兹交至。"

《墨子秘录》曰："麻黄末五分，日中面向南杵之，水调方寸，日可三服，即不睡。若要睡，用糯米粥、葵菜汤解之，依旧。此炼丹守炉之秘法也。"

又曰："通草茗汁饮之，不睡也。"

《琐碎录》曰："决明子置枕中，最明目。"又曰："不可用菊花为枕，久之，令人脑冷。"

《云笈七签》曰："神枕法：用五月五日、七月七日，取山林柏木为枕，长一尺二寸，高四寸，空中，容一斗二升。以柏心赤者为盖，厚二分，盖缝令密。盖上钻三行，行四十孔，凡一百二十孔，令粟米大。内实芎䓖、当归、白芷、辛夷、杜衡、白术、藁本、木兰、蜀椒、桂、干姜、防风、人参、桔梗、白薇、荆实、肉苁蓉、飞廉、柏实、薏苡、款冬、白衡、秦椒、蘼芜，凡二十四味，以应二十四气。加毒者八味，以应八风，乌头、附子、藜芦、皂荚、菌草、礜石、半夏、细辛。右三十二味，各一两，皆咬咀，以毒者上安满枕中，用布囊以衣。枕百日，面有光泽；一年，身中所疾及有风疾者，一一皆愈，而身尽香；四年，白发变黑，齿落更生，耳目聪明。神方极验。此方未卧，仍宜用布囊重裹，卧时脱去，方不走药气。"

又曰："益眼者，无如磁石，以为盆枕，可老而不昏。"

梦魇　洗沐

《千金要方》曰："夜梦恶，不须说，但以水面东噀之，咒曰：'恶梦着草木，好梦成宝玉。'即无咎也。"

《琐碎录》曰："夜停烛而寝，招恶梦。"

又云："枕麝香一具于颈间，辟①水注之，永②绝恶梦也。"

《巢氏病源》曰："人魇勿烛唤之，魇死。止宜暗唤及远唤。"

《琐碎录》曰："夜魇之人，急取梁尘吹鼻中，即醒。"

《墨子秘录》曰："取雄黄一具带之，不魇。"

葛洪《肘后方》曰："人不痦，勿以灯照之，杀人。但痛啮拇指甲际，而唾其面则活。取韭捣汁，饮鼻中。薤汁亦可。冬用韭根汁灌口中。"

《华佗中藏经》曰："浴冷水则生肾痹之疾。"

《千金要方》曰："凡居家不欲数沐浴，若沐必须密室，不得大热，亦不得大寒，皆生百疾。"

又曰："饥忌浴，饱忌沐。沐讫，须尽少许食，乃可出。"又云："常以晦日浴，朔日沐，吉。"

《琐碎录》云："人能终身断沐，永无目疾。"

又云："有目疾者，切忌酒后澡沐，令人目盲。"

方勺《泊宅编》曰："旧说眼疾不可沐，沐则病甚，至有失明者。白彦良云：'未壮之前，岁岁患赤眼。一道人劝其断沐头，则不复病此。'彦良不沐，今七十余，更无眼疾。"

《云笈七签》曰："五香沐浴者，青木香也。青木华五节，五五相结，故辟恶气，检魂魄。"

《沐浴身心经》曰："沐浴用五种香汤：一者白芷，能去三尸；二者桃皮，能辟邪气；三者柏叶，能降真仙；四者零陵，能集灵圣；五者青木香，能消秽召真。"

《洞神经》曰："上元斋者，用云水三斛、青木香四两、真檀七两、玄参二两，四种各煮，一沸澄清，温寒适宜。先沐后浴。此难办③者，用桃皮、竹叶剉之。"

《琐碎录》云："盛热时自日中来，不得用冷水沃面，恐成目疾。"

---

① 上医本原作"碎"，依上图本、《悟》改为"辟"。
② 上医本原作"来"，墨笔改为"永"。上图本作"永"，《悟》作"来"。
③ 上医本与《悟》均作"辨"，未安。依上图本改为"办"。

叩栉漱濯

《九真高上宝书神明经》曰："叩齿之法，左相叩名曰'撞天钟'，右相叩名曰'击天磬'，中央上下相叩名曰'鸣天鼓'。若卒遇凶恶不祥，当撞天钟三十六遍；若经凶恶，辟邪威神大咒，当捶天磬；若存思念道，致真召灵，当鸣天鼓，闭口缓颊，使声虚而深响也。"

《云笈七签》曰："朝夕叩齿，使齿不龋。"

《琐碎录》曰："发是血之余，一日一度梳。"

《真诰》曰："栉头理发，欲得过多，通流血气，散风湿也。"

《琐碎录》云："玳瑁梳，能去风屑。"

《樵人直说》[①]云："孙思邈以交加木造百齿梳用之，养生要法也。"

《千金要方》曰："食毕，当漱口数过，令人牙齿不败，口香。"

《琐碎录》曰："热汤不可漱口，损牙。"

又云："进士刘逎遇异人曰：'世有奉养，往往倒置，早漱口不若困[②]而漱去齿间所积，牙亦坚固。'"

又云："濯足而睡，四肢无冷疾。"

又云："足是人之底，一夜一次洗。"

《云笈七签》曰："凡脚汗勿入水，作骨痹，亦作遁疾。"

戒文三十六款[③]

养浩生曰："敢问戒文，有多少数条？"

真人曰："旧戒文甚多，恐法子难遵，今谨斟酌古戒，分为三十六款，以便遵行。"

"一至道虽以传人为主，敢有人前[④]乱将道妙如作戏谈，及妄传奸诈、骄

---

① 上医本、《悟》作"《樵人真说》"，依上图本改为"《樵人直说》"。
② 上医本原作"因"，依上图本、《悟》改为"困"。
③ 底本无标题，整理者依"十二卷"前总目增补。
④ "前"字依上图本、《悟》补出。

傲、非礼非义之人者，作十谴。"

"一至道虽甚秘密，敢有希图重利，遇有德有行有志之士，因其贫而不传者，作十谴。"

"一学道贵夫精专勤恪，敢有得诀之后，或不行，或行而不勤，一暴十寒，无稍验，妄訾道妙者，名曰'悖道'，作十谴。"

"一自人道之后，先我而仙者，皆我宗祖；后我而仙者，皆我子孙；则亲传我至道者，皆我之慈父也。敢有面誉背毁及抗傲悖慢者，名曰'背师'，作十谴。"

"一自入道之后，首除色欲，次除烦恼及一切无名妄想、杀盗等情。敢有犯色戒者，作十谴。人伦不在例，烦恼等情半之。"

"一自入①道之后，如行功稍得微妙，不可妄自夸大。敢有非系同心之士，与之说者，作十谴。"

"一此身原系父精母血，恩同罔极，原当终养。敢有假道之名，背亲远游，致亲失所者，作十谴。"

"一自入②道以后，常搜己过，稍有不正之念，便想灵官在前。如汝不搜过，神明自能搜之。如不搜过、不改过者，作十谴。"

"一授受之际，首当分别师弟，如有朦胧授受，失却前后之序者，作九谴。"

"一道术之有比③甲乃接命小术。敢有阐教之时，专言房术者，作八谴。④"

"一传道之际，虽极贫者必欲尽礼，致敬柱香，说誓投词，倘师之见在⑤，必须禀命。如有坐问立谈及酒筵卧榻便亵之时授受者，受者作四谴，授者作八谴。"

"一学道之士，首当敬天，次当敬神明，敢有戏狎天地神祇者，作八谴。"

"一得诀后，全不行功者，作八谴。或未至某处而妄言至某处，及已至某处而诈言未至某处者，同其暂行暂止不以为事者，半之。"

"一学道，当以舍心为先，此身尚假，何况身以外物。如有割不断、丢

---

① 上医本原作"大"，墨笔改为"人"。上图本、《悟》作"人"。
② 上医本墨笔涂改为"人"。上图本、《悟》作"人"。
③ "比"字依上图本补出。《悟》作"彼甲"。
④ 上医本此处有一行间案语，作"按甲，疑作彼家"。《悟》至此而终。
⑤ 上医本作"左"，依上图本改为"在"。

不下者，即是系恋，岂能证道？作七谴。"

"一传道弟子，虽当赘金为信，尽有为诚，然而贫富不等。富者一赘之外，不可过加需索。贫者随事立功，敢有行同市井者，作七谴。"

"一自入道之后，师说度我之命，恩同再造，当托钵养师，徐行侍坐。敢有微示不恭者，作七谴。"

"一入道之后，不可妄自受人供养，敢有留难弟子及蚕食世财者，作七谴。"

"一入道之后，当以济人利物为先，敢有损人利己者，作六谴。"

"一入道之后，不可作奇异怪①事，以孝弟忠信为主，士农商贾为业，敢有诡诞惑世者，作六谴。"

"一道人当以导人入善为主，敢有面遇驯良之士而不曲喻婉诱，令其入道者，作六谴。"

"一道人或韬藏不密，或遭势力豪恶之家迫胁者，当思阳苦有限，阴谴无穷，宁死不传。如有畏缩传之，作六谴。"

"一自入道之后，当以上帝好生之念为主。虽胎卵湿化，一草一木，皆我同类，如有戕贼物命者，作五谴。"

"一道人虽栖心物表，然身犹寄世，则当畏王法，畏物议。敢有放肆不检者，作五谴。"

"一弟子从师原非一日可进之道，故今日不得，明日必得之，明日不得，后日必得之。或福缘浅薄，终身不得者有之。敢有迫切过求者，作五谴。"

"一学道全在立德，如德果合天，自膺重秩。如有妄自奏名奏职者，作五谴。"

"一自入道以后，愈宜虚心印证，发前人之所未发，各宜记识成书。敢有高妙自矜者，作五谴。"

"一教虽分三，究理本一，敢有入道之后妄自争长竞短者，作三谴。其卫正辟邪者，不在此论。"

"一道人虽当远市避尘，然尤当以治生为急务，人伦为要道。敢有游荡废业、寡阳失后者，作三谴。"

"一传道与人，度其可授则当尽心悉与。如有藏头露尾致后世道款失次

---

① 上医本此字墨笔涂改为"怪"。

者，作三谴。以渐而授者，不在此例。"

"一道人虽当和光同尘，然远害全身，犹当留意。敢有追随无益下流凶悖之人者，作三谴。"

"一入道以后，首当立功，如系富足当以财尽力，如系贫乏当以力尽财，事事于道，心心于道。敢有劳而发怨及较论短长者，作三谴。"

"一自入道以后，宜以慎言为先戒，敢有仍前哓哓多言者，作三谴。"

"一授受之际，不可三人同立，止许一师一弟，次第相度。如伙立群传者，作三谴。"

"一入道以后，当以方方阐教、处处开坛为念。如有存心不广，坚秘固吝，不阐扬正脉，谴同遇人不传①。"

"一入道以后，当以安分为主，淡泊为常。敢有留心甘脆、乐意美丽者，作三谴。"

"一《广胎息经》一部十二卷，虽②吾之心印，亦乃演旌阳诸祖以下口诀成书，以便后世子孙。一弟子止许极多不过三人，务要仁慈、柔善、谨慎、缄默者，授之。如授多一人者，作十谴。少一人者同不传人者，作二十谴。刊板者，作三十谴。吾虽千祀万年后，必敕经中护经三十六员神将，追摄刊板之人，随令火焚其人，风化其尸，永劫不复现世。"

"右犯三谴以上，修道多魔，所为拂逆，不惬其意。六谴以上，破业败产，苦恼流离。九谴以上，灭子绝孙，身罹横异。十五谴以上，不复人身，改头换面。二十谴以上，身及九玄七祖，尽入阿鼻不复现世③。子其慎之、戒之。"

"右此经所在，地无水旱，人无夭扎，诸神物呵护，固不必言，而其人即系玉牒真官，吾言不妄。"

于是真人说经已了，诸大弟学尽皆欢忭④踊跃，咸称赞曰：

举世人人胎息同，如何气外觅根宗。

金炉慢慢烹天地，土釜悠悠制虎龙。

---

① 上图本于此还有数字，作"者，作三谴"。
② 上医本原作"难"，依上图本改为"虽"。
③ 上医本作"现子"，依上图本改为"现世"。
④ 上医本原作"怀"，依上图本改为"忭"。

一脉泥丸通上下，半铛玉液配西东。
净明不是寻常道，息息还须要守中。

今将诸祖源流列后

净明第一代启教宗主日中始炁孝道仙王
净明第二代启教宗主月中元炁孝道明王
净明第三代启教宗主斗中玄炁孝道悌王
净明第四代启教宗主兰公
净明第五代启教宗主谌母
净明第六代道师许真君
净明第七代传教祖师吴真君
净明第八代传教祖师洞真胡真君
净明第九代嗣教祖师玉真刘真君
净明第十代嗣教祖师中黄黄真君
净明第十一代嗣教祖师丹扃徐真君
净明第十二代嗣教祖师萧真人
净明第十三代嗣教祖师尘外曹真人
净明第十四代嗣教祖师原阳赵真人
净明第十五代嗣教祖师体玄刘真人
净明第十六代嗣教导师止一邵真人
净明第十七代嗣教导师潜天① 吴先生
净明第十八代嗣教导师乾初张先生
净明第十九代嗣教导师圣源邹先生
净明第二十代嗣教导师愚谷祁先生
净明第二十一代嗣教导师懒山云真人

---

① 上图本作"潜夫"。

净明第二十二代嗣教导师黆子李真人

净明第二十三代嗣教导师云隐盛先生

净明第二十四代嗣教导师默默韩先生

净明第二十五代嗣教导师丹亭卢真人

净明第二十六代嗣教导师石台王先生

净明第二十七代嗣教弟子孙净仪

净明经师君洪崖先生张真人

净明监度师君景纯先生郭真人

按：张、郭二真人不在代数之内者。

附派

前派自吴真君起至石台王师止，已完派。曰：

上至无为理，初机在守中。

宜知归复处，妙象自玄鸿。

今既派完，[①] 乃焚香祷于祖师座下，择净明道经中字二十八编以成派。曰：

净明忠孝道应真，德行文恭体圣神。

定显慧光灵果结，肃征[②] 白毅悌和仁。

丹亭真人卢祖师广胎息经卷之十二毕。

---

① 上医本原作"宅"，依上图本改为"完"。

② 上图本作"贞"。

附录

傅青主《丹亭问答》序

天笃老人石舟题

今天下文字称最古者，宓牺氏之易画，与轩辕氏之《阴符》《灵枢》类，皆宣泄造化，根极性命，为世所不可不读之书。《易》更三圣演《翼》，而其道益尊。《灵枢》则编入于医方，为九流所擅。孔子曰："《易》之为书也，广大悉备，有天道焉，有地道焉，有人道焉。"欤夫，学者考信圣经，谓《易》则说天莫辨矣。

重刊《养真秘籍》序

萧天石

《养真秘籍》一书，为卢门传道集之首篇，简明精约，深入浅出，全是师生问道问功夫语，所问莫非窍要，所答全系真诀。复多独门秘法，彻始彻终。藉修息法一以贯之，诚长生门中之不二法门也。人莫不呼吸也，鲜能知息法也；人多知吐纳也，鲜能知息诀也。斯编由丹亭卢祖师门人养浩生所记，明遗老太原傅青主手录之真迹。所述皆玄宗正统，乃脱胎换形，借假成真之无极大道，扫落丹家重玄之窠臼，而一以神炁为大用。步步工夫，皆是修真人过来语，非旁门小术或毫无成证者之胡言胡语可比。金针普度，概属丹家大乘手眼：自入门下手起，历阶而上，层次井然。循之而修，尽人可成可证。道不远人，丹在自心，自修自度，不假外求，变化气质，转换形神，皆可坐而立致者也。养浩生所谓"凡铁成金，凡鸟成凤，端赖于兹"者，要非虚语。

丹亭真人为玄门隐士，据《青城秘录》载："真人久隐庐山，足迹遍五岳名山洞府，曾一度至青城峨眉。二百余岁时，犹步履如飞，鹤发童颜，骨弱筋柔，犹孺子也，其修老氏婴儿派之道功者乎？"又了一子云："先生精于《易》，主太极，体乾坤，用坎离，翼姤复，会蒙屯，而贯通于先天无极者也。于《易》不重象数，反灾祥，轻卜占，而主性命。谓性命之修，全在卦爻之逆用。又谓《易》，逆数也，逆道也，逆理也，逆用也。逆则成，反则通。往复则神，颠倒则功。其先世卢敖、卢生，皆天府中仙人也。"按卢敖，据《淮南子·道应训》载称，于秦时官博士，曾游北海求神仙，至濛谷，见仙人若士，敖与之语，若士耸身入云中。敖曰：吾比夫子，若黄鹄之与壤虫也。后敖亦仙去。据密州经云：今卢山有卢敖洞，以敖曾避秦难于此得名。至卢生则史无可详考，惟为始皇入海求仙药者，有卢生其人，后以不获而遁去。余则无可得其详者。由此观之，丹亭真人为神仙世家，当非悬想。以《洞天秘典》亦称卢真人，"代有祖传仙籍秘书，擅吐纳导引之术，能变化形骸，行气有主。尤精医道，有起死回生之妙手。行住无定所，不欲人知，而真能以自隐无名为务者也"。是以丹亭真人之为道门隐仙派中人，此书之传，乃其入门之传道语录也。

本书为明遗老傅青主先生之手钞本。先生幼有异禀，颖慧拔众，原单名山，一名鼎臣，字青竹，号啬卢，尝自署公之它。入清隐于黄冠，故晚岁亦号朱衣道人。博学多才，有奇气，通经史，尤擅诸子之学，工诗文篆刻及书画，于《易》与老庄及丹宗与医道，亦多独得之秘。不喜著述，惟亦有《霜红龛集》行于世。斯篇得邀先生亲为手录，自可价重连城，千古不朽，其非泛泛之一般道籍可知。设先生非修卢真人之道，或修其道而未能证其功者，当不为也。故甚祈丹道派人士，勿徒以其为海内外唯一孤本，宝而藏之，尤宜持而修之，锲而不舍，使能及身有成，切勿入宝山而空回也。

全书不重理论，不涉玄秘，自初阶而入，全系功夫口诀；入手了手，概以神炁为全体大用，浅明至极，简易至极。自最初之数息法、调息法起，中经闭息法（案：此步功夫，非明师指点，不可轻行）、住息法（开任督诸关及小大还丹法与进神火法概入焉）、踵息法，以至胎息法、无胎息法（养大周天火候法属之）等等，无不语语尽属玄机口诀，字字皆为金液玉浆。不但为道门中之养真秘籍，且亦为修行人之不二法门。二老慈悲心切，金针普度，不自隐秘，要亦为悲天悯人之宏愿，所使然也。

《丹亭真人传道密集》序

萧天石

一

本书为"国立中央图书馆"所珍藏之善本图书，且属道家秘笈，评审其内容，确属一字千金之作，价逾连城，得未曾有。尤以出之于明大儒傅青主之手录，一反丹家数千年之积习，尽去隐语喻词之秘文。简明浅近，而不违大道，泄尽天机，而不乖真旨。复以其系采问答体语录体，故尽人可学，易行易知，易修易成，立竿见影。尤以其用道功与息法以却病治病迄于无病长生之部，更属千古不传之秘。不但为丹家与养生家必修之要典，且亦为医家不可不究之书，盖可以补医药之不足也。自有丹经书及吐纳气功书以来，条理体系详明如是者，确综三家之微传，通百派之窍妙，既显而明之，复融而通之；既博而罗之，复一以贯之。明道穷理，尽性至命，三家圣人之要功，尽在于斯矣。

考青主所手录卢丹亭真人之传道秘书凡四种，其第一种业已选刊入《上乘修道秘书四种》中，本书共收入三种，其原书名如下：

一、丹亭真人卢祖师《养真秘笈》（署太原傅青主录，有礼亭考证记）。

二、《丹亭悟真篇》（署太原傅青主录）。

三、傅青主《丹亭问答集》(署太原傅青主纂,有天笃老人石舟题字并序)。

四、丹亭真人卢祖师《玄谈集》(署太原傅青主手录秘本)。

余于《道藏精华》第十二集《上乘修道秘书四种》一书中,序《养真秘笈》时有云:"丹亭真人为玄门隐士,据《青城秘录》载:'真人久隐庐山,足迹遍五岳名山洞府,曾一度至青城峨眉。二百余岁时,犹步履如飞,鹤发童颜,骨弱筋柔,犹孺子也,其修老氏婴儿派之道功者乎?'又了一子云:'先生精于《易》,主太极,体乾坤,用坎离,翼姤复,会蒙屯,而贯通于先天无极者也。于《易》不重象数,反灾祥,轻卜占,而主性命。谓性命之修,全在卦爻之逆用。又谓《易》,逆数也,逆道也,逆理也,逆用也。逆则成,反则通。往复则神,颠倒则功。其先世卢敖、卢生,皆天府中仙人也。'按卢敖,据《淮南子·道应训》载称,于秦时官博士,曾游北海求神仙,至濛谷,见仙人若士,敖与之语,若士耸身入云中。敖曰:吾比夫子,若黄鹄之与壤虫也。后敖亦仙去。据密州经云:今卢山有卢敖洞,以敖曾避秦难于此得名。至卢生则史无可详考,惟为始皇入海求仙药者,有卢生其人,后以不获而遁去。余则无可得其详者。由此观之,丹亭真人为神仙世家,当非悬想。以《洞天秘典》亦称卢真人,并云'代有祖传仙籍秘书,擅吐纳导引之术,能变化形骸,行气有主。尤精医道,有起死回生之妙手。行住无定所,不欲人知,而真能以自隐无名为务者也'。是以丹亭真人之为道门隐仙派中人,此书之传,乃其入门之传道语录也。"此乃为丹亭真人之简叙,次如明史及各神仙传记,均鲜述及。

惟《少室山房杂记》中,有一段曾叙及真人云:"丹亭济源人,博学能文,究易穷道,尤深于炉鼎铅汞长生不老之术,变化性命神化无方之诀。平生好游名山洞府,行止无定,来时自来,去时自去,忘生老病死,无住而不自在逍遥也。"真人尝语玉川子曰:"金丹之学,心学也;金丹之法,心法也;金丹之道,通阴阳之道也;金丹之功,了性命之功。一以贯之者,老子之道法自然也。自博地凡夫以至圣人,欲了生死大道,未有外此者也。"了一子之"时止则自然止,时行则自然行,行止无心凭天趣,逍遥自在一闲人",其真人之谓欤?

综观丹亭四书,第一与第二种署"傅青主录",第四种《玄谈集》,则署"傅青主手录秘本",第三种《问答集》,则署为"傅青主纂",南岳神道子曰:"所谓录者,乃录其言,而非钞其文也。录本与钞本有别,善者录之,不善者舍之。故全书均可视为其师门授受之传道集,而实即青主之所纂也。"仙儒外记,载青主之轶事不少,有师还阳真人之传,而于丹亭真人则略而无传焉。言念及此,未尝不废书而三叹惜者也。

全书所录,无一莫非上乘道籍,无一莫非性命至理,尤无一莫非长生秘诀。举凡作仙作佛作圣人之道法,其大要尽赅而无余蕴矣。余阅尽万卷丹经,于斯四书之简明精要,诚无间言。恐其久而永远被埋藏于故纸堆中,无人得识其为人间瑰宝,故特表而出之。如以手中存书少或阅书未博,所云有失当失真之处时,尚祈读者谅余旨在保全先贤血脉之愚衷是幸!趋时者流,则在所不为也。

二

明遗老傅山青主先生,山西阳曲人,生于明神宗万历三十五年(西元1607年),卒于康熙二十三年(西元1684年)。明亡时,先生正三十八岁之盛年,矢志不仕清,隐于黄冠,卒亦朱衣黄冠殁。于书无所不读,无所不通,诗文书画,无所不精,尤擅于医术,通于禅释,深于丹道,而邃于大易,卒归于道家,务老子之"自隐无名为务"以终其生焉!与王船山、顾亭林、黄梨洲三先生,同以学问道德文章气节重于时,誉为清初四大儒。其高风亮节,实足以赞天地之化育而争光日月,垂范千秋!

在四大儒中,深于道家之丹鼎道妙者,惟青主与船山二人。而确有师承,深造有得,并以黄冠终其生者,则仅青主一人而已。青主曾师事龙门派卢祖师丹亭真人,尽得该派秘诀法要,纂录以传世。又受道法于两师还阳真人郭静中。或曰静中即丹亭真人,然乎否乎?不得而知也。以世人传说,语焉不详,又缺精确之史籍可考,而丹道门庭与神仙家中人,类皆隐晦其迹,不欲人知,亦不欲传也。故恒喜多所署名,藉隐名而逃名,不一而足者,即此之故。青主与船山,每好随兴署名,即其例也。青主初名鼎臣,后改名山,字青主,号啬卢,别署公之它、朱衣道人、石道人、傅道士、傅道子、五峰道人、龙池道人、丹崖子、丹崖仙翁、青羊庵主,又尝署傅侨山、侨黄

山、侨黄真人、真山石头、老蘖禅、观化翁等等，可考者凡四十余名，其不可考证者，当尚在所不少。夫多名所以逃名，然实至者，名终不得逃，如船山之与青主是也。

考龙门派以"道德通玄静，真常守太清……"等共四十字为辈号，先生于派中属"真"字辈，龙门传法记可考。其子眉，字寿髦，亦从习道，恒以麋道人、守丹道人为号，惟于派中未入辈分。先生晚年号其所居曰"虹巢"、曰"霜红龛"，著有《霜红龛集》《霜红龛集杂记》等书行于世。综其一生著述甚多，于经（十三经）、史（十七史）、子（老、庄、墨、淮南）三部及佛道三藏之书，概有评注。凡三十余种，无不独具卓见，珍牟星凤。惟以散佚甚多，深为遗憾。即戴枫仲所刻先生诗文集十二卷，今亦多已不传。其玄、释两藏续编稿与左锦一书，及其金石遗文之学，早已不可得而一睹矣！痛哉！顾亭林尝自谓："萧然物外，自得天机，吾不如傅青主。"又寄问先生土堂山中诗有云："向平尝读易，亦复爱名山。早跨青牛出，昏骑白鹿还。太行之西一遗老，楚国两龚秦四皓。春来洞口见桃花，倘许相随拾芝草。"推许极矣。《峒崖外编》则称先生以"学究天人，道兼仙释"。盖其一生奇气欻崛，介然高蹈，遁隐岩穴，超然自在。虽学通儒佛，而仍以神仙事业终。良以隐于佛，不如隐于仙，即不如隐于道也。道冒百家之统，复通万流之要，故上圣者流，无不欲自归于道也。

中华医学会上海分会图书馆藏《丹亭卢真人广胎息经》探研

《丹亭卢真人广胎息经》是一部明代医学和内炼指导著作，以丹亭卢真人与弟子养浩生的对话展开铺述，以平实直白、不弄玄虚著称。此书既有独创内容，亦按主题广泛抄撮流行的内炼典籍，因使用便宜为丹家所重，尤因所谓傅山（字青主，1607—1684）抄本见存而获萧天石（1909—1986）等现代学者垂青。然此书流行抄本（即本文所谓"傅山本"）实际是四个节抄本，且因题署问题对现下研究产生误导。近经朱越利教授告知，获悉中华医学会上海分会图书馆可能存有完本。又经金顺英教授及中华医学会上海分会诸前辈引介，得以入馆翻阅，发现馆中所藏确为难得一见之全本。特撰文介绍，一探究竟。

一、《丹亭卢真人广胎息经》基本情况及傅山本与上图本

《丹亭卢真人广胎息经》未见刊刻信息，以抄本形式流传。《续文献通考》[①]和《四库全书总目》均著录此书，后者称：

《广胎息经》，二十二卷，两淮盐政采进本。

不著撰人名氏，但题为宋人。然第二十一卷中引罗洪先、陈宪章语，则明代道流所作。题宋人者，妄矣。其书皆称养浩生问而丹亭真人答，分却

[①] "《广胎息经》二十二卷，不著撰人名氏。臣等谨案是书第二十一卷引罗洪先、陈宪章语，审为明代道流所作，题宋人者妄也。"见嵇璜等：《续文献通考》，卷185，《景印文渊阁四库全书》，台北，台湾商务印书馆，1986年，册630，第463b页。

· 295 ·

病、延年、成真、了道四部，论吐纳之法，兼容成之术，非道家正传也。①

与后文将介绍的中华医学会上海分会图书馆藏本（简称上医本）和上海图书馆藏本（简称上图本）均为十二卷不同，永瑢著录的两淮盐政搜集呈进的《广胎息经》分为二十二卷。"二十二卷"的说法未必是"十二卷之讹"，引文中提到"第二十一卷"的事实可左证确曾存在一个"二十二卷"本。以抄本的形式流传，或许使此书分卷分册相对随意。但就《四库全书总目》所谓此书由"却病、延年、成真、了道"四部内容组成的记述来看，二十二卷本与十二卷本主体当不会有太大差异。《四库总目》所录的《广胎息经》题为宋人所著，确属抄者故弄玄虚，除引文所据罗洪先（1504—1564）、陈宪章（1428—1500）语外，亦有别证。上图和上医的十二卷本最末"诸祖源流"，开列净明道法脉，其中"净明第十六代嗣教导师止一邵真人"当即邵以正（约1368—1463），②已是明人，而创作《广胎息经》的"净明第二十五代嗣教导师丹亭庐真人"时代只能更晚。

《四库全书总目》中"非道家正传"的非议颇有深意。明代著名丹家伍守阳（1574—约1644）在《仙佛合宗语录》中，即激烈批判《广胎息经》，称："他如卢丹亭之作《广胎息经》，最邪妄，最淫恶，诈托旌阳为说，僭渎帝经为名，罪深无间地狱，不必言之而可易知其为邪。"③伍守阳在其另一部著作《天仙正理直论》中亦批评《丹亭卢真人广胎息经》，重点指责书中方法涉及阴阳采战之事，并不可取。④伍守阳的斥责与《四库全书总目》中强调《广胎息经》包含"容成之术"相呼应。伍守阳的内丹"伍柳派"在当时影响巨大，永瑢等人有可能接受了此派观点，得出《广胎息经》"非道家正传"的看法。但与此同时，伍守阳和永瑢等人的批评，

---

① 永瑢等：《四库全书总目》，卷147，北京，中华书局，1965年，第1261a页。永瑢与嵇璜所述《广胎息经》当为同一抄本。

② 许蔚指出，"之一"当为"止止"，"一"恐为重文号之误。邵以正号止止道人。见许蔚：《〈净明忠孝全书〉的刊行与元明之际净明统绪的构建——以日本内阁文库藏明景泰三年邵以正序刊本为中心》，《古典文献研究》2014年第17辑上卷，第136页，注1。

③ 伍守阳：《重刻仙佛合宗语录》，卷六，第31叶，收《重刊道藏辑要》，光绪三十二年成都二仙庵刻本，毕集。

④ 伍守阳：《天仙正理直论增注》，本序并注，第1叶，收《重刊道藏辑要》，光绪三十二年成都二仙庵刻本，毕集。

以及所谓傅山等抄本的传世，也说明这部著作在明清之际的养生圈子里确有一定影响。

永瑢所见之而二十二卷本《丹亭卢真人广胎息经》已不知所踪。就检索"中文古籍联合目录及循证平台"、《浙江中医药古籍联合目录》等书录的结果来看，[①] 可知目前能见到的《广胎息经》抄本主要有三种，分别是"傅山抄本"、上图本，以及上医本。以下先来看前两种抄本情况，而后重点介绍上医本。

（一）傅山抄本

所谓的傅山抄本，共有四种，均藏于台湾"国立中央"图书馆，为萧天石所注意，收入《道藏精华》。四者内容不同，节抄《广胎息经》各部分，分别成书，题署如下（表1）：

表1 《道藏精华》所收傅山节抄本

书名	题署等	《道藏精华》册数
《卢丹亭真人养真秘笈》	太原傅青主录 （封面书"遗老傅青主录"；并有无锡张子游绘"丹亭真人传道图"；礼亭考证记）	第52册第12集之3
《丹亭悟真篇》	太原傅青主录	第57册第13集之5
《傅青主丹亭问答集》	太原傅青主纂 （有天笃老人石舟题字并序）	第57册第13集之5
《丹亭真人卢祖师玄谈集》	太原傅青主手录秘本[②]	第57册第13集之5

[①] 《浙江中医药古籍联合目录》据称收录浙江35个单位截至1991年年底收藏的中医药古籍2866种。书中2330号著录《丹亭卢真人广胎息经》十二卷，抄本2册；2355号《广胎息经》，题卢祖师撰，抄本2册。二者显然均为本文所讨论的《广胎息经》抄本，但此书未给出二者的收藏单位及更多抄本信息，使人无从寻找。见胡滨、鲍晓东主编：《浙江中医药古籍联合目录》，北京，中医古籍出版社，2009年，第140页、第142页。

[②] 《道藏精华》第57册书目，将《傅青主丹亭问答集》与《丹亭真人谈玄集》题署弄混。

萧天石称《养真秘籍》"为卢门传道集之首篇"。① 据其所撰《丹亭真人传道集序》可知"卢门传道集"是其为表1中四书所冠之总称。② 然对比稍后即将介绍之上医本《广胎息经》的内容，可发现《养真秘籍》主体抄自《广胎息经》后半之"成真部"（对应详情，见后文），"首篇"之说显然不确。概《养真秘籍》开篇《总论》使萧天石产生误会，实则此一《总论》乃"成真部"之总论。萧天石认为以上四书均为孤本，颇为难得，值得整理刊布。其在《丹亭真人传道密集序》中，对卢丹亭和傅青主与此书的关系进行考证和铺述，引《青城秘录》称卢丹亭是隐居庐山之高真，并游五岳青城、峨眉，二百余岁鹤发童颜，筋骨强健；又引了一子语，称卢丹亭为卢敖等仙人苗裔，有祖传秘籍，擅吐纳之法、变化之术云云。萧天石复发现《少室山房杂记》有记述擅长金丹之道的济源"丹亭"之文字，怀疑此人可能就是卢丹亭。由于萧天石所见四部著作均题傅青主抄录，傅青主本人既有道教师承又对医学丹道颇有建树，故萧天石直接得出"青主曾师事龙门派卢祖师丹亭真人"的判断。③ 尽管萧天石的介绍此后被学界作为"常识"所接受，但根本问题却依旧存在。一是《广胎息经》作者卢丹亭神龙见首不见尾，很难推求真实情况；二是傅青主师事卢丹亭的看法，恐怕还是太过冒险。伪托名人题署自高身价的情况绝不罕见，在仅凭题署而无其他证据的情况下推定这四个节抄本为傅青主制作必要干冒极大风险，④ 而定傅山属于卢丹亭一脉的修道者更使推理链条过于跳脱。因此，萧天石等前贤对傅山与此书关系之判断还需谨慎对待，尤其是不能将这些节抄认为是傅山本人的创作和思想积淀。⑤

与伍守阳对《广胎息经》的极端厌恶不同，萧天石等人对这些傅山抄本的评价相当高，称其"确属一字千金之作，价逾连城，得未曾有"，"一反丹家数千年之积习，尽去隐语喻词之秘文；简明浅近，而不违大道，泄尽

---

① 萧天石：《重刊养真秘籍序》，萧天石主编：《道藏精华》，新北，自由出版社，1956—1992年，第52册第12集之3，第1页。
② 萧天石：《丹亭真人传道密集序》，《道藏精华》，第57册第13集之5，第1页。
③ 萧天石：《丹亭真人传道密集序》，《道藏精华》，第57册第13集之5，第1—6页。
④ 此外，想要确定这些抄本是傅山"手录"，至少也要通过与傅山其他墨迹进行笔迹对比后才能得出结论，而绝不能在文本由来不清的情况下仅根据题署冒然定案。
⑤ 为行文方便，本文依旧称这四个本子为"傅山（青主）抄本"。

天机，而不乖真旨；复以其系采问答体语录体，故尽人可学，易知易行，易修易成，立竿见影"。① 这样的评价为当代学者对此书的价值评判奠定基调。经过萧天石的刊布和赞扬，《道藏精华》所收的四个傅山节抄本化为最流行（甚至可以说是唯一）的《广胎息经》文本，成为学者们的研究对象。除王象礼、李远国等人之专题研究外，② 周全彬、盛克琦以及张明亮所整理的当代点校本也是以萧天石所刊布的傅山本为底本展开的工作。③

（二）上图本

"中文古籍联合目录及循证平台"录入上图本《广胎息经》的基本信息。此本题为《丹亭真人卢祖师广胎息经》，清抄本，全书当有十二卷，上图现有2册，不全。④ 因检索便利，上图本已为一些学者所注意，如周全彬、盛克琦已指出上图抄本的存在，⑤ 但真正翻阅并在研究中使用此本者却只有许蔚等极少学者。许蔚在其道教论著中不止一次谈及上图抄本《广胎息经》，其经调查发现，此本应有十二卷，按"元亨利贞"分为四册，今存元、贞两册，分别包括《广胎息经》的却病部和了道部。许蔚推测亨、利二册应该包含延年部和成真部"共四卷"，且"周天数息卦爻法"不知其详，但可与罗念安之"周天数息"参照。⑥ 此外，上图本最末附净明道宗谱，许蔚对之提起注

---

① 萧天石：《丹亭真人传道密集序》，《道藏精华》，第57册第13集之5，第1页。
② 李远国：《丹亭真人治虚劳法》，《中国气功科学》1997年第3期，第29页；王象礼：《傅山道教医学著述考》，《山西中医》2008年第24卷第3期，第35—37页；王象礼：《傅山人体泰卦说探微》，《山西中医》2012年第28卷第7期，第31—33页；梁琳玲：《傅山道教思想研究》，华中师范大学硕士论文，2012年，第30—32页；王占成、张凡、杨继红：《傅山手录〈丹亭真人卢祖师养真秘籍〉功法浅析》，《山西中医学院学报》2013年第14卷第2期，第2-4页。
③ 周全彬、盛克琦点校：《玄门宝典：性命圭旨、丹亭传道密集、道元一炁合刊》，北京，华夏出版社，2017年；张明亮：《傅山手录〈丹亭真人卢祖师玄谈〉校释》，北京，中医古籍出版社，2022年。
④ 见 https://gj.library.sh.cn/unionCatalogue/work/list#uri=http://data.library.sh.cn/gj/resource/instance/6i56rpyzte6daou7。
⑤ 周全彬、盛克琦点校：《玄门宝典》，第13—14页。周全彬、盛克琦还指出南京图书馆可能也存在《丹亭问答》的抄本。
⑥ 许蔚：《豫章罗念安、邓定宇二先生学行辑述》，上海，中西书局，2022年，第14页，注4。本文写作过程中，就《广胎息经》之事，求教复旦大学许蔚教授，获详细指点，特表感激！

意。这一宗谱从"净明启教宗主日中始炁孝道仙王",一直开列到"二十七代待嗣教弟子孙静怡"等人,卢丹亭为第二十五代祖师。许蔚认为《广胎息经》应该是到二十五代卢丹亭方才成书,但这个丹亭之后自称净明的宗派"应该只是比附宗派,以示丹法的正宗",跟净明道未必有什么实际关系。①许蔚的判断基本正确,但一些细节推定似乎还有疑问。

第一,《广胎息经》原本为十二卷,许蔚发现上图本了道部(最后一册)封皮朱题"贞",推测此本当按"元亨利贞"分为四册。但笔者发现上图本所谓"元"册最末贴有标签,写明"编号:21347;册数6;售价60.00;清初抄本",此与"元亨利贞"的朱题不符,原因不详。为方便叙述起见,这里还是将上图本《广胎息经》的首册称为元册,尾册称为贞册。

第二,尽管上图抄本《广胎息经》的成真部"周天数息卦爻法"残缺,但这部分内容却可在傅山本中找到。萧天石刊布的《卢丹亭真人养真秘笈》主体内容抄录《广胎息经·成真部》,其中详述"周天数息卦爻法"。②这样两个细节疑问,究其根源不外全本《广胎息经》难得一见。

图 1　上海图书馆所藏《广胎息经》

笔者亦亲自对上图藏本《广胎息经》进行核实,复收集到以下信息。

---

① 许蔚:《〈净明忠孝全书〉的刊行与元明之际净明统绪的构建》,第135—136页。
② 《丹亭真人卢祖师养真秘籍》,《道藏精华》,第52册第12集之3,第11页及之后。

上图所藏首尾两册，元册包含却病部四卷，贞册包含了道部四卷。二者保存状态不甚理想，元册情况更糟。两册前数页残破，内里尚可阅读。元册已无封面，贞册封面尚存，信息比较丰富（图1）。封面右上题"净明书"三字，墨迹与书中正文相似，概为一人所抄。左侧中段朱书"九卷至十二卷了道部"，并一"贞"字。封皮押藏书印数枚，均为阳文，包括：右上角"江湖满地一渔翁图"并舟子样，[①]竖3厘米，横1.7厘米；右下角"练湖□月"，残字左半为"鱼"，右半不清，竖1.8厘米，横1.4厘米；右下角"纯阳"，竖1.9厘米，横1.6厘米；左侧中央"一麾"，横竖均为1.9厘米。

尽管上图本元册保存状况不佳，但全书目录却完整地保存下来，为了解此书内容带来莫大方便。上图本《广胎息经》目录，本书前文已完整录出，此不必重复。此目录有其价值，但缺点也很明显，其中目录与两册抄本内容的不完全对应就是非常显著的问题。例如，目录卷四的"应症"，书中对应处标题为"小儿诸惊推揉等法第三"；目录卷十二所谓"杂类口诀百余款"，书中实际给出的标题是"诸真了道口诀"和"丹房节目诫谴"等。最为明显的错误，是目录卷九至卷十二所录为了道部一至四，但保存下来的贞册恰好涵盖了卷九至卷十二的全部内容，其中包括了道部一至卷八。上图本元册的目录制作呈现出虎头蛇尾的态势，这样的态势或许反映出上图抄本的某个"原本"并没有目录，目录是在传抄过程中为方便阅读而分头制作出来的部分。类似的目录缺陷，在稍后介绍的上医《广胎息经》抄本中也存在。两者互相印证《广胎息经》的目录制作大概是抄手们各自推进的结果。

了解傅山节抄本和上图残抄本的情况后，让我们将重点转移到中华医学会上海分会图书馆所藏的全本《丹亭卢真人广胎息经》上。

二、中华医学会上海分会图书馆藏《丹亭卢真人广胎息经》抄本及与其他二本的简要对比

位于上海市徐汇区零陵路604号的中华医学会上海分会图书馆创立于

[①] 此印文字，得九江学院庐山文化研究中心滑红彬教授指教，特表感激！

1931年，原属中华医学会总会，1956年改为今名。其所收藏的《丹亭卢真人广胎息经》十二卷，在"中文古籍联合目录及循证平台"著录为"明抄本"。①笔者亲赴中华医学会上海分会图书馆询问这一抄本来源和著录时代之依据，得知此抄本来源未登记清楚，猜测是20世纪中叶的个人捐赠；"明抄本"的时代判断依据不详。笔者怀疑，"明抄本"的说法可能是由于《广胎息经》在《四库全书总目》等著作中被著录为明代著作，故中华医学会上海分会图书馆在登记信息时直接将之写为"明抄本"。由于此书最末同样附有净明道"诸祖源流"二十七代祖师等人物，且与上海图书馆所藏残本同样将第十六代写为"止一卲真人"（依许蔚所论，本当为"止止卲真人"），推测上医抄本与上图抄本源出同一个抄本系统。通过私下交谈，笔者了解到，此前朱越利、许蔚等学者已注意到上医本《广胎息经》的存在，但未及亲自翻阅。周全彬、盛克琦对此也有了解，认为上医所藏《广胎息经》抄本六册"也当为残本"。②但据本人考察，可知事实并非如此。实际上，中华医学会上海分会图书馆所藏者是目前所能见到的唯一全本《广胎息经》——尽管制作这个抄本的抄手并不出色，书中讹误甚多。

图2 中华医学会上海分会图书馆藏《广胎息经》

上医抄本依《礼记》文句定为博、厚、高、明、悠、久六册，装为一函（见图2）。书分却病、延年、成真、了道四部，末附净明祖师源流。前后十二卷内容俱全，但存在漏题卷号的现象，如延年部里漏卷六之号，了

---

① 见 https://gj.library.sh.cn/unionCatalogue/work/list?o1rLJfIhVrpT=1663638609594#uri=http://data.library.sh.cn/gj/resource/instance/x3r32xdbm1mmpplx.

② 周全彬、盛克琦点校：《玄门宝典》，第14页。

道部里漏题卷十，但除可能漏抄一则文字外，内容并无大块缺损。六册封面均写《广胎息经》，内题《丹亭卢真人广胎息经》，无撰述人，亦无手录人等题名。六册封面皆签"戟眉氏藏"章，阳文，长宽均为 2.4 cm。博册目录页右下角押章两枚，分别是："尔正"，阳文，长宽均为 1 cm；"汪国荃印"，阴文，长宽均为 1 cm。卷一开篇押藏书章三枚，均为阳文，分别是："戟眉氏藏"，长宽均为 2.4 cm；"目心阁藏"，长宽均为 1.9 cm；"中华医学会上海分会图书馆"，长宽均为 2 cm。[①] 书中有不少墨笔和朱笔增删涂抹痕迹。

鉴于上医抄本《广胎息经》的全部内容很难得见，这里先给出各卷信息，而后再将之与上图抄本和傅青主抄本做以比较。为使结构更加清晰，并方便与上图本元册目录相对比，虽不免机械，但下面还是以表格形式列述上医抄本《广胎息经》的内容要目。需要指出的是，上医抄本并没有专门的全书目录，以下目录系笔者按书中各级标题整理得出（表2）。

表2 中华医学会上海分会图书馆藏《广胎息经》抄本内容组成

册	卷	部	细目
博	卷之一	却病部一　静功	总论第一；瘫痪第二；虚劳第三；臌胀第四；膈噎第五；寒疾第六；痰症第七；脾胃第八；痔疾第九；种子第十；疟症第十一；痢疾第十二；呃逆嗳气第十三；吞酸第十四；嘈杂第十五；怔忡第十六；积聚第十七；疸症第十八；霍乱第十九；呕病第二十；头疼第二十一；耳聋第二十二
	卷之二	却病部二　静功	舌病第二十三；齿病第二十四；目病第二十五；咽喉第二十六；结核第二十七；瘿瘤第二十八；肺痈第二十九；心痛第三十；腹痛第三十一；腰胁痛第三十二；臂背痛第三十三；骨节痛第三十四；脚气症第三十五；癫疝第三十六；痿躄症第三十七；消渴第三十八；痉病第三十九；疮疡第四十

---

① 印章文字识别，获成都中医药大学王家葵教授指导，特表感谢！

续表

册	卷	部	细目
厚	卷之三	却病部三　静功	①瘰疬第四十二；疔疮第四十三；便毒第四十四；下疳第四十五；梅疮第四十六（疥癣附此）；折伤金疮第四十七
		却病部四　动功	总论；头病第一；目疾第二；耳疾第三；鼻症第四；牙症第五；胸膈气症第六；心症第七；膈噎第八；腰背第九；脾胃第十；痨症第十一；痰火第十二；伤寒第十三；疟疾第十四；痢疾第十五；湿症第十六；疮疽第十七；肠气第十八；绞肠沙第十九；疝堕第二十；大小便第二十一；瘫痪第二十二
		却病部五　按摩	总论；按摩瘫痪诸穴法第一；按摩痨伤诸穴法第二；②按摩膈噎诸穴法第四；按摩目疾诸穴法第五；按摩耳症③穴法第六；按摩喉口齿诸疾穴法第七；按摩肩背指诸疾穴法第八；按摩心脾气诸疾穴法第九；按摩腰肾膝足诸疾穴法第十
	卷之四	却病部六　按摩	伤寒诸穴法第十一（附疟）；痰疾诸穴法第十二；头痛诸穴法第十三；偏疝诸穴法第十四；瘿疬痔诸穴法第十五；诸杂症穴法第十六 各经出像脉络附解十四篇：足少阳胆经一附解；足厥阴肝经二附解；手太阴肺经三附解；手阳明大肠经四附解；足阳明胃经五附解；足太阴脾经六附解；足少阴心经七附解；手太阳小肠经八附解；足太阳膀胱经九附解；足少阴肾经十附解；手厥阴心包经十一附解；手少阳三焦经十二附解；任脉图十三附解；督脉经图十四附解
		却病部七　按推小儿	总论；辨症证第一；手诀第二；小儿诸惊推揉等法第三；小儿诸图附（附图10张）

---

① 两卷之间，无四十一。前卷尾题"卷之二终"，本卷开头亦无残缺，疑抄者漏抄一则。见本书相应部分。
② 书中无"第三"，疑抄手漏抄。
③ 按上下文体例，此漏一"诸"字。

续表

册	卷	部	细目
高	卷之五 ＊延年部第二前漏题 卷之六	延年部第一　大采补	总论；大采补法一品第一
		延年部第二　大采补	火功；附：周天火候之图
		延年部三　小采补养火	（案：内不分细目，专讲小采补养火）
		延年部四　小采补二十四品	总论； 上峰五品 第一品天庭至宝；第二品鹊桥仙丹；第三品白鹤灵芝；第四品寒林玉树；第五品双环琼液。 中峰五品 第一品白虎丹头；第二品伏火真精；第三品金粒仙丹；第四品蟠桃仙酒；第五品美金花丹
明	卷之七	延年部第五（案：接续小采补二十四品）	下峰一十四品补炁养火 第一品首经至宝；第二品先天真炁；第三品刀圭玄珠；第四品水中银丹；第五品浮信真精；第六品金砂至宝；第七品绛雪灵液；第八品水中丹；第九品玄霜绛酒；第十品龙精凤髓；第十一品水乡真铅；第十二品火珠大丹；第十三品混元大丹；第十四品青龙真精。
		延年部六	（案：开列与二十四品"同类外药"于此，含多种神丹方剂）
	卷之八	成真部第一 ＊闭息之前漏题成真部第二；踵息之前漏题成真部三	总论 数息第一 总论；周天数息卦爻法；呼吸论；真炁辨；所以呼吸之处论；外郭论；内脏郭解；"附脏郭图于后"（正人脏图一；伏人脏图一）。 调息第二 总论；调息；止念法；却昏法；气急使缓法；辨咽喉明径路法。 闭息第三 总论；闭息法；用舌抵腭法；增息法；化浮火使真气不上逆；化民火使气不下行法；化邪火使真气不作毒法；熏蒸四肢法。

续表

册	卷	部	细目
明	卷之八	成真部第一 *闭息之前漏题成真部第二；踵息之前漏题成真部三	住息第四 总论；住息法；开任督诸关法；开督脉法；开夹脊关法；开玉枕关法；引炁入四脉法；留炁法；消阴还阳进神火法；护阳不散法；减便溺便不泄真法 踵息第五 总论； 踵息法；文烹武炼法；炁炁归根法；进水法；进火法；水火交进铢数法； 胎息第六 总论；封固法；老炼结丹法；养丹成像法。 无胎息第七 总论；养大周天火候法；附女真丹
悠	卷之九 *漏题 卷之十	了道部一　胎息诸真口诀	（案：内不分细目，抄录诸真口诀）
		了道部二　诸真胎息了道口诀	（案：内不分细目，抄录诸真口诀）
		了道部三　诸真药物了道口诀	（案：内不分细目，抄录列诸真口诀）
久	卷之十一	了道部四　诸真药物口诀	（案：抄录诸真药物口诀，并附诸真碎玉药物诀）
		了道部五　诸真火候口诀	（案：内不分细目，抄录诸真口诀）
		了道部六　诸真鼎器诀	（案：内不分细目，抄录诸真口诀）
		了道部七　诸真了道作用口诀	（案：内不分细目，抄录诸真口诀）
	卷之十二	了道部八	丹房节目诫遣；天；日；月；星云汉；地山；河江水；身体；涕唾汗；嚏便溺；愁泣；怒叫；喜笑；歌舞；语言；思念；睡卧；梦魇；洗沐；扣揿；漱濯；戒文三十六款； 诸祖师源流列（附派）

通过表2列述，上医《广胎息经》抄本的情况一目了然，此书以养浩生与丹亭真人（偶尔亦称胎息真人或真人）的问答展开，以却病、延年、成真、了道四部构成层层递进的炼养修道阶次。却病部专门介绍疗疾知识，延年部通过采补服食的方式延长寿命，成真部由浅入深、详细介绍从数息到无胎息的胎息吐纳法门，了道部则按照主旨总结胎息和内丹相关的诸真口诀及修道中的注意事项，最后所附的法脉谱系则反映着将书中养生之法进行正统化的一番努力和用心。

图3 《道藏精华》册52所收《卢丹亭真人养真秘笈》书影

了解上医抄本基本情况后，便可将之与傅山本和上图本进行简要对比，来看看不同抄本之间的关系。题为傅青主纂录的四件抄本可与上医抄本的内容逐一对应。

1.《卢丹亭真人养真秘笈》基本与上医本《广胎息经》的成真部对应，但细节处也有不同。《卢丹亭真人养真秘笈》卷首"丹亭真人传道图"（图3）部件与上医本《广胎息经》，前者所附蟠桃酒方、天门冬膏方等不录于上医抄本《广胎息经》相同位置（但见于书中别处）；同时，《广胎息经》"女真丹"之后所附的"开关之法"也不见于《卢丹亭真人养真秘笈》。

2.《丹亭悟真篇》，与《广胎息经》卷十二的主要内容吻合，书中"直指"到"百家明心诀法"抄自了道部七，"丹方"和"自定"节抄了道部八。前者的节录现象很明显，如《广胎息经》卷十二所列戒文三十六款，《丹亭悟真篇》所列者虽称也有"三十六款"，但实际仅列出十款。

3.《傅青主丹亭问答集》，与上医本《广胎息经》了道部四、五、六对应。所谓"傅青主丹亭问答集"的书名，具有较大误导性，上医本《广胎息经》相应部分并未反映傅青主是丹亭卢真人的提问人。

4.《丹亭真人卢祖师谈玄集》，与上医本《广胎息经》卷一、卷二（即却病部一、二）相对应。其他差异，详参本书注解。

上医本与上图本很可能属于同一个抄本系统，这一点可从二者最末抄录相同的净明道法脉传承内容等现象看出。其他一些现象也值得注意。有关上图残本《广胎息经》目录的问题上文已做交代，而上医抄本《广胎息经》并没有全书目录，一些卷次内容给出本卷目录，另一些则没有。基本来看，凡是本卷内容条款繁多而明晰者，一般有当卷目录；反之则无。上医本存在遗漏卷号、标题的现象，结合上图抄本目录和内容，上医本的错误可以得到纠正。如上医抄本所遗漏的"卷之六"，其实应该题在延年部第二之前；又如上医抄本《广胎息经》成真部标题与其他几部模式不同，涵盖"数息第一""调息第二""闭息第三"等，篇幅巨大。但依却病部、延年部和了道部的情况及体量来看，成真部内部也当分为若干篇次，而不当只有"成真部一"。事实上，如果成真部只有一部分，也无必要专门署上"一"字。这一问题无法通过观察上医抄本内部记述解决，上图残本元册全书目录的保存，使这一问题顺利解决。参考上图本元册目录可以发现，上医抄本确实漏掉了"成真部二"（当题于闭息之前）和"成真部三"（当题于踵息之前）两个标题。

三、结论
——中华医学会上海分会图书馆藏《丹亭真人广胎息经》的学术价值

至此，我们已对三个较为重要的《广胎息经》抄本做以简要考察，上医本《广胎息经》的意义已获呈现。作为目前能找到的较完整的唯一抄本，上医抄本《广胎息经》在传统中医文献保存与传承方面拥有无与伦比的价值。

依据目前条件，可以上医抄本为底本，以上图残本和傅山本为参校本，整理出一个相对完整的《广胎息经》本子，方便今后研究之用。

上医"全本"的重新发现和刊布，有助于纠正截至目前傅山本主导《广胎息经》研究所产生的一系列问题。这些问题包括（但不限于）：

1. 过分强调傅山与《广胎息经》中的医学和道学思想的关系；

2. 毫无防备地轻信"傅山本"就是傅山手录或抄纂的结果；

3. 因傅山的威望而又刻意抬高《广胎息经》的文化价值；

4. 忽视卢丹亭、《广胎息经》与净明道之间可能存在的纠葛——如常获使用的傅山本没有抄录与净明道关系切近的内容，因此当学界注意到伍守阳《仙佛合宗语录》批评卢丹亭《广胎息经》"诈托旌阳为说，僭渎帝经为名"时，并未对此给予特别关注。但知晓上医本具体内容后，对于伍守阳的批评就不难理解了。

图书在版编目（CIP）数据

丹亭卢真人广胎息经 / (明) 卢丹亭撰；白照杰整理. -- 北京：华龄出版社，2025.1. -- ISBN 978-7-5169-2917-9

Ⅰ.B95；R2-5

中国国家版本馆 CIP 数据核字第 20249RS513 号

策划编辑	南川一滴	责任印制	李未圻
责任编辑	郑 雍	装帧设计	何 朗

书　　名	丹亭卢真人广胎息经
作　　者	白照杰 整理
	张　强　栗翔宇　姬鑫洋 协助整理
出版发行	华龄出版社 HUALING PRESS
社　　址	北京市东城区安定门外大街甲 57 号
邮　　编	100011
发　　行	（010）58122255
传　　真	（010）84049572
承　　印	文畅阁印刷有限公司
版　　次	2024 年 11 月第 1 版
印　　次	2024 年 11 月第 1 次印刷
规　　格	710mm×1000mm
开　　本	1/16
印　　张	20.5
字　　数	335.54 千字
书　　号	ISBN 978-7-5169-2917-9
定　　价	89.00 元

版权所有　侵权必究

本书如有破损、缺页、装订错误，请与本社联系调换